Eine junge Frau kommt in das abgelegene Dorf Malte. Sie hat den Fuhrunternehmer Arno Timme geheiratet, den sie über eine Annonce kennenlernte. Was sie sich erhofft, ist eine liebevolle Partnerschaft, doch ihr Mann verhält sich vom ersten Augenblick ihrer Ankunft an merkwürdig und furchteinflößend, lehnt Zärtlichkeiten ab und läßt seiner ihm treu ergebenen grauen Dogge mehr Zuwendung zuteil werden als seiner Frau. Die verschlossenen Bewohner des Dorfes meiden den Kontakt mit Ilsabe. Sie beobachten, daß sie in ihrem Verhalten Timmes ersten beiden Ehefrauen, die auf mysteriöse Weise ums Leben kamen, immer ähnlicher wird, aber sie kümmern sich nicht weiter um sie. Ilsabe ist dem zunehmenden Psychoterror ihres Mannes schutzlos ausgeliefert.

Die Spannung in den Kriminalgeschichten Ingrid Hahnfelds wird nicht durch von professionellen Ermittlern zu lösende Fälle erzeugt. Wie bei der Erzählung »Die graue Dogge« richtet sich die Aufmerksamkeit auch bei den übrigen Texten dieses Bandes vielmehr auf das unheilvolle Beziehungsgeflecht, in das sich die handelnden Personen verstrickt haben. Die Autorin lenkt das Interesse auf die Beweggründe für eine Tat und vermittelt Einblicke in die Abgründe der menschlichen Psyche.

So beschreibt sie die verschlossene Innenwelt eines autistischen Kindes mit ebensolcher Eindringlichkeit und beklemmenden Intensität, wie sie – in der Titelgeschichte – Angst und Einsamkeit eines kleinen Mädchens nachfühlbar macht, das, der Gewalttätigkeit seines alkoholabhängigen Bruders ausgesetzt, sich im kindlich-selbstvergessenen Spiel mit »Blauen Katzen« zu trösten weiß.

Meisterhaft komponierte Psychostorys mit Thrillerqualität.

Ingrid Hahnfeld, 1937 in Berlin geboren, hat bisher zehn Bücher veröffentlicht. Sie schrieb Romane, Erzählungen, Lyrik, Hörspiele und psychologische Krimis. Für ihren Roman »Villa Ruben« wurde sie 1989 mit einem Worpswede-Stipendium ausgezeichnet. Im Fischer Taschenbuch Verlag erschien 1992 ihr Kriminalroman »Schwarze Narren« (Band 11076). Sie lebt heute in der Nähe von Hannover.

Ingrid Hahnfeld

Blaue Katzen

Kriminalgeschichten

Fischer Taschenbuch Verlag

Die Frau in der Gesellschaft
Herausgegeben von Ingeborg Mues

Veröffentlicht im Fischer Taschenbuch Verlag GmbH,
Frankfurt am Main, Juli 1994

Der Band erschien erstmals unter dem Titel »Die graue Dogge«
© Eulenspiegel · Das Neue Berlin
Alle Rechte vorbehalten:
Fischer Taschenbuch Verlag GmbH, Frankfurt am Main 1994
Druck und Bindung: Clausen & Bosse, Leck
Printed in Germany
ISBN 3-596-11872-7

Gedruckt auf chlor- und säurefreiem Papier

Inhalt

Die graue Dogge

Nachdem das Unglück geschehen war, wollte jeder im Dorf es vorausgesehen haben. Fragte man jedoch die Leute genauer, so wichen sie aus. Zuckten mit den Schultern, murmelten irgend etwas, blickten zur Seite. Manche urteilten nun nicht mehr so streng über die Fremde, seit man gewaltsam die Haustür aufgebrochen und die Frau fortgeschafft hatte, weggefahren in geschlossenem Wagen. Denselben Weg durch die Sandschluppe, den sie einst dahergekommen war, eine ahnungslose Braut. War sie wirklich so ahnungslos gewesen, die vom Meer? Hierher, nach Malte, hätte sie nicht kommen sollen, darüber waren die Leute sich einig. Sie hatte sich nicht eingefügt in dem guten Halbjahr, das sie im Dorf verlebt hatte. Ja, sie hatte sich wohl verlebt, wie man sich verirren kann. Dennoch hätte es nicht zu jenem bitteren Ende kommen müssen. Die Malter begriffen es nicht. Und wen hätten sie fragen sollen? Keiner konnte mehr Auskunft geben, keiner...

Die Stoffpuppe wurde in den Müll geworfen. Wilfred, der die Post nach Malte bringt, sagt: Die hat sie immer gehabt, wenn sie da am Fenster saß, die Frau Ilsabe. Vielleicht hat sie Heimweh gehabt. Unser Dorf ist doch zu sehr aus der Welt...

Das ist für Wilfred eine lange Rede. Und was das Dorf betrifft, so hat er recht. Es wirkt, als trödle Malte den Zeitabläufen gemächlich hinterher...

Wilfreds Frau dagegen, die eine merkwürdige Begegnung mit der Fremden hatte, als Ilsabe Kräuter sammeln ging, sagt: Die hat gehext. Wie sonst hätte sie die wilde graue Dogge zahm gekriegt...

Aber Kutscher-Arno, seltsam, kommt kaum mehr in ihren Gesprächen vor...

1.

Das Dorf Malte ist klein. Ein Waldgürtel schnürt es gleichsam zusammen, und nur die Sandschluppe läßt er offen, diesen ausgewaschenen, breitgefahrenen, von vielen Füßen festgetretenen Ausschlupf in die Welt. Wer hinaus will, muß unweigerlich die Schluppe passieren. Und auch wer heimkommt ins Dorf, hat keinen anderen Weg zur Wahl. Gewiß, manch einer hat gelegentlich Schleichwege benutzt, hat die Mühe eines Umwegs auf sich genommen, sich durch den Wald gepirscht, um ungesehen ins Dorf zu gelangen. Ungesehen, mag sein. Unbemerkt indessen ist es noch keinem gelungen. Seltsam sind die Spuren, die ihn verraten, seltsam die Signale, die eine Heimlichkeit weitertragen. Es ist, als würden Botschaften von Baum zu Baum geraunt, durch einen auffliegenden Krähenschrei offenkundig gemacht. Oder sind es zögernde Schritte im Moos, der angehaltene Atem, das erhitzte Gesicht eines Menschen, die ihn verraten? Wohl niemand im Dorf wüßte Antwort darauf. Jeder aber wüßte zu sagen: durch die Schluppe ist er nicht gegangen, durch die Schluppe ist er nicht gekommen. Wo also war er? Was trachtet er zu verbergen?

Wenige Meter weit vom Dorf gibt die Sandschluppe sich gewissermaßen auf. Wie ein Hofhund, der sich plötzlich einrollt und am Weg liegen bleibt, um heimisches Haus und Gut nicht aus den Augen lassen zu müssen, führt sie keinen Schritt weiter. Scharf grenzt holprige Straße an, grob gepflastert mit Katzenkopfsteinen. Männer und Frauen des Dorfes gehen jeden Morgen ein Stück dieses Wegs, bis die Straße einmündet in eine breitere Überlandchaussee. An jener Stelle befindet sich eine Haltestelle. Die Leute warten auf den Bus, der wenige Male am Tag hier hält, der sie mitnimmt in die kleine Stadt, in der sie arbeiten. Denn ihr Dorf ernährt sie nicht. Der Boden ist karg, ertragreiche Ernten gibt er nicht her. Reicht eben aus, Küchenkräuter und anspruchslose Blumen in den Hausgärten wachsen zu lassen. Und acht bis zehn Kilometer von Malte entfernt beginnt das Moor mit seiner bizarren, kleinwüchsigen Vegetation. Jenes Moor, um das phantastische und düstere Geschichten sich ranken...

Malte mag hundert Einwohner haben, vielleicht sind es auch nur neunzig. Ihren Broterwerb finden sie in einer Konservenfabrik in der nahe gelegenen Kleinstadt. Nach Feierabend schaukelt der Bus sie zurück, und da tragen sie in Taschen, in Netzen und Beuteln Kunterbuntes, den Glimmer der Stadt, den ihr Dorfkramladen nicht feilbietet. Vielleicht macht es sie um ein Auflachen lebendiger, wenn sie ihre Schätze herzeigen können daheim, mit Blicken und mit Fingern daran tippen lassen. In kleinen Gruppen kommen sie die gepflasterte Straße her, betreten die Sandschluppe, verstummen jäh, während sie am ersten Haus des Dorfes vorübergehen. Manchmal wendet einer den Kopf zu den Fenstern, hastig und scheu, als erwarte er, die Frau noch einmal sitzen zu sehen dort oben. Stumm, den Blick über die Köpfe der Leute hinweg in eine unbekannte Ferne gerichtet... Und dann mag es sein, wenn Strahlen der untergehenden Sonne sich im Fensterglas brechen, daß der Vorübergehende meint, sie lächeln zu sehen, wie sie da einen Arm hebt und winkt einem Vogel zu... Die vom Meer, wird er denken, die mit ihrer Puppe im Arm! Aber die gedankenlose Verachtung aus jenen Tagen wird ihm nicht mehr gelingen. Und benommen geht er weiter und wartet darauf, wieder die nachtgraue Dogge zu hören. Meint, gleich müsse sie anschlagen mit ihrem tiefen, heißkehligen Gebell... Und die

Erwartung bleibt ihm im Gesicht, bis er die Schluppe hinter sich hat. Erst wenn die heimkehrenden Malter am Haus vorüber sind, das unmittelbar an der Sandschluppe steht, kommt wieder Gesprächslust unter ihnen auf. Redend und lachend flattern sie auseinander, verschwinden in ihren Gehöften.

2.

Es hat seine Bewandtnis mit jenem ersten Haus an der Sandschluppe.

Es ähnelt den anderen Häusern in allem, wenn man absieht von dem ausladenden Tor, hinter dem eine planierte Auffahrt zu einer Wagenremise führt, die tiefer im Grundstück liegt. Über dem Tor wölbt sich noch immer das Firmenschild, wie sein Besitzer es hochtrabend nannte in früheren Jahren. Jetzt ist es angefressen von Rost, der Emaillebelag ist gesprungen, ist abgeblättert. Der Betrachter buchstabiert mühsam die Lettern zusammen: ARNO TIMME, FUHRUNTERNEHMER. Wahrhaftig, so nannte er sich einst, so trumpfte er auf mit seinen paar Pferden, mit seinen zwei oder drei Kutschen und Wägelchen. Breitbeinig vor Stolz kam er in seinen gewichsten schwarzen Stiefeln die Auffahrt herab, den Peitschenstiel wippend im Stiefelschaft, die Hände frei für herrisches Grüßen und Deuten. Er trug jenen unvergeßlichen Reisehut auf dem Kopf, wenn er sich den Leuten zeigte. Und wie er ihn grüßend schwenkte – das hatte Größe, das verbreitete Glanz! Als lüpfe ein König die Krone für sein Volk. Er war ein schöner Mann, stattlich, gerade gewachsen, braunhäutig.

Er kutschierte zu Hochzeiten und zu Beerdigungen, man kam aus der weiteren Umgebung zu ihm, wenn Baumaterial transportiert werden sollte, ein Umzug fällig war. Die Städter heuerten Arno Timme zu Kremserfahrten an, zu lärmigen Herrenpartien. Und Timme kutschierte sie alle. Ein Mann von Welt war er nicht, doch für jede Art von Fuhre hatte er ein geeignetes Benehmen, fand er die richtige Anpassung. Und er war sich nicht zu fein, den Kastenwagen anzuspannen, um den Dorfleuten Winterkohle heranzufahren. Freilich kam er herum im Land, anders als seine Mitbürger im Dorf. Manche sagen, er sei sogar im Ausland gewesen. Arno Timme hatte dem nie zugestimmt, doch bestritten hatte er es auch nicht. Seine beiden Frauen hatte er sich mitgebracht aus der Fremde. Die Mädchen aus Malte waren ihm nicht fein genug, scheint es. Doch er hatte beide Frauen verloren: die erste starb wenige Monate nach der Heirat. Die zweite hatte auch nur ein Jahr etwa mit ihm gelebt. Sie war sanft, hatte in kurzer Zeit den Malter Tonfall angenommen und die Leute vergessen lassen, daß sie aus der Fremde stammte. Es war wie ein Entsetzen über das Dorf gekommen, als man sie im Wald gefunden hatte. Die sanfte Frau hatte sich erhängt.

Die Leute hatten es sich nicht erklären können. Ihnen war wohl entgangen, daß die Frau vor ihrem Tode immer stiller geworden war, daß sie in sich gekehrt einherging und manchmal, ohne ersichtlichen Grund, zusammenfuhr, schreckhaft um sich blickte. Um jene Zeit war auch der große Hund verschwunden, den Arno Timme damals besaß. Eine gescheckte gelbliche Dogge. Einige Malter wollten nachts ein Bellen aus dem Moor gehört haben, das heisere Bellen eines Geisterhundes. Nichts als Einbildung. Die Leute dachten immer zuerst ans Drei-Finger-Moor, wenn ein Unglück oder Böses geschah. Selbst dann, wenn das Unglück gar nichts mit dem Moor zu tun hatte.

Jahre um Jahre ist das her. Arno Timmes Frauen liegen auf dem Friedhof nebeneinander, die Grabsteine nennen beider Namen wie in einem Atemzug. Schwestern, könnte man meinen; denn ihre Mädchennamen hat Timme nicht einmeißeln lassen. Und die Leute, die beide gekannt haben, sehen sie in der Erinnerung nach und nach einander ähnlich werden. Den schweifenden, wie haltlos tastenden Blick: hatten den nicht beide gehabt? Das Nackendrehen, das jähe Kopfwenden über die Schulter hin: als könne da etwas sein, etwas sie irritieren – jene beiden, die wie Schwestern scheinen? Wer weiß das zu sagen nach zehn oder noch mehr Jahren!

Schon lange kutschiert er nicht mehr, der Arno Timme. Sein Firmenschild taugt nur mehr zur Wetterfahne. Regen prasselt gegen das Blech, Sturm scheppert pfeifend darüber hin, die Sonne zehrt restliche Farbe fort, und der Mond legt seinen Schein darauf wie auf die Gräber der Timme-Frauen. Gibt es in der Remise etwas einzuschließen? Wozu ist ein Vorhängeschloß in die Kramme gehängt? Ach, kein größeres Geheimnis ist dort eingeschlossen als jene schwarzen, blankgewichsten Stiefel. Die Stiefel, die Timme einst stolz und mächtig vor den Leuten machten und die er all die Jahre über pflegt. Da steht vergessen und vertan eine Kutsche, Spinnweb hängt in den Ritzen, die Deichsel ist morsch geworden und schließlich zerbrochen. Die Radbänder rosten, die Speichen sind nicht vollzählig, aus den Polstern steigt stockender Modergeruch.

Und doch ist es diese Kutsche gewesen, in der Arno Timme seine dritte Frau hergebracht hat. Zu jener Zeit ist das Gefährt schon brüchig gewesen, fast nicht mehr tauglich. Es hat eben noch die Fahrt in die Stadt überstanden, den Weg zum Bahnhof und zurück nach Malte. Dann ist der Wagen abgestellt worden in der Remise, vielleicht haben die Räder geächzt. Und so ist es geblieben seit jenem Tag vor gut einem halben Jahr. Verfall, wenn er einmal begonnen hat, geht rasch. Er frißt wie ein nimmersattes Tier.

Da steht sein Haus. Das Ausfahrtstor braucht Arno Timme nicht mehr zu öffnen. Pferde hat er längst keine mehr, die Fuhrwerke sind abgeschafft. Den Zaun um sein Grundstück hat Timme selbst gesetzt, und es vergeht kein Halbjahr, ohne daß er Pfosten und Maschendraht gewissenhaft prüft. Bis zum Erdboden hinab schnüffelt er nach durchlässigen Stellen, duldet nicht den winzigsten Riß. Was will er sich vom Leibe halten?

Das Alter hat Timme längst eingeholt. Noch trägt er sich so gerade wie in früheren Jahren, er ist kräftig, geht mit festen Schritten. Doch das borstige Haar steht ihm nun eisengrau auf dem Kopf, die Augen geben jenes Feuerwerk von Blicken nicht mehr her, das Arno Timme früher verschoß. Ihre Farbe ist ausgeblichen, wie weggesunken sind diese Augen, wie in einen Tümpel gefallen. Mag sein, daß es eine unbestimmte Furcht ist, eine Abwehr gegen das vorrückende Altern und Schwachwerden, das da wie ein Schleier über seinen Blicken hängt. Denn wenn er auch im Garten gräbt mit sehnigen Armen: er ist nicht mehr der Fuhrunternehmer, der Reisehut ist nicht mehr schicklich für ihn. Er ist ein alter Mann, der Rente bekommt. Da mag er bauern auf seinem Grundstück, so verbissen er will –, er kann weder sich noch den Dörflern weismachen, daß er der Kerl von einst geblieben ist. Kein Fuhrunternehmer mehr in gewichsten Stiefeln, kein Fahrensmann mit dem Hauch von Ferne und Draufgängertum um sich. Vorbei, vergangen. Was die Leute nicht gewagt hätten in früheren Jahren, das sagen sie ihm jetzt ins Gesicht: *Kutscher-Arno*. Meinen es nicht böse, mögen ihn ja, den Kutscher-Arno. Und doch ist im gutmütigen Spott dieses Namens zu hören, was sie denken. Ja, ja, nun ist dein Glanz dahin, nun bist du herunter vom hohen Roß, nun ist es dir ergangen wie allen, nun bleib bei uns auf dem Teppich.

Vielleicht ist Kutscher-Arno nicht so einfältig, sich etwas vom Leibe halten zu wollen. Vielleicht will er etwas nicht fortlassen? Braucht den dichten, mannshohen Zaun, um einzusperren? Er hat die Dogge, nachtgrau, wie er sagt. Und er hat jetzt die dritte Frau, hat nach langer Witwerschaft noch einmal geheiratet. Ist es nicht ein Hochmut und ein Unmaß, ein so viel jüngeres Weib zu nehmen? Wieder hat er sie nicht in Malte finden können. Hat sie kommen lassen von irgendwo hoch aus dem Norden, von der Küste her, zum dritten Male eine Fremde. Vom Meer soll sie sein, und aufs Meer verstehen sich die Leute von Malte nicht. Keine vierzig Jahre alt, vielleicht achtunddreißig, vielleicht ein wenig darüber. Man munkelt, er habe sie durch eine Zeitungsannonce kennengelernt. Und sie dann mit Briefen hergelockt. Denn hatte er nicht vor Monaten Briefmarken noch und noch gekauft bei Wilfred von der Post? Das war nicht verborgen geblieben, es wäre geschickter von Timme gewesen, er hätte sich die Briefmarken in der Stadt besorgt. Die Leute erinnern sich, wie seltsam die Ankunft der Fremden in Malte war. Und nach den ersten Blicken aus Hellas Fenster hatten sie es gewußt: Die wird eine Fremde bleiben.

3.

Es hatte sich herumgesprochen. Wo das Gerücht aufgezüngelt war – niemand wußte es zu sagen. Hella, deren Häuschen dem Gehöft des Arno Timme schräg gegenübersteht, hatte eingeladen. *Kommt zu mir, wir beobachten hinter der Gardine.* Ein Ereignis. Sobald Kutscher-Arno losgefahren war in seiner brüchigen Karosse, hatte Hella den Kramladen abgeschlossen und war heimgegangen. Vier oder fünf Frauen aus dem Dorf hatten an ihre Tür geklopft, dazu Wilfred, der Briefausträger. Da hatten sie Stühle zum Fenster gerückt, hatten vorsichtig miteinander geredet, Kaffeetöpfe in Händen gehalten, daran genippt ab und an, gewartet. Das Rattern der Räder hatten sie schon gehört, als von der Kutsche noch nichts zu sehen gewesen war. Es hatte sich verlangsamt beim Einschwenken in den Katzenkopfpflasterweg. Und Hellas Rauhhaardackel hatte angeschlagen.

Prophetisch öffnet Wilfred den Mund. Er ist langsam im Denken und bedachtsam in seiner Rede. Halblaut spricht er die Worte: »Da kommt was.«

Niemand widerspricht. Hella atmet hörbar aus, ihre schwere Brust hebt sich, senkt sich.

»Mein Gott«, sagt sie, »mein Gott.«

Die Frauen nicken und atmen Hella nach. Es ist eine aufregende Stunde.

Jetzt hört das Radgeratter auf, geht in ein Knirschen über. Die Kutsche ist in der Sandschluppe angekommen. Die Menschen in Hellas Zimmer dampfen vor Neugier. Es hält sie nicht auf ihren Stühlen, sie stehen auf, drängen ans Fenster.

Wilfred, der Besonnene, sagt: »Da sind sie.«

Hella zischt, es solle keiner die Gardine berühren, es schicke sich nicht, Leute hinter der Gardine zu beobachten. Wilfred tut einen gemessenen Rückwärtsschritt und gibt ihr flüsternd recht.

»Das ist wahr, Hella.«

Es ist ein strahlender Tag in diesem unmäßig warmen Frühling. Lange Trockenheit hat die Sandschluppe mulmig gemacht. Aufsässig wirft sich der Sand in die Räder, erzwingt langsame Fahrt. Das ist den Leuten recht, die da hinter der Gardine den Atem anhalten und starren.

Kutscher-Arno guckt nicht links, nicht rechts. Er sitzt stockgerade, hält die Zügel locker in Händen. Nicht nötig, das Pferd zu gängeln. Hier weiß es Bescheid, kennt den Auffahrtweg zur Wagenremise, zum Stall. Kutscher-Arnos Gesicht ist verschlossen wie ein Fensterladen. Er ist in Malte aufgewachsen, er weiß, daß seine Ankunft nicht unbeobachtet bleibt. Den Reisehut aus Jugendjahren hat er noch einmal aufgesetzt, an diesem Tage wohl zum letzten Mal. Hat wahrhaftig etwas drangesteckt, der alte Geck. Hat eine Feder, eine bläulich schillernde Vogelfeder ins Hutband geschoben.

»Oho!« macht Wilfred bedächtig. »Oho!«

Bleibt der Karren jetzt stecken im Sand? Kutscher-Arno greift ungebärdig an den Hut, ruckt daran. Leichte Röte steigt ihm ins Gesicht. Er wirft die Zügel hin, springt herab vom Kutschbock, will wohl in die Radspeichen greifen. Da drehen sich die Räder von selbst, langsam schwankt die Kutsche voran, er braucht sich nicht zu bemühen. Nun geht er nebenher die wenigen Meter bis zum Tor, das einladend offensteht für die neue Frau.

Und da sitzt sie nun.

Wilfred, der Briefe von ihr ausgetragen hat an Kutscher-Arno und sich der schmiegsamen Schriftzüge auf hellgrünen Briefumschlägen erinnert, behauptet kategorisch:

»Das ist sie nicht.«

Aber sie ist es doch – was für eine hatten denn die Leute aus Malte erwartet? Eine Lichtgestalt? Ein Hutzelweiblein? Die da sitzt, ist keines von beidem. Und nun wissen die Leute nicht, was sie denken sollen, können sich überhaupt kein Bild machen. Sicher ist nur: Sehr fremd finden alle die Frau.

Man bekommt keine Farben zu sehen. Sie sitzt reglos da, hat ein weißes Tuch um den Kopf geschlungen, das auch Schultern und Brust einhüllt. Als die Kutsche steckenzubleiben droht, als vom heißen Atem der Frauen in Hellas Zimmer die Fensterscheibe beschlägt, wendet die Fremde irritiert den Kopf, guckt wie suchend in die Richtung der Gaffenden. Als spüre sie, daß jemand auf sie schaue und wisse nur nicht, woher. Für Sekunden hat sie den schweifenden, wie haltlos tastenden Blick der beiden Gestorbenen, die unter Timmes Namen auf dem Friedhof liegen. Bei dieser Ähnlichkeit will den Leuten im Zimmer eine zage Vertrautheit kommen. Doch da preßt die Fremde die Lippen zusammen und wendet sich ab, der Augenblick ist vergangen.

»Viel zu jung«, sagt eine der Frauen.

Wilfred nickt.

»Mein Gott«, sagt Hella, »was will die hier.«

Da verzieht Wilfred den Mund zu einem Lachen, leckt mit der Zunge über die Lippen.

»Wird was brauchen fürs Bett.«

Die Frauen kreischen auf, halten sich erschreckt die Münder zu. Hella entgegnet:

»Dafür muß sie vom Meer weg?«

Indes hat das Bild draußen sich verändert. Man sieht nun die Fremde in ganzer Gestalt, sie ist ausgestiegen, ein helles Kleid trägt sie, es reicht ihr bis zu den Waden. Und an den

Füßen Sommerstiefelchen. Will sie damit in Malte herumgehen? Sie steht versunken und schaut. Nimmt mit den Augen Besitz von Haus, Garten, Remise und allem. Wird sie den hohen Zaun gewahr, wundert sie sich darüber? In ihrem Gesicht ist keine Regung zu erkennen. Die Frau ist mittelgroß. Und als jetzt Kutscher-Arno hinter sie tritt und ihr eine Hand auf die Schulter legt, wirkt sie zerbrechlich neben dem kräftigen, großen Mann. Sie vollführt wieder diese seltsame Kopfdrehung, neigt das Gesicht und betrachtet die Hand auf ihrer Schulter wie ein zugelaufenes Tier.

In Hellas Zimmer stößt eine Frau pfeifend den Atem aus.

»So sind die«, sagt sie.

Wilfred kneift die Augen zu schmalen Schlitzen, schaut angestrengt.

»Aufgeworfene Lippen hat sie«, sagt er, »einen vollen Mund.«

»Quatsch«, entgegnet Hella, »du alter Bock!«

Das ist unter seiner Würde, Wilfred hört gar nicht hin.

»Und grüne Augen«, sagt er.

»Graue«, schnauzt Hella ärgerlich.

Wegwerfend sagt eine von den Frauen:

»So sind die von da oben. Die vom Meer.«

Nun schweigen sie einträchtig, horchen den letzten Worten nach. Ja, da wird wohl etwas dran sein, das wird seine Wahrheit haben, sie spüren es in ihrer Gemeinsamkeit, daß die von da oben so sind. Die vom Meer!

Kutscher-Arno geht langsam ums Haus. Der Zwinger ist nicht zu sehen, er befindet sich unmittelbar hinter dem Haus. Ahnt die Fremde, was nun kommen soll? Er wird ihr gewiß erzählt haben von dem Satan, von diesem gräßlichen Tier. Keiner in Malte mag den Hund, der groß ist und böse aussieht und noch keinem etwas getan hat, denn Kutscher-Arno hütet ihn wie seine Seele, läßt ihn nie frei herumlaufen. Recht so: eine bissige Bestie, die unter Verschluß gehalten werden muß, meinen die Leute. Seltsam, wie Timme an dem Tier so hängen kann. Seit er die Dogge hat, erschrekken die Leute oft, wenn sie durch die Sandschluppe kommen. Nicht nur vor ihrem Gebell. Oft auch vor ihrem unheimlichen Leisesein. Wenn sie aufrecht steht hinter dem dichten Maschendraht, den Vorübergehenden mit blutunterlaufenen Augen beobachtet. Ihr glattes, kurzhaariges Fell ist grau. Die nachtgraue Färbung der Dogge im Zusammenspiel mit dem massigen Körper und der drohenden Schwanzpeitsche ist den Maltern eine gehässige Farbe.

Da kommt Kutscher-Arno ums Haus. So hochbeinig ist die Dogge, daß der Mann aufrecht neben ihr gehen kann, während er sie am Halsband führt. Die Fremde merkt nun, daß er kommt, und sie wendet sich ihm zu. Und schaut. Etwas wie Bestürztsein oder Überraschung zeigt sich in ihren Zügen. Und die Dogge sieht die Frau und wittert in ihre Richtung und verhält. Und da beugt sich die Frau vor, legt die Hände zwischen die Schenkel im hellen Kleid und sagt leise irgend etwas. Sie bewegt die Lippen, lächelt. Da drängt die Dogge voran, zerrt, daß Timme sie nur mit Mühe halten kann. Und die Fremde zieht das Tuch vom Kopf, wirft den Kopf zurück, lacht. Und die Dogge reißt sich von Timme los. Es ist seltsam, daß Timme sie losstürmen läßt auf die Fremde zu, und wie er gar keinen Versuch macht, die Dogge zu hindern. Er beugt nur leicht den Oberkörper, in Erwartung lächelt er beinahe. Und er starrt die Frau an. Die steht und biegt sich lachend zurück, und die Dogge richtet sich hoch an ihr auf und legte ihr die schweren Pfoten auf die Schultern. Leckt ihr Gesicht. Und die Frau legt ihre Arme um das Tier.

Die Dörfler sehen von ihrem Lauschposten her, wie mit Kutscher-Arno eine Wandlung geschieht. Er scheint nicht erleichtert über den Ausgang der Begegnung. Eher ratlos. Und in einer jähen Regung des Zorns oder der Eifersucht stampft er mit dem Fuß auf. Ballt Fäuste. Und plötzlich kehrt er sich ab, und unter der gebräunten Haut ist er blaß geworden. Er läßt die Frau stehen mit der Dogge, steigt die Stufen zur Haustür hinauf.

»Was hat er denn?« fragt Hella.

»Der ist mit etwas nicht zufrieden«, antwortet jemand.

Und Wilfred, der gewissenhafte Briefausträger des Dorfes Malte, sagt nachdenklich:

»Sie heißt Ilsabe.«

4.

Ein halbes Jahr etwa liegt jener Einzug zurück. Was im Haus an der Sandschluppe vorgeht, ob die Fremde sich hingewöhnt hat – man weiß es nicht im Dorf. Keiner in Malte redet sie übrigens mit dem Namen an, der ihr zusteht als Timmes Frau, den man seinen beiden ersten Frauen zuerkannte. Die Neue nennt jeder *Frau Ilsabe*. Mit langgezogenem E am Ende. Sie sind höflich zu ihr und mühen sich um einen alltäglichen Ton. Aber auf irgendeine Weise müssen sie dennoch ihren Abstand zum Ausdruck bringen. Frau Ilsabe mit den grünen oder den grauen Augen – was lächelt die oft so ungehörig, daß ihr der Mund spaltbreit aufgeht dabei, die vollen Lippen schwellen wie eine Frucht? Und wie sie die Zähne schimmern läßt. Ganz konfus kann einem werden vor ihrem Schauen. Ohne alle Scham blickt sie den Leuten direkt in die Augen. Das befremdet in Malte. So guckt man nicht, da bleibt einem ja kein Entweichen, nicht einmal Wegsehen hilft. Der Blick geht einem nach, sitzt einem im Nacken, daß man die Hand heben möchte, um ihn fortzuwischen. Grau oder grün wie das Meer. Auch vom Meer läßt man sich nicht in seine Gedanken blicken. Die vom Meer!

Was lungert sie herum, diese Frau Ilsabe? Ist ihr der Haushalt nicht groß genug, findet sie im Garten nicht genug zu schaffen? Da schlendert sie am hellen Tag durch Malte, geht nutzlos, in langsamen Schritten am Kramladen vorbei. Hat nichts bei sich, nichts. Keinen Korb, keine Einkaufstasche. Nur ein Tuch in der Hand, und das hängt an ihr herab wie die Einsamkeit selbst. Da werden die Blicke, die ihr folgen, noch abweisender, verbissener; denn die Leute müssen ihren Neid wegwürgen. Sie spüren beim Anblick dieser Frau: die bleibt ihnen nicht nur unerreichbar, weil sie nicht zu ihr wollen. Die ganze Wahrheit ist, daß sie nicht zu ihr können. Es ist *ihr* Unvermögen, das Trennung schafft. Und das macht die Leute unwillig gegen Ilsabe.

Hella blickt vom Ladentisch hoch, auf dem sie eben Tomaten aus einer Stiege aussortiert.

»Schleicht sie wieder zum Friedhof, was?«

Die Frauen, die im Laden stehen, drehen stumm die Köpfe und schauen der Gestalt im hellen Kleid nach, die in sich versunken die Dorfstraße hingeht, auf den Wald zu, vorbei an der Kirche mit dem kleinen Friedhof.

»Nein. Nicht zum Friedhof.«

Ilsabe verschwindet im Wald, den Frauen aus den Augen. Die wenden sich wieder Hella hinter dem Ladentisch zu.

Wilfreds Frau reibt sich gedankenvoll das Kinn.

»Wird zum See gehen«, sagt sie. »Da hab ich sie neulich erwischt.«

»Erwischt? Wobei?«

Wilfreds Frau winkt ab, tippt sich dann gegen die Stirn.

»Das sitzt doch hier«, sagt sie. »Steht da wie eine Salzsäule und guckt und guckt. Dabei ist überhaupt nichts zu sehen. Und wie ich sie anrede, zuckt sie zusammen und erkennt mich gar nicht gleich. Und bewegt die Lippen... kommt aber kein Wort raus. Da ist was nicht im Lot.«

Alle gucken verblüfft. So lange Reden hält Wilfreds Frau sonst nicht.

»Was meinst du damit?« fragt Hella schließlich. »Was ist nicht im Lot?«

Doch nun ist nichts mehr aus Wilfreds Frau herauszuholen. Sie zuckt bedeutungsvoll mit den Schultern und reibt sich das Kinn.

»Das kann ich leiden«, schnauzt Hella und klatscht ihr die verlangten Nudelpakete auf den Ladentisch.

Wilfreds Frau packt ruhig ihre Einkäufe in den Korb und zahlt. Als sie das Wechselgeld einstreicht, sagt sie freigebig:

»Fällt euch denn nichts an Kutscher-Arno auf? Der guckt doch ganz verbiestert. Die wird's in sich haben, die da. Mehr sag ich nicht.«

Sie sagt wirklich nicht mehr. Grüßt, geht, läßt die anderen mit aufkeimenden, ungenauen Vermutungen zurück.

5.

Nein, es ist ganz und gar nicht üblich in Malte, auf diese Weise ein Tuch um die Schultern zu nehmen und an einem See zu stehen, der im Wald liegt. Das Wasser ist still über dunkler, morastiger Tiefe. Groß ist der See nicht, und es ist schwer zu begreifen, warum Ilsabe den Blick lange über die Wasserfläche schweifen läßt. Erinnert sie sich an ihre Heimat? Sehnt sie sich fort von hier? Der Ort ist nicht gut zum Alleindastehn, man gerät leicht in einen Schweigezauber. Vögel sind nicht zu hören, es ist, als hielten sie sich fern vom dunklen See. Schon ein Windstoß, der aufkommt, macht schaudern. Am Ufer des Sees wirkt er wie eine Hand, die sich auf einen legt. Vielleicht macht es diese Stille, daß Ilsabe die Lippen bewegt und etwas vor sich hinmurmelt. Was sie sagt, sind weder Zaubersprüche noch Verwünschungen. Namen von Pflanzen zählt sie her, und sie läßt ihre Blicke nicht nur über das Wasser schweifen. Sie schaut sich die Ufer an, will herausfinden, was in der angrenzenden Wiese wächst. Und wenn Wilfreds Frau behauptet, sie sei zusammengefahren und habe geblickt wie verirrt, so hat das wohl einen Grund. Vielleicht fürchtet sie, Gedanken verraten zu haben mit der Aufzählung harmloser Pflanzennamen.

Übrigens hätten die Leute im Laden stutzen sollen, als Wilfreds Frau von ihrer Begegnung gesprochen hat. Der See liegt so, daß kein Mensch aus Malte einen anderen dort rein zufällig trifft. Zum See geht man in voller Absicht – oder man geht nicht. Wilfreds Frau ist Ilsabe heimlich gefolgt, so verhält es sich. Sie hat sehen wollen, was die Fremde treibt, wenn sie allein in den Wald geht. Und als die Gestalt nur stand und schaute, da ist sie ungeduldig geworden, und vielleicht war es ihr auch ein wenig unheimlich. Da ist sie herausgetreten, als käme sie arglos des Weges, hat gegrüßt und sich gezeigt. Wie hätte Ilsabe nicht erschrecken sollen, an dem wenig geheuren Ort plötzlich von einer Stimme überfallen zu werden. Was Wilfreds Frau verschwiegen hat im Laden, ist der kleine Wortwechsel, den sie mit Frau Ilsabe hatte. Vermutlich hat sie ihm keine Bedeutung beigemessen. Oder nicht mehr daran gedacht.

»Guten Tag, Frau Ilsabe.«

Die zuckt zusammen, fährt herum, guckt mit ihrem Meerblick wie behext.

»Guten Tag«, wiederholt Wilfreds Frau und schaut auf das Stengelchen, das Ilsabe zwischen den Fingern hält. Was will sie mit dem Unkraut, das auf Waldwegen wächst, das namentlich auf Gräbern wuchert?

Ilsabe öffnet die Lippen zu ihrem langsamen Lächeln.

»Ah, die Postfrau.«

Das hätte sie nicht sagen sollen. Wilfreds Frau kränkt das Wort. Weil ihr Mann Briefe austrägt, ist sie noch lange keine Postfrau. Soll die Fremde doch endlich die Namen der Malter lernen.

»Nicht, daß ich wüßte«, entgegnet sie barsch. Doch dann fällt ihr ein, daß sie die andere auch nur mit dem Vornamen angeredet hat, und sie fragt schnell:

»Das Zeug da pflücken Sie?«

Ilsabe senkt die Lider, schaut auf die schmalen Blattlanzetten, auf die grauschimmernden Spirren der Blüten.

»Sie blüht bis in den Oktober hinein«, sagt sie.

Wilfreds Frau sagt abschätzig: »Blühen? Das Mistzeug wächst auf dem Friedhof zuhauf.«

Die Lider flattern auf, und die heisere Stimme der Frau Ilsabe bekommt einen scharfen Klang.

»Dort hab ich's nicht her«, sagt sie heftig.

Was soll denn das? Wilfreds Frau wundert sich, sie hat ja der Person nichts getan.

»Mir doch egal.«

Da hat Ilsabe rasch wieder ihr Lächeln und sagt sanft und tief:

»Es ist Krötenlinse. Nicht giftig.«

Wilfreds Frau verabschiedet sich, geht. Sie ist einige Schritte fort, da ruft Frau Ilsabe ihr etwas nach.

»Sie ist wirklich nicht giftig!«

Ja, sie hat es gehört. Warum legt die seltsame Fremde solchen Wert darauf, ihr das nachzurufen? Wilfreds Frau hat nicht die Absicht, das Zeug an die Suppe zu tun. Ach, die vom Meer!

6.

So würde es nicht gehen. Selbst wenn sie den Mut fände, ihren Gedanken zu Ende zu denken: Wie sollte sie einen Extrakt gewinnen, der tatsächlich wirkte?

Ilsabe sitzt oben in ihrem Zimmer am Fenster und blättert in einem Buch. Mit wachsamen Blicken liest sie immer wieder dieselben Seiten. Doch es gibt keinen Hinweis für sie. Die alte, zerlesene Schwarte ist ein Kräuter- und Heilbuch von ihrer Urgroßmutter. Aber ein Heilbuch eben, das ist der Haken. Sollte sie ... Irgendwie würde sie sich zu helfen wissen müssen.

Ilsabe klappt das Buch zu, steht auf, schiebt es unter den Teppich. Dann setzt sie sich wieder ans Fenster und schaut hinunter auf die Sandschluppe. Was nur hat sie bewogen, in dieses hinterwäldlerische Dorf zu ziehen! Ob die Dinge sich mit der Zeit nicht geglättet hätten dort an der Küste? Ach, sie weiß wohl, daß sie das nicht getan hätten. Auch jenes Dorf war klein, jeder wußte vom anderen...

Nein, sie hatte dort nicht bleiben können. Jetzt spürt sie keinen Groll mehr gegen Jens, der so mit ihr umgesprungen war. Doch damals: Schmerz, Empörung. Auch Scham. Daheim in dem winzigen Fischerort hatte jeder von ihrem Verhältnis gewußt. Selbst die Schulkinder. Sie hatte schon bei ihm gewohnt, hatte keinen Menschen im Ort gehabt außer Jens. Und wie er eines Abends bei Tisch so unvermittelt gesagt hatte: Du mußt gehen, ich heirate eine andere, sie erwartet ein Kind von mir... Das war so unglaubwürdig gewesen wie ein Kinofilm, und sie hatte lachen müssen.

Später hatte sie dann doch geweint, ihn angefleht... er hatte unflätige Worte gegen sie gebraucht. Und sie hatte nirgendwo hingekonnt, als er die andere mitbrachte. Im Ort hatte man mitleidig geschwiegen, wenn sie aufgetaucht war, und die Kinder hatten verstohlen gelacht... Da hatte sie nur noch fortgewollt, weit fort von Jens. Und nach einem Menschen hatte sie sich gesehnt, einfach nach Geborgenheit. Sie hatte Annoncen studiert und auf Annoncen geantwortet...

Dann waren die kargen, ruhigen Briefe aus Malte gekommen. Der Mann, der sie schrieb, war nicht mehr jung, sie wußte es. Aber die einfachen Worte, die er ihr aus der Ferne sagte, stillten vorerst den Aufruhr in ihrem Innern. Sie faßte Vertrauen. Einmal trafen sie einander, reisten jeder den halben Weg. Sie war überrascht, wie stattlich und schlank er noch war. Das graue Borstenhaar gefiel ihr. Und von seinen Augen, die schon etwas hingesunken waren in den wäßrigen Schimmer des Altseins, sah sie bald fort. Sie nahm auch den Blick rasch von seinem Mund. Die Lippen waren schlaff und altersrot. Nach diesem Treffen war es beschlossene Sache zwischen ihnen: sie würden heiraten.

Eine Fahrradklingel schreckt Ilsabe aus ihren Erinnerungen. Unten fährt Wilfred mit seinem gelben Postrad durch die Schluppe. Er kommt vom Nachbardorf, hat Post geholt für Malte. Hella mit ihrem Dackel ist ihm begegnet. Wilfred steigt ab vom Rad, die beiden stehen ein Weilchen beieinander vor Timmes Haus. Ilsabe hört das wütende Gebell der Dogge. Hellas Rauhhaardackel duckt sich ängstlich weg, schmiegt sich eng an Hellas Füße.

Bis jetzt ist Ilsabes Tag beinahe friedlich gewesen. Sie will nicht stets von neuem an die Scheußlichkeit denken. Doch nun ist es geschehen, die Stimme der Dogge hat sie aufgeschreckt. Schon am ersten Tag ihres Hierseins hätte sie stutzen müssen. Von all und jedem hatte Arno ihr vorher geschrieben, warum nicht von dem Hund?

Gedankenverloren streckt Ilsabe die Hand nach der Puppe aus. Bleibt so, die Puppe im Arm, am Fenster. Schaut über die Köpfe der beiden hinweg, die da stehen und reden, das gelbe Fahrrad zwischen sich. Ilsabe denkt an ihre Ankunft in Malte. Sieht wieder Arnos Blick sich seltsam verändern, als die Dogge zur Begrüßung an ihr hochsteigt. Dieser Blick, der eben noch Erwartung war, funkelte vor Erregung. Wurde dann grau von irgendeiner Enttäuschung, die sie nicht ergründen konnte. Und gleich darauf ließ er von ihr ab. Doch die Wut sah sie noch aufschießen, die plötzlich Arnos Augen einen roten Schimmer verlieh. Das hatte sie erschreckt. Und immer mußte sie an den Blick des Hundes denken, wenn er haßvoll Vorübergehende verbellte. Und Arnos graues Haar: hatte es sich im zornigen Weggehen von ihr nicht gesträubt? Unsinn. Das mußte Unsinn sein.

Und doch: jenes erste Erschrecken hatte sich in ihr eingenistet, ist nie mehr ganz verschwunden. Es ist gewachsen. Wenn sie es auch nicht wahrhaben will und sich überreden möchte, daß Arno Timme ein alter Mann sei, nichts weiter als der Kutscher-Arno, wie die Leute ihn nennen: es gelingt ihr nicht. Nicht mehr. Ilsabe hat Angst.

Seit vorgestern nacht befällt sie mitunter ein Zittern, eine ungewisse Beklommenheit, und sie schaut um sich, rasch, als müsse sie etwas Feindliches ertappen. Und dann hat sie den schweifenden, tastenden Blick, den die Dorfleute von Timmes Frauen kennen. Es ist merkwürdig, daß Ilsabe diese Nacht in weite Ferne zu rücken trachtet. Vielleicht tut sie das, weil sie sich vor einer Wiederholung fürchtet, denn diese Nacht liegt erst vierundzwanzig Stunden zurück. Und sie hat erlebt, daß Arno noch kein alter oder gar kraftloser Mann ist. Doch Kraft in solcher Weise zu zeigen, das ist vernichtend. Und der Tag danach hat womöglich noch tieferen Schrecken gehabt.

Da ist es wieder: jenes Ticken, das sie zuerst im Keller gehört hat. Immer klingt es, als laufe eine Waschmaschine hinter einer Tür. Ilsabe geht einmal rasch durch ihr Zimmer, guckt ins Treppenhaus, öffnet sogar den Kleiderschrank. Es ist nichts. Alles ist still, das Ticken nicht mehr zu hören. Wieder stellt sich Ilsabe ans Fenster. Doch sie will die beiden da unten nicht mehr sehen, den Postausträger und die Ladenfrau. Was sind das alles für Leute! Und wie scheinheilig sie *Frau Ilsabe* zu ihr sagen! Wofür halten sie mich, denkt Ilsabe und lacht heiser auf. Augen machen sie mir wie einer Irrsinnigen. Oh, dieses Malte, man könnte ersticken darin! Aber wohin, wohin denn sonst? Ob ein Mensch in dem elenden Nest ahnt, in was für eine Ehe sie hineingeraten ist? Ob einer vermuten kann, welch verzweifelten Gedanken sie in sich nährt? Sie kennt sich ja selbst nicht mehr, so zerrissen sieht es in ihr aus.

Wann hat sein Belauern begonnen? Jetzt glaubt sie, daß es schon am Tag ihrer Ankunft in Malte war. Es hat begonnen in jenem Augenblick, als die Dogge auf sie zugesprungen war. Nur hat sie es in der ersten Zeit nicht gewußt. Da war sie beansprucht gewesen, die neue Umgebung kennenzulernen, den Mann an ihrer Seite zu begreifen. Fertig zu werden mit den nächtlichen Erlebnissen. Sie spürte seine rabiate Gier. Aber er kam nicht zu ihr. Sie versuchte, ihn mit Zärtlichkeiten zu locken. Es war schrecklich. Sie sah, wie seine Augen sich verfärbten, wie sein schlaffer, altersroter Mund sich bebend und feindselig verzog. Er schob sie von sich, seine Griffe waren hart, er schien etwas von ihr zu fordern, das sie weder begriff noch erahnte... Schließlich gab sie es auf, ihn zu umwerben.

Zu quälen begonnen hatte er sie auf eigentümliche Weise. Sie schliefen getrennt voneinander. Wenn Arno sie aufsuchen wollte, hörte sie am andern Ende des Korridors seine Zimmertür knarren. Dann seine herannahenden Schritte, das Klopfen an ihrer Tür. Die ersten Male war er eingetreten, hatte die Tür hinter sich zugedrückt und nur dagestanden. Ilsabe hatte die Nachttischlampe angeknipst, sich aufgesetzt in ihrem Bett. Nur dieses Starren, ohne ein Wort. Unter diesem Blick, der nicht erkennen ließ, ob ihr Mann sie überhaupt wahrnahm oder ob er mit einem düsteren Entschluß rang und gleich darauf herstürzen würde zu ihr, war sie unsicher geworden. Hatte sich ins hellrote Haar gegriffen, um Halt zu finden, hatte an den langen Strähnen gezerrt, ihre Finger damit umwickelt. Und das Herz schlug ihr im Halse.

»Ja«, fragte sie bang, »komm doch her?«

Er aber stand anmaßend da und starrte sie an.

»Arno! Was ist denn?«

Ihre Stimme kippte ab. Dieser Mann sollte alt sein? Wie konnte dann jene unerklärliche Bedrohung von ihm ausgehen, die ihr den Mund trocken machte?

»Komm her«, wiederholte sie bittend.

Da verzog er den Mund, und sie sah wieder, wovon sie bei der ersten Begegnung so wenig hatte wahrnehmen wollen: die schlaffen, bestürzend begehrlichen Lippen des Alters. Ihr schien, daß es kein gutes Lächeln sei. Es sollte sie an irgend etwas erinnern. Woran?

Und dann kehrte er sich ab und ging.

7.

In dieser Weise war er mehrfach gekommen. All seine Besuche waren ähnlich verlaufen, und Ilsabe hatte sich fast an sie gewöhnt wie an eine ständig wiederholte Theaterszene, die in vorgeschriebenen Bahnen ablief. Dennoch: eine gewisse Beklommenheit war nie gewichen. Und dann war jener Septemberabend gekommen, der sie in seiner Absonderlichkeit so verstört hatte.

Sie haben zu Abend gegessen, sitzen in der Wohnküche beisammen und machen Pläne für den nächsten Tag. Sie wollen frühzeitig mit dem ersten Bus in die Stadt fahren zum Einkauf. Ilsabe braucht Schuhe, und Arno hat für sich einige Dinge im Sinn, über die er nicht reden möchte. Und der Recorder muß abgeholt werden aus der Reparaturwerkstatt.

Milder Abendwind fächelt die Küchengardine. Ilsabe betrachtet ihren Mann, wie er dasitzt mit gesenktem Kopf, hin und wieder einen Blick für sie hat, nebenher die Vorgänge in der Sandschluppe beobachtet. Seine Finger führen indessen ein Eigenleben mit den Gegenständen auf dem Tisch: deckeln eine Dose auf und wieder zu, schnippen einen Löffelstiel, streichen die Tischdecke glatt. Ein zaghaftes Gefühl von Zuhausesein, eigentlich nur die Sehnsucht nach solch einem Gefühl, steigt in Ilsabe auf. Und in dem Bedürfnis, sich ihm mitzuteilen, greift sie über den Tisch nach seiner Hand.

»Es ist gut, bei dir zu sein.«

Verwundert blickt er auf, entzieht ihr seine Hand.

»So«, sagt er.

Nach einer Pause fängt Ilsabe wieder an:

»Magst du mich überhaupt?«

Arno nickt ein einziges Mal knapp mit dem Kopf.

»Aber wir reden nicht miteinander«, sagt Ilsabe nun drängender, »warum sprechen wir nicht über...«

Seine schneidende Frage unterbricht ihren Satz.

»Worüber?«

»Du weißt es doch«, stammelt Ilsabe, und es tut ihr schon leid, daß sie das Thema angeschnitten hat. »Warum bist du so... als wenn... als wolltest du mir Angst machen?«

Da erbleicht er mit einem Male bis an die Lippen, auch der Mund wird um einen Schein blasser und zuckt unbeherrscht. Und er steht auf, und er beugt sich über den Tisch ihr entgegen, und er zischt ihr die Worte ins Gesicht, als wolle er sie schlagen.

»Ich dir Angst machen! Das lügst du! Du hast keine Angst. Antworte mir: Fürchtest du dich, wenn ich komme?«

Entsetzt lehnt Ilsabe sich in ihrem Stuhl zurück, soweit es möglich ist.

»Nein«, flüstert sie. »Nein, ich fürchte mich nicht.«

Abrupt kehrt er sich ab, greift nach seinem Stuhl, hebt ihn an, rammt ihn dann mit wütender Kraft wieder zu Boden. Dann stellt er sich ans Fenster und schaut eine Weile hinaus. Langsam kommen seine Worte:

»Was hast du mit meiner Dogge gemacht?«

Ilsabe steht nun auch auf, schiebt ihren Stuhl zurück.

»Ich?« fragt sie fassungslos. »Nichts! Ich habe dem Tier nichts getan!«

»So?«

Seine Stimme klingt feindselig, ist voller Ablehnung.

»Sieh mich doch an, Arno!«

Aber er schaut weiter zum Fenster hinaus und sagt schleppend, als rede er im Schlaf:

»Mir hast du es getan. Mir.«

Ilsabe geht hin zu ihm, greift nach seinem Arm.

»Was meinst du damit?«

Wieder zuckt er von ihr weg, als wolle er sich losreißen. Doch plötzlich nimmt er ihre Hand, schließt die Augen. Und wie verzweifelt preßt er seine Stirn in ihre Hand.

Gleich darauf schlägt seine Stimmung um. Als habe er zu viel verraten von sich, packt er Ilsabe bei den Schultern und schiebt sie von sich fort.

»Du, sieh dich vor«, sagt er kalt.

Er geht mit festen Schritten zur Tür. Bevor er die Küche verläßt, wirft er ihr über die Schulter die Worte zu:

»Von Anfang an hast du die Dogge nicht ernst genommen.«

Was soll sie anfangen mit diesem Satz? Ist ihr hier vielleicht schon die Heilfibel der Urgroßmutter eingefallen, das Kräuterbuch aus alter Zeit? Hat sie da an den Weißen Germer gedacht, an die Sonnenwendwolfsmilch?

Gewiß nicht. Das wird frühestens am Morgen des anderen Tages gewesen sein, nach der Nacht, die jenem milden Septemberabend gefolgt war.

8.

Sie waren, wie manchmal abends, mit dem Hund durch Malte geschlendert. Arno hielt die Dogge am Halsband, eine Leine legte er ihr niemals an. Im Wald angelangt, ließ er sie frei, und das große Tier jagte in wilden Sätzen davon, kam zurück, umtobte sie beide. Arno und Ilsabe sprachen nicht miteinander während des Spaziergangs. Die seltsame Auseinandersetzung in der Küche stand zwischen ihnen, und so verfolgte jeder nur die Kapriolen der Dogge und hing den eigenen Gedanken nach. Einmal schienen sie durch ihre Grübeleien in verschiedene Richtungen geraten zu sein. Als Ilsabe den Blick hob, war Arno fort. Sie sah sich um, rief nach ihm. Keine Antwort. Verwirrt ging sie bald hier-, bald dorthin, wo sie eben und noch kurz davor zusammen gewesen waren. Auch der Hund war verschwunden. Ein Angstgefühl, dessen sie sich nicht erwehren konnte, kroch von den Kniekehlen her langsam an ihr hoch. Sie warf den Kopf, als wolle sie es wegscheuchen. Der Haarschweif klatschte ihr um die Schultern und ließ sie zusammenfahren. Es rauschte ihr in den Ohren, und einen Augenblick stand sie wie taub da. Dann rief ein Käuzchen. Sie horchte den nachtsüchtigen Schreien nach, als empfange sie Warnungen: nicht weiter, nicht weiter, nicht weiter! Nun aber lief sie drauflos. Sie geriet außer Atem, mußte innehalten. Als sie sich umwandte, stand sie Arno und der Dogge gegenüber. Als wären beide die ganze Zeit hinter ihr hergewesen. Doch der Hund hechelte nicht, und der Mann hockte ruhig atmend neben dem Tier, hielt dessen Körper umschlungen. Ilsabe überlief ein Schauder. Der Kopf des Mannes und der des Hundes befanden sich auf gleicher Höhe. Im Dämmer der beginnenden Nacht waren sie einander so ähnlich, daß sie die Gesichter für einen Augenblick kaum voneinander unterscheiden konnte. War es die Dogge, die jenes verzerrte Lächeln hatte, das die Nase kraus zog? War es der Mann, der da die Zähne bleckte? In beiden Augenpaaren glomm es rot auf, von irgendeiner Sucht, einer Gier, einem Durst.

Unwillkürlich tat sie ein paar Schritte rückwärts. Sie hörte den Mann raunen, gedämpft sprach er der Dogge einige Worte zu. Ilsabe sah, wie er dem Hund einen leichten Schlag gab, ihn in ihre Richtung drängte. Im Augenblick, da beider Körper sich dort im Dämmer voneinander lösten, war der böse Zauber gebrochen. Sie sah, wie der Hund auf sie zusprang, und sie streckte ihm beide Arme entgegen. Ihre Gebärde schien den Hund zu irritieren. Er verhielt, sah zur Seite. Und dann kam er mit freudigem Gewinsel an sie heran. Ilsabe legte der Dogge eine Hand auf den Kopf. Im selben Augenblick brüllte ihr Mann so ungehalten auf, daß der Hund sich duckte.

»Du Biest! Du verdammtes Luder!«

Auf dem Heimweg hielt er das Halsband so straff, daß die Dogge mehrere Male würgte.

9.

Dann kommt die Nacht. Sie gehen miteinander die Treppe hinauf, trennen sich im oberen Korridor, jeder geht in sein Zimmer.

»Schlaf gut«, wünscht Ilsabe.

Aber Arno gibt ihr den Gruß nicht zurück, sogar ihrem Blick weicht er aus. Er schämt sich seines Ausbruchs im Wald, denkt Ilsabe, und sie möchte ihn nicht unversöhnt gehen lassen.

»Arno!« ruft sie ihm nach.

Doch er antwortet auch diesmal nicht, geht in sein Zimmer, schließt hinter sich die Tür.

Ilsabe sitzt noch eine Weile ratlos vor ihrem Spiegeltischchen. Gedankenverloren löst sie die Haarspange und beginnt, das lange rötliche Haar zu kämmen. Sie schaut sich dabei im Spiegel zu. Plötzlich hält sie mitten in der Bewegung inne und sieht sich in die Augen. Ist sie denn so verlassen? Die Frau guckt sie an, als würde sie zu niemandem gehören. Warum nur ist das so? Sie wird nächsten Monat neununddreißig Jahre alt. Und sie ist doch schön. Gleich wird sie zu weinen anfangen über sich, schon verschleiert sich der grüne Blick. Da legt sie rasch den Kamm aus der Hand, zieht das Schubfach unter dem Spiegel heraus, sucht sich Gesellschaft und ein wenig Nähe bei vertrauten Dingen. Zwei zusammengeschnürte Briefbündel. Von Jens, aus der allerersten Zeit. Von Arno Timme, als er noch der Unbekannte aus der Zeitung war. Und Kram und Modeschmuck und die Kräuterfibel. Ilsabe betrachtet alles, nimmt es in die Hand, legt es wieder fort. Da, die Fibel: Kindheitsgepäck, das sie durch alle Jahre mit sich geschleppt hat. Ebenso wie die Puppe. Ilsabe schaut sich nach ihr um. Auf der Fensterbank liegt das kleine Ungeheuer. Wer mag ihr die Stoffpuppe einst genäht haben? Ilsabe erinnert sich nicht. Kopf und Rumpf und Gliedmaßen sind aus braunen Makkostrümpfen, prall ausgestopft mit Wolle oder Lumpen. Lange, hellgelbe Wollfäden zotteln der Puppe um den Kopf. Ilsabe geht zum Fenster, holt die Puppe und setzt sie auf das Spiegeltischchen.

Sie kann lange nicht einschlafen an diesem Abend. Nachdem sie schon gelegen hatte, steht Ilsabe noch einmal auf und öffnet das Fenster. Die frische Nachtluft besänftigt sie, und so schläft sie schließlich ein.

Als sie erwacht, ist es wie durch fremden Willen. Ihr ist, als habe sich etwas im Zimmer bewegt. Mit angehaltenem Atem lauscht sie einen Augenblick in die Stille. Es sind die Gardinen, die, vom Wind bewegt, am Fensterflügel entlangwischen. Ilsabe hat zunächst überhaupt kein Zeitgefühl. Hat sie lange geschlafen? Ist schon Zeit, zum Frühbus aufzustehen? Draußen scheint der Mond, und das Zimmer liegt im Halbdämmer seines Lichtes. Wie spät ist es? Sie hört im Haus eine Tür klappen. Es ist Arnos Schlafzimmertür. Als er sich dann über den Korridor ihrem Zimmer nähert, merkt sie es seinen Schritten an: es ist noch nicht morgens. Seltsamerweise kommt Arno nicht. An der Treppe, die nach unten ins Haus führt, scheint er kurz zu zögern. Dann hört Ilsabe ihn die Stufen hinabgehen, die Haustür aufschließen. Sie setzt sich im Bett auf, wartet. Nach geraumer Zeit geht wieder die Haustür, wird abgeschlossen. Die Kellertür klappt. Was ist das? Er kommt ja nicht allein die Treppen herauf! Jemand ist bei ihm auf leisen Sohlen.

Und dann sind da schwere Schritte, als käme jemand in derben Schuhen, die Dielen einzelner Stufen knarren beim Auftreten. Und nun hört sie auch, daß getuschelt wird. Arnos Stimme flüstert jemandem etwas zu. Was ist da im Gange, was wird da ausgeheckt? Ilsabe spürt, daß es sich gegen sie richtet. Wie gelähmt sitzt sie im Bett, der Mund geht ihr auf vor angestrengtem Horchen. Von den Beinen her beginnt die Kälte der Angst aufzusteigen. Mit bebender Hand tastet sie nach dem Schalter der Nachttischlampe. Knipst, knipst wieder. Mein Gott, warum wird kein Licht? Beim Zubettgehen noch war die Lampe in Ordnung. Mit vernunftloser Hast, die fahrige Hand vermag kaum zuzufassen, versuchte Ilsabe, die Glühlampe strammer in die Fassung zu drehen. Und wieder und wieder knipst sie den Schalter, es ist alles umsonst.

In diesem Augenblick wird ihre Türklinke herabgedrückt, spaltbreit die Tür geöffnet. Mit panischen Blicken verfolgt sie jede Bewegung, die das Mondlicht erkennen läßt und auf gespenstische Art zu verlangsamen scheint. Und trotz ihrer angestauten Furcht fragt sie, als sie ihren Mann im Türrahmen erkennt, als sei das für sie von dringlicher Wichtigkeit:

»Wie spät ist es?«

Welch sonderlicher Aufzug! Arno steht im Pyjama, und an den Füßen hat er Stiefel, die Ilsabe noch nie bei ihm gesehen hat. Durchdringend riecht es augenblicks nach Schuhwichse im Raum, die Schäfte der Stiefel leuchten vor Schwärze. Sieht sie recht? Er hat ja eine Peitsche in der Hand, eine Pferdepeitsche, wahrhaftig! Und der da mit ihm gekommen ist mit leisen Tritten – es ist die Dogge.

Ilsabe kitzelt plötzlich etwas im Hals. Ein nervöses Lachen, das sie zu unterdrücken trachtet, und sie wiederholt ihre Frage.

»Wie spät ist es?«

Und nun kann sie es nicht länger bezwingen, ein hysterisch-ängstlicher Lachanfall überwältigt sie, schüttelt sie. Indessen drückt Arno die Tür hinter sich zu, steht nun dort aufrecht in seinen Stiefeln, die Dogge am Halsband, blickt unverwandt zu ihr her.

»Zwei Uhr«, sagt er plötzlich.

Seine Stimme klingt fremd und bedrohlich. Ilsabes Gelächter bricht ab.

»An deiner Stelle«, sagt Arno leise und schaut sich im Zimmer um, »an deiner Stelle würde ich nicht lachen.«

Sie ist jetzt ganz still, sie wagt kaum zu atmen.

»Ich wüßte nicht, was es über mich zu lachen gibt«, beginnt er wieder.

Sein Gesicht wirkt in der Mondbeleuchtung totenblaß, und Ilsabe schaudert es vor dem Klang, den seine Worte haben. Sie sollen offenbar nur mühsam etwas anderes, etwas Schreckliches niederhalten, verdecken.

»Was es zu lachen gibt, will ich wissen!« schreit er sie plötzlich an. Der Hund neben ihm zuckt, gibt ein Knurren von sich.

»Du auch!« sagt er zu dem Tier. »Du sieh dich auch vor!«

Und tonlos, mit bebenden Lippen, antwortet Ilsabe:

»Nichts. Es gibt nichts zu lachen.«

»Aha«, macht er und beginnt sich in den Stiefeln zu wiegen. Läßt den ganzen Fuß abrollen, vom Hacken zur Spitze, zum Hacken, zur Spitze. Und setzt einen federnden Schlag mit dem Peitschenstiel gegen seinen Stiefelschaft.

»Warum aber lachst du dann?« fragt er in hinterhältig sanftem Flüsterton. »Warum?«

»Ich lache nicht«, antwortet Ilsabe, und sie hört voller Schrecken das Glucksen in ihrer Stimme. Und sie beteuert nochmals, ohnmächtig gegen das lachähnliche Flattern in der eigenen Stimme:

34

»Ich lache nicht.«

Ungeduldig tritt die Dogge auf der Stelle. Arno reißt am Halsband, und der Hund jault unterdrückt. In höchster Angst fragt Ilsabe:

»Was willst du?«

Und diesmal klingt ihre Stimme brüchig vor unbestimmter Angst.

Als er nichts entgegnet, bittet Ilsabe:

»Mach Licht an. Meine Nachttischlampe ist kaputt.«

Warum rührt er sich denn nicht? Steht doch neben dem Lichtschalter an der Tür, braucht nur den Arm zu heben. Da bricht er in jähes Gelächter aus, so ohne ersichtlichen Grund und so vieldeutig, daß es Ilsabe kalt über den Rücken läuft. Er hebt die Hand zum Schalter, knipst mehrfach. Nichts. Es wird kein Licht.

»Wozu brauchst du Licht«, sagt er, wieder ernst geworden.

»Bitte«, stammelt Ilsabe, »bitte...«

Er schneidet ihr herrisch die Rede ab.

»Es ist genug zu sehen.«

Wieder blickt er sich um im Zimmer, als suche er einen bestimmten Gegenstand. Da fällt sein Blick auf die Puppe, die nun am Spiegel lehnt.

»Was ist denn das?« fragt er ironisch. Was nur hat er im Sinn, was soll diese Frage. Er kennt doch die Puppe, hat sie schon öfter in die Hand genommen und betrachtet. Und indem er den Kopf zur Dogge neigt, raunt er ihr zärtlich zu:

»Ein Puppenbalg, siehst du. Nur die Haarfarbe ist nicht gut. Ist gar nicht gut. Faß!«

Und er streckt die Peitsche aus und wischt die Puppe zu Boden.

Da lodern die Augen der Dogge im Dunkeln. Der Mann hält sie absichtlich noch ein Weilchen fest, schürt ihre Gier. Und dann gibt er sie frei mit einem erregten *Faß!*.

Und die Dogge tut einen Satz nach dem Balg, und Ilsabe, zornig mit einem Male, schreit auf:

»Hör auf! Hör sofort auf!«

Doch da hat die Dogge schon die Lumpenpuppe im Maul, und der Mann, um sie schärfer zu reizen, wiederholt: »Faß! Faß!«

Schließlich entwindet er dem aufgestachelten Hund den Köder.

Wozu will er seine Dogge denn verlocken? Was ist es mit ihm, daß er schneller atmet, daß er sich bückt, seinen Kopf nahe an den des Tieres bringt, in das Hecheln hinein seinen Atem mischt, als müsse er verschmelzen mit dem Tier, als wolle er der Dogge unter die Haut? Wieder reizt er sie mit Worten auf, stachelt sie an, scheint sie mit hitzigem Befehls-geflüster vorandrängen zu wollen.

Mit einem Satz ist Ilsabe aus dem Bett. Die Angst ist von ihr abgefallen. Was in dem Manne vorgeht, ahnt sie nicht. Doch mit einem Schlage hat sie begriffen, daß durch das böse Spiel, das Arno mit der Dogge treibt, Gefahr für sie be-steht. Der Hund ist aufgeputscht bis zum äußersten. Und die Stoffpuppe – das ist sie, Ilsabe. Weiß Arno mit Sicherheit, daß seine Dogge niemals Ernst machen wird? Ilsabe kennt sich mit Hunden aus, Angst hat sie vor keinem gehabt. Doch ein Tier unvorsichtig wild machen, das durfte man nicht.

Ilsabe steht jetzt mit dem Rücken zum Fenster. Blitz-schnell beugt sie sich vornüber, legt ihre Hände auf die Schenkel, redet die Dogge an, ruhig, sanft, was ihr in den Sinn kommt. Und als Arno wieder sein *Faß!* hervorstößt, wirft das Tier den Kopf und blickt zur Seite. Unentschieden, was sie tun soll, fängt die Dogge plötzlich zu bellen an, als wolle sie ablenken von dem Duell. Und während Ilsabe ihre sanften Worte murmelt und Arno noch mehrmals sein *Faß!* hinwirft, geht die Dogge langsam von ihnen fort, stellt sich neben die Zimmertür.

Ilsabe richtet sich auf. So stehen sie einander gegenüber, die Frau und der Mann, und blicken einander an. Er kann in ihrem Gesicht nichts erkennen, sie steht im Gegenlicht. Doch seine Züge sind im Mondlicht schutzlos preisgegeben:

das gesamte Gesicht in Auflösung, der Unterkiefer herabgesunken, offen der Mund, das Kinn bebt, der Blick ist leer, ohne Bewußtsein, scheint es. Plötzlich glimmt es wie Erinnern in seinen Augen auf, und gleich darauf zeigt sich ein Ausdruck von Zorn oder Haß. Er tut einen Schritt auf Ilsabe zu, will etwas sagen, stöhnt jedoch nur und schleudert ihr die Stoffpuppe vor die Füße. Er wendet sich ab von ihr, hebt die Peitsche und schlägt damit wie rasend auf die Dogge ein. Die wehrt sich nicht, und das Jaulen, das sie ausstößt, klingt eher verblüfft als schmerzlich. Immer weiter schlägt der Mann auf das Tier ein, und bei jedem Hieb preßt er keuchend hervor:

»Faß! Faß! Faß!«

Der Hund klagt nun, heult, und Ilsabe sieht fassungslos der wilden Züchtigung zu, unfähig, etwas zu tun, etwas zu sagen. Schließlich bringt sie weinend heraus, als sei sie selbst es, die geprügelt wird:

»Nicht! Nicht schlagen!«

Mit einem letzten Schlag duckt er die Dogge zu Boden, staucht sie gleichsam in sich zusammen. Ilsabe hört den Mann schluchzen, es ist ein verzweifelter Klagelaut, der sich aus seiner Kehle löst, den die Dogge aufzugreifen scheint in bedingungsloser Anhänglichkeit. Sie hebt den Kopf zu einem langgezogenen Jaulen.

Es ist, als habe Arno seine Beherrschung zurückgewonnen. Mit sicheren Schritten geht er zur Tür, öffnet sie, läßt die Dogge hinaus.

»Das hast *du* angerichtet«, sagt er und geht.

Ilsabe hört, wie er mit müden Schritten die Treppe hinabsteigt. Wieder verläßt er das Haus, vermutlich bringt er den Hund zu seinem Zwinger, kommt nach einer Weile zurück, geht in den Keller. Plötzlich flammen beide Lampen in ihrem Zimmer gleichzeitig auf. Ilsabe zuckt zusammen vor dem Licht. Eine Ahnung, die ihr nach den letzten Vorfällen nicht mehr absurd erscheint, macht sie schaudern. Und als sie ihren Mann treppauf kommen hört, jagt sie zur Zimmertür, schließt ab. Das tut sie zum ersten Mal in diesem Haus, sich einschließen. Lauschend bleibt sie bei der Tür stehen, das Herz schlägt hart und schnell. Ist da nicht noch ein Geräusch? Ihr kommt es vor wie das Ticken einer Waschmaschine. Doch das muß eine Täuschung gewesen sein, es ist sofort wieder verschwunden. Sie hört Arno zu seinem Zimmer gehen, dort eintreten. Dann ist Stille im Haus. Vorsichtig drückt sie die Klinke der eigenen Tür, ob sie auch wirklich versperrt sei. Und auch das Fenster macht sie zu, bevor sie sich wieder ins Bett legt. Es ist viertel drei. Das nächtliche Schrecknis hat nur wenige Minuten gedauert.

10.

Ilsabe erwachte spät am Vormittag mit benommenem Kopf. Sie erinnerte sich nicht sofort der nächtlichen Vorfälle. Ein dumpfes Gefühl lastete auf ihr. Warum nur? Sie hatte verschlafen, jetzt wußte sie es. Mit einem Ruck setzte sie sich auf. Längst war der Bus abgefahren, mit dem sie in die Stadt gewollt hatten. Warum hatte Arno sie nicht geweckt? Als sie an ihren Mann dachte, wurde ihr heiß. Schlagartig standen die Ereignisse der Nacht wieder vor ihr.

Sie stieg aus dem Bett und sah sich im Zimmer um. Nichts deutete hin auf die Szene im Mondlicht. Doch. Da lag ja die Puppe, die Arno hingeschleudert hatte! *Die Haarfarbe ist nicht gut* – was hatte er damit sagen wollen? Ilsabe bückte sich, hob die Puppe auf. Sie war unversehrt.

»Siehst du«, sagte sie leise zu der Puppe, da siehst du es.

Sie setzte die Puppe wieder aufs Spiegeltischchen. Dann schaltete sie am sonnigen Vormittag beide Lampen an. Grüblerisch betrachtete sie den matten Schein, den das Tageslicht kaum sichtbar werden ließ. Und dann prüfte sie, ob ihre Zimmertür verschlossen sei. Im nächsten Moment zog sie die Kräuterfibel hervor, blätterte darin. Dann, als sei ein Entschluß gefaßt, klappte sie das Buch zu und schob es unter den Teppich.

Vermutlich hätte Ilsabe schon an diesem Tag die Kräuter am See und in der Wiese gepflückt. Doch sie war ja eingesperrt.

Als sie aus ihrem Zimmer in das Treppenhaus trat, hatte sie gleich ein eigentümliches Empfinden von Leere. Eine Stille, die nichts Friedvolles hatte, schlug ihr entgegen. Sie rief nach ihrem Mann. Keine Antwort. Die tiefen Schläge der Standuhr aus dem Wohnzimmer drangen zu ihr herauf. Elf Uhr. Ilsabe lief über den Korridor, schaute in Arnos Zimmer. Sein Bett war gemacht, sicher war er mit dem frühen Bus weggefahren. Da hörte sie draußen die Dogge anschlagen.

Sie lief die Treppen hinab zur Haustür, drückte die Klinke. Ungläubig probierte sie es nochmals: Die Tür war abgeschlossen. Ilsabe wandte den Kopf zum Schlüsselbrett, an dem der Zweitschlüssel zu hängen pflegte. Er war fort. Wagte er es, sie einzuschließen? Das durfte er nicht. Sie stieg in den Keller hinab. Von dort führte eine Tür in den Garten hinaus. Auch diese Tür war versperrt, der Schlüssel verschwunden. Unbesonnen rüttelte Ilsabe an der Klinke. Nichts. Sie versuchte zornig zu werden und trat mit Füßen nach der Tür. Das gab sie gleich wieder auf, es war gespielt.

In Wirklichkeit war Ilsabe irritiert. Das leere Haus umgab sie wie ein unbekannter Ort, der nicht geheuer ist. Sie lauschte. Fahndete nach Geräuschen, an denen sie sich orientieren konnte. Was da tickte, mußte die Waschmaschine sein. Wieso lief die Waschmaschine? Ilsabe ging die wenigen Schritte, öffnete die Tür zur Waschküche. Unbenutzt, mit aufgeklapptem Deckel, stand die Waschmaschine da. Kein Geräusch. Aber sie hatte es doch gehört? Sie lief zu der Stelle zurück, an der sie das Ticken vernommen hatte. Alles still. Was narrte sie da? Vielleicht war die überstandene Nacht schuld daran. Unwillkürlich schoben sich Bilder vor ihr geistiges Auge, die sie nicht mehr zu sehen begehrte, nicht jetzt und schon gar nicht hier, in dem halbdunklen Keller. Strich ihr nicht etwas um die Beine, wesenlos wie ein

Luftzug? Und die Zähne unter der krausgezogenen Nase, die sie anbleckten, der heiße Atem aus aufgerissenem Schlund: jaulte es nicht, winselte da nicht etwas?

In Ilsabes Kopf begann es zu rauschen. Sie atmete bedrängt und ging rasch weiter durch die Kellerräume, in zwanghafter Eile sich zu überzeugen, daß nichts sie ängstigen könne. Sie warf einen Blick in den Vorratskeller. Kartoffeln, Eingemachtes, Weinflaschen. Vertraute, harmlose Dinge. Dann zog sie die Tür zum Heizungskeller auf. Alles in Ordnung. Sie wandte sich zum Gehen.

Da springt jählings hinter ihr etwas auf, poltert, tritt ihr in den Hacken. Eine Kohle hat sich vom Kohlehaufen gelöst, ist ihr gegen den Fuß gerollt. Sie kann es nicht belächeln, daß sie hier mit Kleinkinderangst im Keller steht. Und jetzt hört sie auch das Ticken wieder, das nicht von der Waschmaschine kommen kann. Und um sich nicht selbst in kopflose Furcht zu treiben, bändigt sie ihre Fluchtschritte, steigt die Kellertreppe bewußt langsam hinauf. Da schlägt, als Ilsabe auf halber Höhe ist, oben im Haus eine Tür zu.

Ilsabe bleibt erstarrt stehen. Ihre Hand umklammert das Treppengeländer. Sekundenlang ist sie zu keiner Regung fähig. Überdeutlich hört sie in der wieder eingetretenen Stille das harte, scharf skandierte Ticken. Ilsabe räuspert sich und ruft dann mit belegter Stimme:

»Arno?«

Zögernd nimmt sie die restlichen Stufen der Kellertreppe.

»Bist du es, Arno?«

Aber er ist es nicht, es ist überhaupt niemand im Haus. Ilsabe hatte die Tür von Arnos Zimmer offengelassen, und ein Luftzug konnte sie nun zuklappen und ihr bange machen. Doch das weiß sie nicht, und sie bietet all ihren Mut auf, durch das Haus zu gehen, jeden Raum zu prüfen. Aber es beruhigt sie keineswegs, daß sie niemanden antrifft im Haus. Durch das Flurfenster sieht sie die Dogge in ihrem Zwinger. Sie leckt eine blutige Wunde am Hals.

Da geht Ilsabe, mit dem Rücken zur Wand, damit nichts

und niemand unvermittelt hinter sie treten kann, zu ihrem Zimmer zurück. Und aufatmend schließt sie sich ein.

Sie setzt sich ans Fenster, mit der Puppe im Arm, und starrt auf die Sandschluppe hinab. Wilfred sieht sie so sitzen, als er mit der Post aus dem Nachbardorf kommt. Was hat diese Frau wieder für einen hintersinnigen, grünen Blick! Ihm gefällt sie, wie sie dort in ihr Haar greift, es versonnen durch die Finger zieht und ihn hier in der Schluppe womöglich überhaupt nicht wahrnimmt. Sie ist so anders als die Frauen des Dorfes, fein und besonders. Nur nach Malte hätte sie nicht kommen sollen, denkt Wilfred, das hätte sie nicht tun sollen. Und eine Puppe sollte sie vor aller Leute Augen auch nicht an sich drücken.

Er tippt an die Mütze, grüßt zu ihr hinauf.

Ilsabe hat ein verirrtes Lächeln um den Mund und zeigt mit keiner Miene, daß sie Wilfred unten erkennt. Erst gut zwei Stunden später, als Arno Timme durch die Schluppe kommt, wird ihr Blick wieder wach und geschärft. Da geht dieser Mann, gerade und stattlich, er ist freundlich im Gespräch mit einigen Leuten, die ebenfalls vom Bus kommen. Er schaut nicht zu Ilsabes Fenster herauf.

Entschlossen geht Ilsabe die Treppe hinab, ihm entgegen. Eine Zornesfalte steht auf ihrer Stirn, sie wird Arno sofort zur Rede stellen. Aber der Mann kommt ihr zuvor. Bevor sie etwas sagen kann, fragt er besorgt, ob es ihr besser gehe. Und lächelnd kommt er auf sie zu, will sie streicheln. Ilsabe weicht zurück und fragt verständnislos:

»Besser? Was meinst du?«

Er faßt sie behutsam um die Schultern, will sie ins Wohnzimmer führen. Ilsabe verharrt an der Tür, fragt heftig:

»Warum hast du mich eingeschlossen? Das kannst du nicht mit mir machen!«

»Aber Ilsabe.«

Er spricht sanft, streicht ihr übers Haar. Seine Hand zittert ein wenig.

»Als ich losging heut früh, wollte ich dich nicht wecken.

Nachdem es dir so schlecht gegangen war. Ich habe abgeschlossen. Du konntest doch jederzeit mit dem Zweitschlüssel aus dem Haus.«

»Der ist weg!« ruft sie erregt und deutet zum Schlüsselbrett. Soll sie ihren Augen trauen: da hängt er ja. Hängt genau an seinem Platz. Sie blickt Arno fragend an. Der schüttelt besorgt den Kopf, als mache ihm etwas Bedenken.

»Ist es noch immer nicht besser«, sagt er.

Ilsabe gibt einer befremdlichen Weichheit nach, die sie nahezu körperlich spürt, und läßt sich von ihrem Mann ins Zimmer führen.

»Was meinst du denn?« fragt sie unsicher.

Arno drückt sie fürsorglich in einen Sessel.

»Weißt du es nicht mehr? Du hättest mir davon erzählen sollen, Liebe. Hast du das schon lange?«

Ilsabe sucht in seinem Blick nach einer Verstellung, nach irgendeiner Tücke.

»Wir wollen nicht mehr daran denken«, sagt er abschließend. »Sieh her, was ich dir mitgebracht habe!«

Doch sie hat jetzt weder Blick noch Ohr dafür, und mit einer Handbewegung wischt sie den Karton zur Seite.

»Rede!«

Ihre Stimme klingt fordernd und scharf.

»Reg dich nicht wieder auf, Ilsabe.«

Besänftigend hebt er die Hände. Dennoch kommt es Ilsabe wie eine Drohgebärde vor.

»Es ging dir nicht gut in der Nacht. Als ich dich so toben und schreien hörte, bin ich zu dir gekommen. Du warst ja wie von Sinnen.«

»Was?«

Ungläubig stößt sie die Frage hervor. Oh, nun muß sie auf der Hut sein, daß er sie nicht um alle Vernunft redet. Wie rot und schlaff sein Mund lächelt! Weißen Germer wird sie suchen gehen, Sonnenwendwolfsmilch. Die Kräuterfibel liegt ja bereit.

»Was soll ich getan haben?!«

»Siehst du: schon wieder regst du dich auf. Ist es dir zu hell?« – fragt er und macht eine Bewegung, als wolle er die Fenstervorhänge zuziehen.

Ilsabe hält ihn zurück.

»Was soll denn das nun wieder?«

»Ich wußte nicht, daß du so lichtempfindlich bist«, sagt er da. »Du hast mir in der Nacht verboten, Licht zu machen, als ich in dein Zimmer kam. Was hast du gegen meine Dogge?«

Nicht einmal diese Frage klingt hinterhältig. Verstört hört Ilsabe ihm zu.

»Du hast sie ja geschlagen, Ilsabe. Warum hast du das getan? Du hast das Tier fürchterlich mißhandelt. Sieh es dir an!«

Und er packt sie im Genick, in seiner Hand ist nichts von der Sanftmut, mit der er gesprochen hat, und er stößt sie zum Fenster, preßt ihr das Gesicht gegen die Scheibe.

»Sieh hin!«

Die Wunde, die er dem Tier beigebracht hat, kennt sie. Sie windet sich, dreht den Hals hin und her, um seiner Gewalttätigkeit zu entkommen. Da packt er ihren rötlichen Haarschweif, schlingt ihn sich um die Hand wie ein Tuch.

Ilsabe, blaß vor ohnmächtigem Zorn, flüstert erstickt:

»Laß mich sofort los! Du warst es. Du hast den Hund geschlagen!«

Tatsächlich zieht er seine Hand zurück, blickt seine Frau überrascht an.

»So willst du es drehen«, fragt er, »die Dinge umkehren?«

Und wieder ist Besorgnis in seiner Stimme, als habe er eine Kranke vor sich.

»Du brauchst Ruhe, Ilsabe. Deine Nerven sind angegriffen von der Nacht. Geh hinauf, leg dich hin. Ich bring dir Tee.«

»Nein!«

Sie schreit es heraus. Fürchtet sie sich nun sogar schon vor einer Tasse Tee?

Arnos neuerliches Kopfschütteln macht sie rasend. Sie

sucht nach Worten, nach plausiblen Argumenten, die ihn der Lüge überführen. Er muß doch zugeben, daß er ein falsches Spiel mit ihr treibt. Aber ihr fällt augenblicks nichts ein als der Vorwurf:

»Schwarze Stiefel hast du angehabt!«

Sie hört selbst, wie lächerlich dieser Satz klingt. Arno kann denn auch nur lachen.

»Was für Stiefel? Wann?«

Sie sieht ihn an. Er tut, als wisse er überhaupt nicht, wovon sie redet. Da gibt sie es auf und fragt nur ruhig:

»Wofür haßt du mich so?«

Er antwortet nicht, lächelt. Und Ilsabe kehrt sich ab von ihm, geht mit schleppenden Schritten zu ihrem Zimmer hinauf. War es wirklich erst gestern gewesen, daß sie noch einmal hatte versuchen wollen, sich hier zu Hause zu fühlen? Jetzt kommt ihr der gestrige Abend vor wie vor langer, langer Zeit. Als hätten andere Menschen ihn erlebt, denen sie aus weiter Entfernung nur neidvoll zuschauen konnte.

II.

Nur zwei Tage später. Die Wunde am Hals der Dogge heilt. Arno spricht nicht mit Ilsabe. Er wirft ihr Blicke zu, unter denen sie erschauert. Manchmal, wenn er sie nur anschaut und Ilsabe in Angst von ihm weggeht, weil sie die Spannung nicht ertragen kann, hört sie das Ticken wieder. Und nun ist es schon nahezu eine Angewohnheit, daß sie wie gehetzt den Kopf wendet, den schweifenden Blick aussendet, der doch nichts findet. Sie ist wie verirrt, und dann nimmt sie sich selbst am langen Haar, zerrt daran, als wolle sie sich auf den rechten Weg zurückziehen. Doch wo ist der?

Ilsabe lächelt vor sich hin. Kleiner als am Anfang gerät dieses Lächeln, und die Leute von Malte gucken. Warum vertraut sie sich denn keinem Menschen an? Sie wagt einfach den Schritt nicht mehr auf die andern zu, nachdem sie sich allzu lange fern gehalten hat. Es ist zu spät; denn auch sie hat sich fremd gehalten vor den anderen. Und ans Fortgehen denkt sie nur noch wie an Kinderwünsche. Sie lächelt dazu und schüttelt den Kopf. Wo sollte sie hin. Es ist schon so, daß sie bleiben muß. Hier ist der Mann, mit dem sie verheiratet ist. Hier ist ihr Fenster, an dem sie immer häufiger sitzt und auf die Sandschluppe starrt. Hier hat sie ihre Stoffpuppe zum Bleiben ausgepackt, und hier spürt sie dem Tikken nach, das eine geheime Bedeutung haben muß.

Ilsabe ist auf dem Friedhof gewesen. Sie hat lange am Hügel der beiden Timme-Frauen gestanden und die Inschriften auf den Grabsteinen gelesen. Als läge da ein ganzes Buch vor ihr aufgeschlagen. Und schließlich hat sie sich niedergehockt, als sei sie eingeladen. Die Arme um die Knie geschlungen, hat sie dann und wann die Lippen bewegt, genickt. Das Rascheln im Gebüsch hat sie gehört, hat gespürt, daß sie beobachtet wird. Sie spürte Blicke, die auf sie gerichtet waren, die sie kannte, die den roten Schein des Hasses oder angedrillter Wut hatten. Einer von beiden war es, dessen war sie gewiß. Erst als das Ticken einsetzte, das doch ins Haus gehörte und eigentlich zu einer Waschmaschine, scheuchte Ilsabe mit einer Handbewegung das Geräusch und die Blicke fort.

Wieder ist Ilsabe am See gewesen, ist über die Wiese gegangen, und es hat ihr in den Schläfen gepocht, während sie ihren sonderbaren Strauß zusammenpflückte. Und manchmal hat sie jäh um sich geblickt, ob jemand sie überrasche wie kürzlich Wilfreds Frau. Was hätte sie antworten sollen, wenn einer sie gefragt hätte nach der Zusammenstellung ihres Gebindes? Die Herbstzeitlose, die sie aus der feuchten Wiese am See aus dem Boden hebt: gewiß blüht sie lila und zart und ist schön. Und giftig ist sie auch. Aber das Krause Laichkraut, das vorn im See wächst und jetzt im September noch in Blüte steht – das läßt sie unbeachtet. Und warum nimmt sie nicht von der Doldigen Schwanenblume, der schönen, mit ihren rötlichweißen Blüten? Giftig ist die nicht, so wenig wie das Krause Laichkraut. Und den Stengel

Krötenlinse, den sie vor ein paar Tagen wie zur Probe pflückte, den hat sie weggeworfen. Bückt sich aber, den Weißen Germer zu pflücken. Seine Blütezeit war im August vorüber, was trägt sie nun solches Zeug nach Hause? Der Weiße Germer ist so giftig, daß weidendes Vieh ihn nicht anrührt. Sogar Sonnenwendwolfsmilch hat Ilsabe gefunden, freilich nicht am See. Doch sie hat gesucht und gefunden, Stengel mit unscheinbaren Blüten und dem giftigen Milchsaft.

Doch so unbekümmert ist Ilsabe nicht, daß sie ihren Wunderstrauß offen durchs Dorf trägt. Es ist gut, ein Tuch bei sich zu haben. Da legt sie die Blumenkräuter hinein, zieht los mit ihrem Bündel über dem Arm. Auf dem Heimweg kommt Hella vom Laden ihr entgegen, sie hat ihren Dackel an der Leine. Die Frauen bleiben halb verlegen einen Augenblick beieinander stehen, es gehört sich wohl. Doch der sonst zutrauliche Dackel duckt sich weg vor Ilsabes Hand, die ihn streicheln will, sein Nackenfell sträubt sich.

»Es ist die Dogge«, sagt Hella, »die riecht er an Ihnen, Frau Ilsabe.«

»So? Mag sein.«

Daheim geht Ilsabe, bevor sie das Haus betritt, zum Hundezwinger. Die Dogge winselt ihr leise entgegen. Ilsabe betrachtet lange das Tier, legt eine Hand an das Gatter. Sie kann nicht erkennen, daß die Dogge sich anders verhält als sonst. Weder scheint die nächtliche Puppenhatz den Hund gegen sie aufgebracht zu haben, noch scheint er zu wittern, was in ihrem Bündel steckt. Der Verdacht, der Dackel könne den Weißen Germer, das Gift der Sonnenwendwolfsmilch, erschnuppert haben, zerstreut sich.

Ilsabe geht rasch die Stufen zum Haus hinauf, öffnet die Tür, lauscht. Es ist still. Vorsichtig drückt sie die Haustür hinter sich zu, schleicht durch den unteren Korridor zur Treppe. Sie hat schon einige Stufen genommen, als plötzlich ein schriller Pfiff sie festhält. Unmittelbar danach wird die Küchentür aufgerissen, das Innere des Hauses hallt wider vom Pfeifen des Teekessels. Im Türrahmen steht stumm ihr Mann. Sagt kein Wort, sieht nur zu ihr herauf, wie sie da steht mit ihrem Bündel und den erschreckten Augen. Sie will etwas sagen, aber das Pfeifen des Kessels gellt jedes Wort hinweg. Dann bricht es mit einem Male ab, Dampf zischt, die Kesselpfeife fällt auf die Fliesen des Küchenbodens.

»Ich war – draußen«, sagt Ilsabe stockend. »Bitte, Arno...«

Ihre Stimme bettelt ihn um ein Wort an.

Er schüttelt langsam den Kopf.

Als sein Blick sie losläßt, steigt Ilsabe rasch die Stufen hinauf, huscht in ihr Zimmer. Mit fahrigen Gesten knüpft sie das Tuch auf, nimmt die Pflanzen heraus. Sie zieht das Schubfach einer Kommode heraus, wirft das Gesammelte hinein, schiebt zu, schließt ab. Den Schlüssel behält sie eine Zeitlang so fest in der Hand, als sei kein Ort sicher genug, ihn abzulegen.

12.

Er hört sie oben gehen. Hört, wie der Kommodenschub knarrend auf- und zugeschoben wird. Was mag sie heimgetragen haben in ihrem Bündel? Er muß sich Gewalt antun, ihr nicht augenblicks zu folgen. Bei ihrem Anblick beginnt er innerlich zu beben. Immer das gleiche Verlangen überkommt ihn: ihr die Knie auseinanderzudrücken, sich auf sie zu werfen, erbarmungslos in sie hineinzustoßen. Gewaltsam. Rücksichtslos. Er denkt diese Wörter, malt sich die Szene aus, die er nur in seiner Vorstellung noch erleben kann, und er schluckt Speichel, der sich im Mund gesammelt hat. Mit hartem Griff faßt er sich zwischen die Schenkel. Oh, er ist nicht zu alt. Sie hat schuld, sie hat ihn in diese schmähliche Lage gebracht, daß er nun krumm steht und auf Erlösung wartet. Hitze schlägt ihm am Hals hoch, steigt ins Gesicht. Wenn er sie nehmen könnte... ja... sie auf sich festpflocken, ja... er ächzt verhalten. Gewaltsam, gewaltsam muß es sein. Es ist keine Zärtlichkeit in ihm, er weiß es, und es jammert ihn um sich selbst. Doch die nackte Gier, die packt ihn immer noch, immer von neuem, er ist ihr ausgeliefert. Warum widersetzt diese Frau sich nicht? Warum schlägt sie nicht um sich voller Angst und Not, damit er ihr Gewalt antun kann? Dann, vielleicht, sicher... Ilsabe mit ihrem Liebesgetue hatte von vornherein alles vereitelt. Hätte sie sich doch vor seinem grauen Ungeheuer gefürchtet! Die Dogge: wie sehr war er das selbst! Warum hatte der Hund ihn im Stich gelassen? Das Tier konnte so böse sein, so ungezähmt, es hatte doch Gier im Leibe, seine eigene Begierde. Ja, er war ausgeliefert.

Timme richtet sich auf. Er steht noch einen Augenblick im Hausflur. Die Wellen der Erregung ebben ab, allmählich weicht die Röte aus seinem Gesicht. Mit schweren Schritten geht er aus dem Haus. Die Dogge steigt am Zwingergatter hoch, als er naht. Timme läßt sie heraus und verschwindet mit ihr in der Wagenremise. Er bleibt dort eine Weile. Durch das geschlossene Tor ist immer wieder gedämpftes Gebell zu hören. Ab und an ein Winseln, das wie ein Luftschnappen klingt, wie furchtsames Atemholen.

Als er herauskommt mit der Dogge, glühen die Augen des Tieres. Timme trägt etwas unter dem Hemd, einen viereckigen Gegenstand. Damit steigt er in den Keller hinab, bevor er Ilsabe zum Abendspaziergang abholt.

13.
Es dämmert schon, über dem Dorf steht ein dunstiger Septemberabend. Ilsabe geht neben ihm her, Timme führt die Dogge am Halsband. Sie haben diesmal nicht den Weg zum Wald eingeschlagen, sondern sind durch die Sandschluppe über den Katzenkopfsteinweg ein Stück gegangen, und bevor dieser Weg auf die Fernverkehrsstraße mündet, sind sie seitlich in einen Feldweg eingebogen. Schwerer Herbstduft

liegt in der Luft und abendliche Feuchtigkeit. Ilsabe schaudert ein wenig in ihrem Sommerkleid.

»Zieh dich wärmer an«, sagt er im Dahingehen.

Ilsabe horcht diesen Worten nach. Sie ist davon überzeugt, daß ihr Mann nicht geradeaus redet. Wenn er spricht, meint er etwas anderes. Und es ist, als müsse man um eine Ecke gucken, um es erraten zu können. So sagt sie zur Antwort nur:

»Es macht nichts.«

Und lächelt welk vor sich hin.

Da spürt sie seinen Arm, den er ihr fest um die Schultern legt. Warum tut er das plötzlich? So muß sie ja die Spannung wahrnehmen, von der sein ganzer Körper zu zittern scheint. Was hat er erblickt, daß er fast stehenbleibt vor Überraschung? Auch die Dogge hat etwas gewittert. Verhaltenes Knurren grollt in ihrem Rachen, und sogar in der Dämmerung ist zu erkennen, wie sich ihr Nackenfell sträubt. Und nun sieht Ilsabe, daß seitlich vom Weg im Feld der Rauhhaardackel tollt, und gleich darauf taucht Hella bei der Wegbiegung hinter einem Holundergestrüpp auf. Sie tut noch etliche Schritte, dann bleibt sie mitten auf dem Weg wie angewurzelt stehen.

»Halt ihn fest!« ruft sie aufgeregt. »Halte um Himmels willen deinen Hund fest!«

Und sie ruft nach ihrem Dackel, pfeift und lockt mit ängstlicher Stimme. Doch der kleine Hund fürchtet sich offensichtlich, näher zu kommen; denn nicht weit von Hella steht nur die Dogge knurrend auf dem Weg.

»Warum hast du ihn nicht an der Leine«, sagt Arno.

In dem besorgten Vorwurf, den seine Stimme vortäuscht, hört Ilsabe Triumph mitschwingen. Sie ist zu keinem Wort fähig. Kann nur, wie betäubt, die Vorgänge verfolgen, die sich nun in großer Geschwindigkeit abspielen. Hilflos steht sie dabei, und behaupten oder gar beweisen können würde sie das Folgende nie. Dennoch empfindet sie deutlich, daß das, was geschieht, ihretwegen stattfindet. Sie sieht das Aufglimmen in den Augen des Mannes. Sie atmet einen stechenden Schweißgeruch, der ihr fremd und widerwärtig ist und von dem Manne ausgeht, der die wegdrängende Dogge am Halsband hält. Der Hund hechelt wild, und der Atem des Mannes schlägt Ilsabe heiß und stoßweise ins Gesicht. Er braucht dem Hund nichts zuzuraunen. Ilsabe, die noch immer Timmes Arm auf der Schulter hat, spürt körperlich den Stoß, mit dem ihr Mann die Dogge freigibt. Ein gnadenloser Ruck, mit dem er einen Tötungsmotor anwirft.

Die Dogge prescht davon, auf den Dackel los. Hellas Aufschrei. Ilsabe muß schauen, schauen. Der Dackel kommt gar nicht dazu, einen Fluchtversuch zu machen. Schon ist die Dogge über ihm in so hemmungsloser Blutgier, daß Ilsabe zu zittern beginnt. Ihre Zähne schlagen aufeinander. Die Dogge beißt gezielt zu, nur einmal. Wie ein Henker erledigt sie den kleinen Hund. Und noch grausamer erscheint es Ilsabe, wie sie den toten Dackel im Genick packt und von sich schleudert. Ihn sozusagen wegwirft, einfach ins Feld hinein.

Hella brüllt, beginnt zu schluchzen, zu weinen, zu jammern. Sie läuft auf die Stelle zu, wo der tote Dackel hingeworfen liegt. Und Ilsabe, von Entsetzen gepackt, jagt den Weg zum Haus zurück, taub für die Rufe und Beschwörungen des Mannes, der ihr in größerem Abstand folgt. Sie hört das Ticken schon von weitem, während ihrer Flucht setzt es ein. Und ganz deutlich hämmert es ihr entgegen, als sie das Haus betritt und zu ihrem Zimmer hinaufhetzt. Sie schließt sofort hinter sich ab, wirft sich atemlos mit dem Rücken gegen die Tür. Ein solches Grauen steigt in ihr hoch, daß es sie würgt. Nie wieder will sie diesen Menschen sehen, nie wieder. Soll er anspannen, der Kutscher, Pferde und Wagen wird er wohl haben, soll er sie zurückkutschieren zum Bahnhof. Es ist ja nicht auszuhalten in seinem Haus, die Waschmaschine tickt und tickt, das wird sie abstellen, sofort. Und Ilsabe schaut in dem Schrank nach, und sie zieht nacheinander die Schubfächer ihrer Kommode auf. Sie kann das Tikken nicht finden. Und nun wühlt sie zwischen den Kräutern und Blüten, die welk geworden im Schub liegen. Ist das nicht Weißer Germer, ist das nicht Sonnenwendwolfsmilch? Wozu hat sie das gepflückt? Sie nimmt das welke Zeug heraus, fegt es mit der Handkante sauber unter den Teppich. Dorthin gehört es wohl, zu der Fibel. Aber das Ticken bleibt. Rasch blickt Ilsabe in die Runde. Mit vorsichtigen Schritten nähert sie sich der Puppe auf dem Spiegeltischchen, reißt sie mit entschlossenem Griff an sich, hält sie ans Ohr. So. Nun hat sie es gefunden, endlich gefunden. Das Ticken kommt aus der Puppe.

»Da siehst du es«, sagt sie zärtlich zu der Stoffpuppe und behält sie im Arm.

Sie schreckt hoch bei dem heftigen Klopfen an ihrer Tür. Dann wird an der Klinke gerüttelt.

»Mach auf«, ruft Arno Timme.

»Da siehst du es«, sagt sie wieder leise zu der Puppe in ihrem Arm. Und laut ruft sie zurück:

»Nein!«

Er trommelt mit Fäusten gegen die Tür. Doch Ilsabe öffnet nicht, sie klammert sich an der Puppe fest. Da hat sie jemanden, zu dem sie reden kann. Nur merken lassen darf sie es nicht, so verschlagen ist sie mit einem Male. Sie lächelt sogar, sie legt einen Finger an die Lippen und macht Pst! zu der Puppe.

Er steht vor ihrer Tür in wachsender Ungeduld. Jawohl, er wird Ärger bekommen wegen des Dackels, Hella wird ihn verklagen. Aber, ach, das war es wert. Dieses Lustgefühl hat er lange nicht mehr gehabt. Als seine graue Dogge zubiß, sind ihm prickelnde Schauer über die Schenkel gelaufen, heiß hat sich Begehren zusammengezogen in seinem Unterleib. Und Ilsabes jagende Angst, ihr entsetztes Davonstürzen! Er ist sicher: jetzt, in den nächsten Augenblicken, wird er über sie herfallen, sie gewaltsam nehmen können.

Aber sie öffnet nicht. Er klopft wieder, er tritt gegen die Tür. Er droht, daß er ein Beil holen werde. Jäh ändert er seine Taktik. Er legt sein Gesicht an die Tür, flüstert eindringlich.

»Mach doch auf, du.«

Keine Antwort.

»Hörst du nicht?« flüstert er wieder. »Ich bin verrückt nach dir.«

Was ist das für ein Geräusch da drinnen? Lacht sie? Wagt sie es wieder, zu lachen? Er sieht das Bild vor sich, wie sie sich lachend zurückbog und das Haar fliegen ließ, damals bei ihrer Ankunft.

»Antworte!« sagt er lauter. »Was tust du da?«

Und Ilsabe nähert ihren Mund dem Holz der Tür, sie kommt so dicht, daß sie es fast mit den Lippen berührt, daß sie es beinahe küßt.

»Es schüttelt mich vor Ekel«, sagt sie deutlich, »du bist mir zuwider.«

Und nachdem sie das gesagt hat, lacht sie wirklich.

Timme fährt zurück wie geschlagen. Wieder hat sie ihn verletzt, tiefer als je zuvor. Vor Zorn und vor Enttäuschung wird er grau im Gesicht. Sein Mund verzerrt sich. Gut. Soll es beschlossen sein. Er haßt sie. Sie soll es zu spüren bekommen.

»Hej!« sagt er und schlägt mit der flachen Hand an die Tür. »Soll ich dir etwas verraten? Merk es dir gut: die Dogge, das bin ich.«

Ilsabe hat sich bei der Tür hingehockt. Sie lauscht mit offenem Mund auf jede seiner Regungen, versucht, seine Worte zu deuten. Er ist die Dogge? Hat er getötet? Ja, er hat es getan, blitzt es ihr durch den Sinn. Und sie beginnt, leise vor sich hinzuwimmern.

»Ich hatte schon einmal eine Dogge«, fährt Timme fort, als er die Klagelaute vernimmt, »vergiß das nicht! Soll ich dir davon erzählen?«

»Nein«, antwortet Ilsabe jammernd, »nein!«

»Du wirst sehen«, sagt er mit einem grausamen Unterton in der Stimme. »Und meine Frau damals...«

Er wartet noch einen Moment. Als nichts mehr von ihr kommt, ruft er im Weggehen:

»Danach hat sie sich erhängt!«

14.

Am Tag darauf ist Ilsabe nicht zu bewegen, ihr Zimmer zu verlassen. Timme kommt mehrfach, klopft an, redet zu ihr. Es sind matte Worte, ohne Wärme und ohne Überzeugungskraft. Er ist in Anspruch genommen von sich selbst. Ein Gefühlsaufruhr, den er nicht mehr erwartet hätte, setzt ihm zu. Er streift ziellos durchs Haus, ist im Keller, macht sich dann wieder in der Remise zu schaffen. Daß diese niederträchtige Versuchung noch einmal in ihm aufgestanden ist. Würde sie ihn nochmals an die äußerste Grenze treiben? Oh, das Feuer in ihm, es frißt, es sengt. Es stößt ihn, daß er mitunter pfeifend Luft einsaugt, gepreßt atmet. Ein kaltes Feuer, das Demütigung und Ablehnung angefacht haben. Die Verachtung dieser Frau zu ertragen, die Selbstverachtung, die noch bitterer schmeckt – das wiegelt ihn auf, das macht ihn haßvoll und rachsüchtig. Es verjüngt ihn auf fatale Art. Seine Hand ist sicher und hart, Pläne gehen ihm durch den Kopf, die abgefeimter sind als bei jenem anderen Mal vor so vielen Jahren... Aber hatte er sich nicht geschworen, es würde kein zweites Mal... Nein, rächen mußte er sich.

Als sei sie sein inneres Abbild, ist auch die Dogge voller Unruhe. Auf und ab läuft sie im Zwinger, auf und ab. Und Timme bleibt heute nicht bei ihr stehen. Er hat nur flüchtige Seitenblicke für das Tier.

Ilsabe sitzt auf einem Stuhl, den sie dicht ans Fenster gerückt hat, und starrt hinab auf die Sandschluppe. Sie hat die Puppe im Arm, und hin und wieder spricht sie ihr ein paar Worte zu. Viel zu sehen gibt es nicht während des Vormittags. Jetzt kommt Wilfred mit der Post angeradelt. Wie immer schaut er zum Fenster auf und nickt einen Gruß. Heut kommt ihm die Frau sonderbarer vor denn je. Mit wem re-

det sie denn? Gedankenvoll durchradelt Wilfred die Sandschluppe.

»Er bringt die Post«, sagt Ilsabe zu der Puppe in ihrem
Arm. »Vielleicht ist ein Brief von Jens dabei.«

Sie lächelt über den Eigensinn der Puppe. Sie tickt heute
nicht. Ilsabe kann verstehen, daß sie nicht immer dazu auf-
gelegt ist.

Gegen Mittag klopft wieder ihr Mann.

»Es ist Essenszeit«, sagt er.

Ilsabe preßt die Lippen zusammen. Das weiß sie selbst.
Aber sie ist nicht hungrig, nach dem gestrigen Abend ganz
und gar nicht. Soll er sich etwas kochen, ihr ist es gleichgültig. Nur ihm nicht begegnen jetzt. Oh, Ilsabe benimmt sich
schlau. Da sitzt sie in ihrem hellen Kleid, und das rötliche
Haar hängt um sie her, hängt ihr ins Gesicht. Sie streicht es
hinter die Ohren zurück, und sie unterscheidet sehr wohl
zwischen dem, was sein wird – und zwischen dem, was sie
dem Mann vor der Tür davon sagen darf. Gewiß wird er anspannen müssen und sie zum Bahnhof kutschieren. Gewiß
wartet Jens auf sie. Doch sie hütet sich davor, es ihm zu sagen. Ilsabe richtet den Blick gegen die Tür.

»Ich komme nicht«, sagt sie mit ihrer heiser-brüchigen
Stimme.

Sie spürt an der langen Pause, die Arno entstehen läßt,
daß ein Entschluß gefaßt wird jenseits der Tür. Mit offenem
Mund wartet Ilsabe darauf, was er sagen wird.

»Ich packe«, sagt er schließlich. »Ich fahre für einige Tage
fort. Beruhige dich, bis ich wiederkomme. Hast du verstanden? Ich bleib drei bis vier Tage auswärts.«

»Ja«, antwortet Ilsabe.

Sie hört ihn in sein Zimmer gehen. Nach einer Weile
kommt er nochmals an ihre Tür.

»Viel Spaß«, sagt er.

Er macht sich noch im Haus zu schaffen. Ilsabe weicht
nicht von ihrem Fensterplatz. Wer hinaus will aus Malte,
muß unweigerlich die Schluppe passieren. Sie behält diesen

Sandstreifen fest im Blick. Wird aufpassen, ob er wirklich geht.

Da kommt er. Hat sich stadtfein gemacht. Anzug, Herbstmantel, flache Wildlederschuhe. Sein Reiselord ist prall gefüllt. Mitten in der Schluppe bleibt er stehen, guckt zu ihr herauf. Er schüttelt den Kopf. Ärgert ihn die Puppe? Weil die Haarfarbe nicht gut ist? Nachdem Arno Timme sich abgewendet hat und geht, wirft Ilsabe den Kopf und lacht.

»Da siehst du es«, sagt sie der Puppe.

Sie wartet noch, bis sie den abfahrenden Bus von der Straße her hört. Jäh schießt Angst in ihr auf: wenn er sie wieder eingesperrt hat? Kopflos stürzt sie aus ihrem Zimmer, die Treppe hinab. Mit so ungebärdiger Kraft reißt sie an der Klinke, daß die aufspringende Tür sie gegen die Wand schleudert. Ungehindert kann sie hinaustreten. Auch der Zweitschlüssel hängt da, wo er hingehört. Ilsabe geht nun durch das ganze Haus, schaut auch in jeden Kellerraum. Allenthalben herrscht friedliche Ruhe. Arno ist fortgefahren, das Haus gibt ihr Geborgenheit.

Ilsabe entfaltet behutsam ein wenig Betriebsamkeit. Sie setzt Wasser auf zum Kaffee, sie ist nun auch hungrig und brät Eier. Dann fängt sie an, Geschirr zu spülen. Sie schaltet das Radio an, summt sogar ein bißchen mit. Die Musik macht ihr Sehnsucht nach Gesellschaft. Wenn sie doch heute ein paar Worte mit den Leuten reden könnte. Warum soll sie nicht zum Laden gehen? Es versetzt ihr einen Stich, als sie an Hella denkt. Doch die wird wissen, daß Ilsabe keine Schuld an dem gräßlichen Vorfall von gestern hat. Dennoch wird sie ihr sagen gehen, wie leid es ihr tut.

Ilsabe nimmt ihr Tuch um, zögert. Dann steigt sie zu ihrem Zimmer hinauf, setzt die Puppe dicht an die Fensterscheibe.

»Paß du auf«, sagt sie.

Eben noch, bevor sie aus der Haustür tritt, ist ihr, als höre sie die Dogge bellen. Um so erstaunter ist sie, als sie den Zwinger leer findet. Sie schließt die Haustür zu, geht mit prüfendem Blick den Zaun des Grundstücks ab. Das Einfahrtstor ist geschlossen, der Maschendrahtzaun überall dicht. Wo ist der Hund? Arno hat ihn nicht mitgenommen. Sie ruft nach der Dogge, lockt schmeichelnd. Nichts. Nun öffnet sie das Remisentor, tritt ein in den halbdunklen Raum. Gleich neben dem Eingang stehen die schwarzen Stiefel, die Timme neulich in der Nacht anhatte, Ilsabe stolpert fast darüber. Sie sind blank wie ein polierter Sarg. Sie schaut rasch von den Stiefeln fort, der Geruch von Schuhwichse ist ihr zuwider. Sie schaut in die Kutsche, die da allmählich verfällt und verfault, atmet den feuchten Modergeruch, der aus den Polstern steigt. Von der Dogge keine Spur. Hat sie nicht vorhin das Bellen gehört? Irritiert verläßt Ilsabe die Remise. Jetzt kann sie das Ticken wieder hören.

»Ja«, sagt sie in Gedanken zu der Puppe, »paß du auf.«

Bevor sie das Grundstück verläßt, wirft sie einen flüchtigen Blick auf das Haus.

15.

Im Kramladen steht Ilsabe mit gesenktem Kopf, das Haar hängt ihr unordentlich um Schultern und Gesicht. Steht wortlos da in ihrem ewig hellen Kleid und schlingt die Finger ineinander.

»Was ich sagen wollte«, bringt sie mühsam hervor.

Im Laden ist es still geworden bei ihrem Eintritt, aller Blicke richten sich auf Ilsabe.

»Was ich sagen wollte«, wiederholt sie und schaut nun auf, schickt bittend Blicke in die Runde.

Da lassen die fremden Augen ab von ihr, die Gesichter richten sich geradeaus, verfolgen jede Bewegung, die Hella, mit verweinten Augen, hinter dem Ladentisch vollführt. Was sollen auch die Leute, die hier im Laden stehen, sagen oder tun. Was gestern abend geschehen ist, hat Hella erzählt. Was sich im Haus an der Sandschluppe abgespielt hat, können sie nicht einmal ahnen. Später einmal, wenn alles vorüber ist, wird es sich herumsprechen. Und sie werden wohl Mitleid empfinden mit der vom Meer, die jetzt so fremd und wirr unter ihnen steht. Doch in diesem Moment nehmen sie nur die gehetzten Blicke der Fremden wahr, sehen verwundert, wie die Frau so unglaublich schnell ihre Schönheit verlieren konnte. Diese Schönheit, die in ihrer Zurückhaltung, in einer gewissen Scheu den Maltern gegenüber bestanden hatte, gibt sie nun selbst preis, indem sie bettelnde Worte spricht: *Was ich sagen wollte.*

Nicht, daß man sie geradezu schneidet. Aber es ist doch Gleichgültigkeit aus den Worten zu hören, die man ihr gibt.

»Was darf es sein, Frau Ilsabe?«

Als Ilsabe ihre Einkäufe bezahlt, setzt das Ticken wieder ein. Das Ticken, das zu einer Waschmaschine gehört. Das zu Haus in ihrer Puppe sitzt.

»Was ich sagen wollte«, sagt Ilsabe nochmals und lächelt armselig, »es tut mir so leid.«

Sie geht mit raschen Schritten heimwärts, begleitet von dem Ticken, mit dem die Puppe nach ihr ruft.

Sie muß sich darum kümmern, wo die Dogge ist. Bei ihrer Heimkehr schaut Ilsabe nochmals in der Remise nach. Unverändertes Dämmerlicht. Was nur war anders vorhin? Suchend schaut sie sich um, atmet den Modergeruch. Da merkt sie es: sie vermißt den süßlich-aufdringlichen Gestank von Schuhwichse. Die Stiefel sind nicht mehr da. Ungläubig starrt sie auf die Stelle, an der sie vor kurzem blank und schwarz gestanden haben. Sofort wird ihre Kehle trocken. Sie schluckt. Gewiß, das Remisentor war nicht verschlossen. Aber stiehlt in Malte jemand Stiefel? Es ist, als sei Atmen zu hören. Doch das kann nur sie selbst sein. Ilsabe spürt es an der Luft im Raum: hier ist niemand außer ihr. Sie erschrickt fürchterlich, als das Gebell einsetzt.

Ilsabe fährt entsetzt zurück, blickt mit aufgerissenen Augen um sich. O mein Gott, hier ist doch nichts, gar nichts! Und doch hört sie nun wieder leises Atmen, wieder Gebell, das ab und an in ein Winseln übergeht, das wie ein Luftschnappen klingt, wie furchtsames Atemholen. Ilsabe nimmt alle Kraft zusammen. Sie bückt sich, schaut unter der Kutschenkarosse nach. Es ist nichts und niemand hier in der Remise, und doch bellt unverwechselbar die Dogge, und die Stiefel sind nicht mehr da...

Mit Schritten, die vor Schrecken steif und klein sind, trippelt Ilsabe aus der Remise. Sie wirft das Tor zu. Läuft nun wie gejagt zur Haustür. Ihre Hand zittert, als sie den Schlüssel ins Schloß steckt und aufschließt. Wie gerettet schlägt sie die Tür hinter sich zu. Nach dem ausgestandenen Schrecken werden ihr plötzlich die Knie weich, sie schleicht in die Küche, läßt sich auf einen Stuhl fallen. Sie legt sich beide Hände auf den Kopf. Es ändert ja nichts, daß sie hier in Sicherheit sitzt. Ilsabe beginnt, den Oberkörper zu wiegen, vor und zurück, vor, zurück. Es ändert nichts, das bleibt, das hat sie gehört. Und die Stiefel sind weg. Und wo ist die Dogge?

Ilsabe würgt an dem Schrei, der ihr in der Kehle steckenbleibt. Sie sitzt ganz still, und sie nimmt die Hände nicht vom Kopf bei der jähen Entdeckung: unter dem Tisch sieht sie die hingeworfenen Stiefel liegen. Nicht mehr blank geputzt. Die Stiefel sind naß, neben ihnen ist eine Wasserlache auf dem Fußboden. Wer wäscht in Malte Stiefel, denkt Ilsabe ablenkend und hört das leise einsetzende Ticken, wie Waschmaschinen es hervorbringen. Sie sollte hinaufgehen in ihr Zimmer und die Sandschluppe beobachten. Wer nach Malte will, muß durch die Schluppe. Es sei denn, einer hat etwas zu verbergen, dann aber verrät ihn ein Krähenschrei, sein eigener zögernder Schritt im Moos... Doch Ilsabe rührt sich nicht von der Stelle. Sie bewacht die Stiefel und hört auf das Ticken und lauscht den vagen Gedanken, die ihr durch den Kopf flattern.

So sitzt sie lange. Da nichts geschieht, scheint sie sich an die Stiefel unter dem Tisch zu gewöhnen. Schließlich steht sie auf und macht Licht. Und wenn er die Dogge in den Keller gesperrt hat, bis er wiederkommt? Sie traut ihm nun schon alles zu. Der Hund muß irgendwo sein, er ist doch ohne ihn losgegangen. Will er ihn neuerdings quälen? Jetzt ist ihr auch wieder, als höre sie gedämpftes Gebell. Ab und an ein Winseln, das wie ein Luftschnappen klingt. Das Geräusch kommt aus dem Keller.

Sie nimmt all ihren Mut zusammen, um dem eingesperrten Tier zu Hilfe zu kommen. Sie geht zur Kellertür, spürt, während sie zaghaft die Tür öffnet, daß ihr aus den Achselhöhlen kalter Schweiß am Körper herabläuft. Ihr Herz klopft berstend, es übertönt fast das Ticken, das jetzt überlaut einsetzt.

Sie macht Licht, lauscht. Einen Augenblick lang kommt ihr nur Stille entgegen. Dann hört sie etwas. Sie geht die Stufen hinab, ruft leise nach der Dogge. Die eigene Stimme läßt Ilsabe zusammenzucken, so fremd und furchtsam klingt sie. Aufflammendes Gebell antwortet ihr, und nun geht sie der Dogge entgegen. Sie muß in der Waschküche eingesperrt sein, die Tür ist eingeklinkt.

Plötzlich bleibt sie stehen wie betäubt. Sie wird blaß vor Entsetzen. Vor ihr auf dem Boden liegt ihre Puppe, die sie oben ans Fenster gesetzt hat. Widerwärtig verändert. Die Zottelhaare der Puppe sind rot, rot wie ihr eigenes Haar, nur tiefer rot, sind dunkelrot. Wie gebannt muß sie darauf niederblicken, muß sie sich bücken danach, die Puppe aufheben. Klebrig-naß, oh, es bleibt ihr an der Hand, das Haar der Puppe färbt ihre Hand rot. Mit ersticktem Japsen läßt sie die Puppe fallen, streckt wild die beschmutzte Hand von sich. Ihr aufspringender Blick sieht, wie die Klinke zur Waschküchentür sich bewegt, herabgedrückt wird. Befreit sich die Dogge von selbst, kommt sie? Jetzt graut ihr vor dem Tier, dessen Gebell wieder einsetzt.

In diesem Augenblick geht das Licht aus. In Panik beginnt sie rückwärts zu tappen. Findet blind die Kellerstufen. Schreit. Das Gebell kommt näher, kommt auf sie zu, sie streckt abwehrend die beschmutzte Hand diesem Winseln, das wie ein Luftschnappen klingt, entgegen. Sie steigt die

Stufen hinauf, hat das Gefühl, in das Gebell hineinzufassen, das ihr heiß entgegenatmet. Wann wird es über sie herfallen? Sie hastet im Dunkeln durchs Haus, hinauf, nur hinauf zu ihrem Zimmer.

Mit fliegendem Atem erreicht Ilsabe das Zimmer. Wild drückt sie die Klinke herab, zwängt sich in den Raum, schlägt die Tür ins Schloß. Schnell, schnell den Schlüssel drehen, abschließen, sicher sein vor der aufgeputschten Dogge. Doch der Schlüssel steckt nicht mehr im Schloß. Ilsabe stöhnt vor Enttäuschung und Not. Durch das Gebell hindurch hört sie, wie es im Schloß knackt. Was ist das? Sie schlägt sich, wie von Sinnen, beide Hände ins Gesicht, beißt verzweifelt in einen Handballen. In höchster Angst wartet sie, was nun geschehen wird. Ungläubig hört sie das jaulende Gebell sich entfernen, die Treppe hinab. Noch weiter. In den Keller hinab.

Es ist mit einem Male unausdenkbar still, so unheimlich still, daß Ilsabe es in den Ohren branden hört wie Wellenschlag. Sie knipst den Lichtschalter. Nichts, es bleibt dunkel. Vorsichtig drückt sie die Klinke, vielleicht hat sie den Schlüssel von außen stecken lassen. Da merkt sie, daß sie eingeschlossen ist. Abermals eingeschlossen. Sie spürt nun auch, daß sie nicht allein im Zimmer ist. Hinter ihrem Rücken lauert etwas. Sie fährt herum, sieht nichts.

Doch. Was ist mit ihrem Bett? Das Herz hämmert schmerzhaft, und ihr Atem flackert, als müsse sie ersticken. Unter ihrem Deckbett liegt jemand. Oh, sie kann die eisengrauen Haare auf dem Kopfkissen erkennen, auch ohne Lampenlicht. Wann ist er zurückgekommen?

»Arno«, stöhnt sie. Und dann schreit sie, außer sich, mit gellender Stimme: »Arno!«

Er rührt sich nicht. Hat das Bett bis zum Kopf hochgezogen, hört nichts, während sie Todesangst aussteht. Sie tut die wenigen Schritte bis ans Bett. Mit der Entschlossenheit äußerster Not reißt sie ihm das Deckbett herunter.

»Arno!«

Da flammt das Deckenlicht auf. In der plötzlichen Hellig-
keit kneift Ilsabe die Augen zu. Reißt sie sofort wieder auf.
Hingestreckt liegt der tote Körper der Dogge in ihrem Bett.
Eine Blutlache unter dem Hals, das Fell beschmutzt von
Blut.

Ilsabe stopft sich eine Faust in den Mund, blickt zur Seite.
Sie würgt, strauchelt in einen Stolperschritt hinein. Vermag
es nicht aufzuhalten, nicht in sich zurückzudrängen. Sie
nimmt die Faust aus dem Mund und lacht. Wird geschüttelt
von Gelächter, wirft den Kopf zurück, lacht. Dann bricht
das Lachen abrupt ab. Mit erloschenem Blick, als wisse sie
nicht, wo sie sei, schaut Ilsabe sich im Zimmer um. Gleichgültig trifft ihr Blick das eigene Spiegelbild. Sie sieht die
Frau befremdet an, deren Gesicht blutverschmiert ist, die
roten Flecken auf dem Kleid hat. Und dann geht sie willfäh-
rig auf diese Fremde zu, die ihr verwüstet entgegenblickt aus
dem Spiegel, und sie sagt ihr flüsternd:

»Da siehst du es.«

Und setzt sich ans Fenster, das Gesicht dicht an die
Scheibe, schaut hinaus. Stunde um Stunde bleibt sie so sitzen. Manchmal murmelt sie einige Worte vor sich hin. Da
hält sie nun Wache, Frau Ilsabe. Wer heimkehrt: er muß
durch die Schluppe kommen.

Es wird hell, die Leute gehen zum Bus. Sie bemerken die
da oben, die so furchtbar aussieht, die auf nichts reagiert.
Auf keinen Zuruf, auf kein Winken will sie antworten. Die
Leute sammeln sich vor dem Haus. Ratlos. Sie läuten.
Nichts geschieht. Was hat sie im Gesicht, es sieht doch wie
Blut aus.

Bis jemand sich wundert, daß der Hund nicht anschlägt
bei dem Lärm vorm Haus. Vorsichtig geht man um das Haus
herum zum Zwinger. Im Zwinger finden sie ihn, Kutscher-
Arno. Er hängt. Er hat sich nicht einmal Zeit gelassen, den
Recorder abzunehmen. Er baumelt ihm vor der Brust wie
bei einem Reporter.

Hella hat von ihrem Fenster aus den Auflauf bemerkt. Sie

kommt in Bademantel und Pantoffeln herüber. Als sie Ilsabe dort oben erblickt, sagt sie nüchtern:

»Arzt und Krankenwagen. Schnell.«

Eine Botschaft von Kutscher-Arno, wie es die Leute aus
Malte vermutet hatten, wurde im Recorder nicht gefunden.
Auf der Kassette war nichts als Gebell.

Sonnenkind

1.

Die Tür zum Schwesternzimmer ist angelehnt. Erregte Frauenstimmen dringen in den Krankenhauskorridor. Frühstückspause. Sie schwatzen.

Niemand will ihnen das verwehren, er am wenigsten. Doch ihn erfüllt mit Scham, auch mit Zorn, worüber sie so sorglos reden. Patienten könnten vorübergehen, es hören. Denken die Frauen nicht daran? Ist ihnen die Kollegin, die bis vor wenigen Tagen bei ihnen war, Schichten mit ihnen tauschte, einen ähnlichen Alltag zu bestehen hatte wie sie alle: ist sie ihnen schon so entrückt? So entbehrlich geworden, daß sie in dieser herzlosen Art über ihr Schicksal mutmaßen? Haben sie so rasch vergessen, daß Burga Paulsen mit ihrem behinderten Kind und der Schwiegermutter im Haus vielleicht drückendere Sorgen hatte als sie alle?

Walter Könner stemmt sich vehement auf das metallene Bettgestell, das er durch den Flur zu schieben hat. Die Rollen unter den vier Bettbeinen quietschen alarmierend. Vergeblich. Das Gerede ebbt nicht ab. Soviel Unachtsamkeit geht dem Pfleger über sein Maß. Er bleibt mit seiner Fuhre derart deutlich vor der Tür stehen, daß es drinnen nicht zu überhören sein kann.

Niemand hört. Im Schwesternzimmer wird über den Mordfall Paulsen orakelt. Da mag im Korridor quietschen, was will. Vor fünf Tagen erst ist es geschehen, sozusagen in ihrer aller Nachbarschaft. Jede der Schwestern kennt – mehr oder weniger genau – alle am Fall Beteiligten. Da ist es nur zu begreiflich, daß die Frauen sich nicht beruhigen. Walter Könner tut ihnen mit seinem Vorwurf ein wenig unrecht. Es ist nicht Herzlosigkeit, die sie schwatzen macht. Entsetzen, Betroffenheit – die Frauen suchen ihre Gemütsbewegung zu meistern, indem sie reden, Worte poltern oder stolpern lassen. Ganz so, wie ängstliche Kinder mitunter Krach schlagen, laut ansingen gegen ihre Furcht.

Unversehens ist die Schwesternschülerin, die erst seit einigen Wochen auf der Station ist, in den Mittelpunkt gerückt. Silke Schmeißer war zur Zeit des Unglücks in Paulsens Haus. Unbemerkt allerdings. Nur mit Simon war sie kurz zusammengetroffen, als er aus der Küche gestürzt kam.

»Dabei wollte ich nur die Garagenmiete abgeben«, beteuert Silke zum wer-weiß-wievielten Male, »Papa schickt mich immer nach nebenan mit der Miete.«

Eine Schwester vergewissert sich:

»Und du hast nicht geklingelt? Wieso hat dich denn keiner gehört?«

Silke, ungeduldig:

»Hab ich doch schon gesagt. Tagsüber ist bei denen die Haustür meist unverschlossen. Außerdem war gerade vor mir Simon hineingegangen und hatte die Tür offengelassen. Da stand ich dann schon gleich vor der Küchentür.«

In Erinnerung an den Septemberabend ruft Silke heftig:

»Die konnten mich doch gar nicht hören, Menschenskinder! So laut, wie die da drinnen waren!«

Grid, die Stationsschwester, schaltet sich ein.

»Und warum sind Sie nicht in die Küche gegangen, um die Miete abzugeben?«

Auch das ist Silke schon gefragt worden. Eine plausible Antwort fällt ihr nicht ein. Sie denkt daran, wie sie vor der Küchentür stand, die abgezählten Geldscheine im Quittungsheft…

»Haben Sie gelauscht?«

Grids Frage schnellt hervor wie das Zünglein einer Schlange.

»Nein«, entgegnet Silke sofort, »nein.«

Wie soll sie klarmachen, daß es nicht Neugier gewesen ist. Etwas hat sie zurückgehalten.

»Ich hab so 'n komisches Gefühl gehabt...«

Grid sofort spöttisch dagegen:

»Vorahnung, was?«

Eine Schwester mit tiefer Stimme beendet das Geplänkel, indem sie nochmals nach dem Geschrei fragt:

»Aber als es dann passierte: da haben Sie es ganz deutlich gehört, das Schreien?«

»Und ob.«

Silke Schmeißer beschreibt es den anderen abermals, die Wichtigkeit ihrer Worte genießend.

»Mit dem Simon wär ich fast zusammengeprallt. Der sah so wild aus, daß er mir Angst eingejagt hat, tatsächlich. Und ich hatte ja das viele Geld in der Hand.«

Silke unterbricht sich irritiert, weil die Stationsschwester ein vieldeutiges Räuspern von sich gibt. Als dem nichts folgt, fährt Silke fort.

»Aber ich glaube, der hat mich gar nicht gesehen. Furchtbar wütend muß er gewesen sein, er hat geschnauft wie ein Walroß. Klar, daß ich ihm ausgewichen bin. Und bald danach ist die Alte aus der Küche gekommen.«

»Die Großmutter von Simon?« fragt die Schwester mit der tiefen Stimme.

»Ja. Aber sie hat mich nicht sehen können. Ich stand hinter dem Geländerknick. Kaum hatte sie die Tür hinter sich zu, da flitzte die alte Frau wie angestochen aus dem Haus. Die führt was im Schilde, habe ich gedacht. Und irgendwie fing die Sache an, richtig spannend zu werden. Mal sehen, was die anstellt, hab ich gedacht. Aber dann, als Schwester Burga aus der Küche kam, da ist es mir ganz anders geworden.«

Silke Schmeißer schöpft Atem.

»Die Schreie werd ich nie vergessen«, fährt sie gedämpft fort, »das war überhaupt keine Menschenstimme mehr.

Mich hat ein solches Grauen gepackt, bin einfach losgerannt. Bloß nichts mehr hören, nichts mehr sehen. Bloß weg von diesem Grundstück. Und immer noch hatte ich das Geld in der Hand«, schließt Silke, wie in Verwunderung, ihren Bericht.

Stimmengewirr, sie reden wieder drauflos, scheinen alle gleichzeitig ihre Fragen loswerden zu wollen.

Da stößt Walter Könner die Tür auf. Es wird still im Schwesternzimmer, die Frauen schauen den Pfleger an.

»Unbeschreiblich, wie sich das von draußen anhört.«

Der untersetzte Mann bebt vor Empörung.

»Ein Damenkränzchen bei Kaffee und Butterbrot erzählt sich einen Gruselfilm.«

Schwester Grid will aufbegehren, aber Walter Könners Blick schneidet ihr das Wort ab.

»Das redet sich so dahin«, sagt er bitter. »Was muß vorausgegangen sein, daß es so weit hat kommen können! Das sollte man sich mal fragen. Jeden Tag haben wir Burga Paulsen während der Arbeit neben uns gehabt. Hat auch nur einer von uns gemerkt, wie diese Frau gelitten haben muß?«

Plötzlich gibt er seine anklagende Haltung auf. Er winkt ab, sagt resigniert:

»Ach, woher denn. Jeder macht seins.«

Er verläßt das Schwesternzimmer, in dem sich betretenes Schweigen ausbreitet.

Walter Könner schiebt das metallene Bettgestell den Flur entlang bis zum Aufzug. Er drückt den Knopf, wartet.

2.

Mit der oberen Etage war sie fertig.

Burga hob den Wischeimer mit schmutzigem Wasser über die Schwelle des Schlafraums hinaus in den Korridor. Sie richtete sich auf, stemmte stöhnend eine Faust ins Kreuz. Mit dem Rücken der anderen Hand wischte sie schweißnasse Haarsträhnen aus dem Gesicht, die während der Arbeit aus dem Nackenknoten gerutscht waren. Einen Augenblick stand sie so im Türrahmen, erschöpft, erhitzt, den ratlosen Blick auf die Ehebetten geheftet. Wollte sie sich nicht trennen von Christians Bett? Oder wagte sie es nicht wegen ihrer Schwiegermutter? Ein knappes Jahr ist seit dem Unfall vergangen, Christian tot und begraben. Aber wo sollte sie hin mit dem überflüssigen Möbelstück. In diesem Kaff kannte sie niemanden, der ihr helfen würde, das Bett aus dem Haus zu schleppen. Christian hatte es verstanden, Leute für derlei Arbeiten zu kapern. Sie nicht. Sie hatte wohl zu lange zu Hause gehockt, ins Muttersein verkrochen.

Burga schloß die Schlafzimmertür. Aus dem Nebenraum holte sie einen Tonkrug, um der Schwiegermutter zur Ankunft frische Blumen hinzustellen. Seit dem Tod ihres Sohnes bewohnte Christians Mutter das ehemalige Gästezimmer.

Im Gästebad ließ Burga Wasser in den Krug laufen, trug ihn dann zum ovalen Spiegeltischchen im Korridor. Dort lagen Herbstastern und Dahlien, im eigenen Garten geschnitten. Während Burga die Blumen zum Strauß fügte, grübelte sie über eine Möglichkeit, Christians Bett wegzuschaffen. Wenn sie den Nachbarn ansprach? Horst Schmeißer war kräftig, groß. Aber Burga erinnerte sich nicht, ihn je bei körperlicher Arbeit gesehen zu haben. Was im Garten zu tun war, versah Schmeißers Frau, manchmal auch Silke, die Tochter. Sie konnte Silke ja mal nach ihrem Vater befragen, seit einigen Wochen war sie Schwesternschülerin auf Burgas Station. Vielleicht, wenn Silke die Garagenmiete brachte.

Burga stieß einen unwilligen Laut aus. Es war bequem für Horst Schmeißer, das Mädchen zu schicken. Auf diese Weise hielt sich der Schauspieler jede Frage vom Leib, blieb unnahbar im Hintergrund. Kleinstadtberühmtheit. Provinz-Faust. Burga heftete ihm die Mißnamen in Gedanken an, um sich auf ihre Art zu rächen für die Kränkung. Burga spürte sehr wohl, daß Schmeißer wegen ihres Kindes das Haus mied. Simon, der es in keiner Schule ausgehalten hatte als Kind, Simon war dem Trunkenbold unheimlich. Der borniertе Schauspieler wußte nichts anzufangen mit einem fünfzehnjährigen Jungen, der Teddys herumtrug, wenig sprach, sich vor aufgerissenen Mündern und bestimmten Kopfbedeckungen fürchtete. Aber als es um die Garage gegangen war! Als Christian sich im Vorjahr auf der Fahrt von Dresden nach hier in seinem Auto zu Tode gefahren hatte. Als es plötzlich keinen Dacia mehr gegeben hatte, keinen Dr. Christian Paulsen, der die Garage auf seinem eigenen Grundstück blockierte: da war Schmeißer angewedelt gekommen. Kaum war die Beerdigung vorüber, hatte er angeklopft, auf mitfühlend gemacht. Niedergeschlagen, mit erstickten Tränen in der Stimme, hatte er seine Bitte vorgetragen: die Garage an ihn zu vermieten. Sogar an Paulsens Rasenmäher hatte Schmeißer gedacht. Der störte in der Garage. Simon mußte ihn fortan in seinem Erdbunker dulden.

Burga Paulsen schob abgezupfte Dahlienblätter mit der Handkante zusammen. Sie lächelte flüchtig. Simon, mein Kleiner, mein Verständiger. Hast dich sogar gefreut, als der Rasenmäher in deinem Bunker abgestellt werden sollte. Ach.

Burga warf die Blätter in den Wischeimer, streifte ihre Handflächen an der Schürze ab. Sie sah das kräftige Grün auf der Schmutzbrühe treideln. Allmählich wurde es dunkler, schließlich färbte die Nässe es schwarz. Nicht immer alles verstecken, mein Schatz. Das sollst du nicht, Simon. Niemand nimmt dir etwas weg, kein Mensch.

Sie trug den Blumenkrug ins Gästezimmer. Der Raum hatte den unverwechselbaren Geruch seiner Bewohnerin angenommen. Die Tapeten strömten ihn aus, von den Fenstervorhängen wehte er zu Burga herüber. Selbst aus dem Teppichbelag schien jener Duft aufzusteigen, schmeichlerisch leicht und gleichzeitig atemberaubend. Burga sog tief und genußvoll Luft ein. Wie gern sie das roch. Und wie oft schon hatte sie vergeblich versucht, das Geheimnis dieses Aromas zu ergründen. Es duftete so lebendig. Duftete nach silbernen Armreifen. Nach schwarzer Nacht, nach den dunklen Kleidern, die Katinka Paulsen trug, nach ihrem schwarzen Haar, den tiefdunklen Augen. Es duftete, wie ihr das Abbild der biegsamen, behenden Altfrauengestalt im Gedächtnis war. Stets in Bewegung. Ein dunkler Blick, ein Irrwisch. Mit sicherem Instinkt mußte die Schwiegermutter irgendwann das zu ihrer äußeren Erscheinung passende Parfüm entdeckt haben.

Auf der Spiegelkonsole stellte Burga den Krug ab. Rückte ihn rasch aus der Mitte ein wenig zum Rand. Christians Verdienst, ein wenig ihren Geschmack geschult zu haben. Weg vom Alles-in-die-Mitte-Stellen, weg vom barbarischen Mittelscheitelhieb im Sofakissen.

Unwillkürlich blickte Burga auf. Wie viele Spiegel es in der Oberetage gab! Hier, in Katinkas Zimmer. Im Flur, im Bad, im Schlafzimmer. Nur Simon hatte in seinem Zimmer keinen.

Burga neigte sich ihrem Bild entgegen. Das volle, mattblonde Haar trug sie seit Jahren in der Mitte gescheitelt. Es bedeckte ihre Ohren, war im Nacken zu einem schweren Knoten geschlungen. Es zeigte ohne Schnörkel ihr rundes, offenes Gesicht. Burga war von schwerer, etwas gedrungener Gestalt. Nicht plump, aber sie stand mit beiden Beinen fest an ihrem Platz. Trotz ausladender Hüften, praller Brüste und breiter Taille galt sie, auch im Urteil der Frauen, als schön mit ihren achtundvierzig Jahren.

Eigentlich fesselnd war ihr ausdrucksstarkes Gesicht. Es war nicht die Kerbe im Kinn. Es waren nicht ihre hellen, graugrünen Augen, die dieses Gesicht anziehend machten. Am ehesten forderte ihr herber, rostfarbener Mund den zweiten, den verwundert fragenden Blick des Betrachters heraus. Was sollte das? Aus welchen Gründen ging heutzutage eine Frau mit solch einem schonungslos ungeschminkten Mund herum, dessen Lippen häufig aufgesprungen waren. Der Anblick tat ja weh, verletzte. Was hatte es auf sich mit diesem bestürzenden Mund?

Burga trat vom Spiegel zurück, prüfend musterte sie das Zimmer. Alles in Ordnung. Auch Staub hatte sie gründlich gewischt.

Im Korridor beugte Burga sich über die Geländerbrüstung, lauschte hinab ins Erdgeschoß.

»Simon?«

Ihr halblauter Ruf blieb ohne Antwort. Burga ging in Simons Zimmer, mit wenigen Schritten war sie am Fenster und schaute hinaus. Von hier konnte sie den Teil des Gartens, der hinter dem Haus lag, überblicken. Jenseits des Gemüsebeetstreifens begann der Rasen. An dessen Rand, zum Nachbargrundstück gerückt, stand der kleine Geräteschuppen, winzig wie ein Klohäuschen. Unmittelbar daneben Simons Kaninchenstall. Und am Ende des Grundstücks, wo der Rasen sich aufbuckelte zu einer Haube ums Erdreich, hatte Simon seinen Bunker. Christan Paulsen hatte ihm das unterirdische Versteck ausgeschachtet und verschalt. Zwei Betonstufen führten hinab, eine mannshohe Tür schloß den Einstieg ab. Den Schlüssel dazu hütete Simon, selten ließ er die Tür offen.

Burga sah, daß die Bunkertür offenstand. Sie raffte die Gardine zur Seite und rief in den Garten hinab.

»Simon! Simon, hörst du?«

Sie wartete einen Augenblick, dann drängender:

»Ich muß zur Schicht, Simon. Komm essen!«

In der Türöffnung erschien das weiße Fähnchen, wurde geschwenkt.

»Ist gut«, sagte Burga leise und nickte der wehenden Fahne zu, als habe der Junge selbst sich gezeigt.

Während Burga das Zimmer verließ, streifte ihr Blick die bunten Stofftiere, gesammelte Kiefernzapfen, Trockenblumen. Für Simon waren diese Dinge lebendig, darum durften sie im Zimmer bleiben. Wo für den Jungen die Grenze verlief zwischen lebendig und tot – Burga hatte es noch immer nicht herausgefunden. Simon versteckte, was er für tot hielt. Aber mitunter konnte er einen soeben gepflückten Apfel für tot erklären. Oder ein gefangenes Insekt, das in seiner Hand schwirrte. Simons Urteile waren Burga selten begreifbar.

Im halbdunklen Flur stieß sie gegen den Wischeimer. Ein kleiner Wasserschwall schwappte über den Rand, näßte ihre Füße und den Teppichbelag. Sie hatte sich das Schienbein aufgeschürft.

Der Schmerz war erträglich. Dennoch brachte dieser geringfügige Zwischenfall Burga für Augenblicke aus der Fassung. Warum stießen ausgerechnet ihr so viele Mißhelligkeiten zu! Seit Christian tot war: alles verschwor sich gegen sie. Unvernünftig reihte Burga den Zusammenprall mit dem Wassereimer ein in die Kette von Mißgeschicken, die ihr das Leben beschwerten. Ihr Kind blieb sich selbst überlassen, weil sie Geld verdienen mußte. Sie mußte Schichtdienst machen, weil das nun einmal im Krankenhaus nicht anders möglich war. Seit Simons Geburt hatte Burga nicht mehr im Beruf gestanden. Jetzt bekam sie die Quittung dafür. Ihre Fertigkeiten hatten nachgelassen, ihr Fachwissen war veraltet. Stationsschwester war sie gewesen vor fünfzehn Jahren, als sie sich entschlossen hatte, des Kindes wegen zu Haus zu bleiben. Jetzt hatte sie auf ihrer ehemaligen Station als einfache Krankenschwester anfangen müssen. Am ärgsten litt sie darunter, daß nun Grid ihre Vorgesetzte war. Grid, die seinerzeit auf ihrer Station hatte tun müssen, was Burga als Stationsschwester anordnete. Wie schwer das zu ertragen war.

Burga drückte den Handballen gegen die Schürfstelle. Währenddessen mogelte sie die Tränen der Erbitterung und der Ohnmacht, die ihr in die Augen schossen, um. Machte sich vor, der Schmerz im Bein sei so heftig, daß sie weinen müsse.

Nein, doch nicht heulen. Über den Lidrand springen ließ sie die Tränen nicht. Sie brannten ihr scharf und vergeblich in den Augäpfeln.

Niemand mehr stand ihr bei. Ein einziges Mitleidswort hätte genügt. Keiner sprach es für sie. Keiner.

Burga richtete sich auf. Sie trug den Wischeimer ins Klo, goß aus, zog die Spülung. Sie sah zu, wie der heitere Strudel hellen Wassers das schmutzige fortdrückte. Darum weint man. Um Ungutes wegzuwaschen.

Burgas Zähne bissen in die Unterlippe. Daß Schwester Grid ihr nicht verziehen hatte nach all den Jahren, war deutlich. Grid spielte ihre kleine Macht gegen sie aus, wie ein Schulmädchen. Obwohl das zu belächeln gewesen wäre, verletzte es Burga. Grid hatte vor langer Zeit – das lag sechzehn Jahre zurück, wieviel Leben inzwischen! – dem Stationsarzt Dr. Christian Paulsen gefallen wollen. Grid – wesentlich jünger, hübscher in jedermanns Augen als Burga. Aber Dr. Paulsen hatte Burga gewählt, die es auf gar nichts abgesehen hatte. Burga, damals schon zweiunddreißig Jahre alt, war eher in die Beziehung hineingeschliddert. Und dann gleich die Schwangerschaft. Selbstverständlich Heirat, Dr. Paulsen war Katinkas Sohn, die es mit der Ehre hielt und Christian in diesem Sinn erzogen hatte. Die schwangere Burga heiratete einen sympathischen, ihr fast fremden Mann, den sie wegen seines Rufes in der Klinik achtete, ja verehrte. Wahrscheinlich hatte sie ihn aus Wertschätzung nicht abgewiesen, hatte aus Schüchternheit mit ihm geschlafen. Später hatte sie ihn gern gehabt, sich bei ihm geborgen gefühlt. Der um dreizehn Jahre ältere Mann war Burgas zuverlässiger Freund geworden.

Bei der Geburt des Kindes hatte Christian sofort Simons Behinderung erkannt.

»Möchtest du zu Haus bleiben, Burga? Am Geld soll es nicht liegen, ich verdiene genug für uns drei.«

Burga hatte diesen Vorschlag dankbar angenommen. Für uns drei – wie er das gesagt hatte. Welch ein Mensch, dafür mußte sie ihm von Herzen zugetan sein! Bedeuteten seine Worte nicht, daß er ebenso wie sie das Kind liebte, es über alles andere stellte? Verzehrende Zärtlichkeit für das hilflose Wesen hatte an Burga gerissen, daß es körperlich schmerzte. Daß sie es überhaupt in den Arm zu nehmen wagte, dieses zerbrechliche Wunder. Anfangs hatte Burga nicht glauben wollen, daß ihr Baby niemals so sein würde wie andere gesunde Kinder. Doch nachdem sie es hatte begreifen müssen, war ihre Hinwendung nur um so inniger, um so bedingungsloser geworden.

Unten klappte die Haustür. Burga hörte Simon durch den Flur in die Küche gehen, den Wasserhahn aufdrehen, sich offenbar die Hände waschen. Nachdem das Wasser zu plätschern aufgehört hatte, quietschte die Tür des Küchenspinds. Gleich darauf klapperte Geschirr. Dann das metallene Pingpong des Bestecks. Wie schön du das machst, mein Sonnenkind. Wie ich mich auf dich verlassen kann. Burga stieg die Treppe ins Erdgeschoß hinab. Simon deckte den Mittagstisch.

Was hatte sie doch eben noch bedrückt? Da war vieles. Burga suchte nach dem Unbehagen, das die Gedankenkette ausgelöst hatte von Beschwer zu Beschwer. Richtig, das Bett mußte weg, wen sollte sie... Der Einfall kam so überraschend, daß Burga durch die Lippen pfiff. Er hatte sich doch selbst angeboten: Wenn Sie mal Hilfe brauchen, Frau Paulsen... Zwar lag das einige Zeit zurück. Aber das Angebot galt, daran durfte sie sich halten. Nie war er ihr anders als freundlich, als besonders gefällig entgegengetreten. Und ehrerbietig. Schwester Grid mißbilligte die Haltung des Mannes Burga gegenüber, das war Burga nicht entgangen. Aber zum einen ging das die Stationsschwester nichts an, und zum andern gönnte sie Burga vermutlich keinerlei Anteilnahme. Gleichgültig, wer sie ihr entgegenbringen mochte.

In der Küche duftete es nach frischem Dill. Simon stand am Küchentisch und schnitt die zarten Stengelchen klein. Er mußte sie eben mit hereingebracht haben, denn Burga hatte keinen Dill gepflückt.

»Daß du daran gedacht hast, mein Liebling. Das ist tüchtig von dir!«

Simon legte seinen Kopf noch etwas schiefer und blickte

sie von der Seite an. Er zwinkerte verschmitzt, glücklich über das Lob.

»Paß auf, daß du dich nicht schneidest.«

Bei dieser Vorstellung mußte der Junge laut lachen. Überlegen trommelte er mit dem Messer auf das Brettchen los. Der gehäckselte Dill spritzte nach allen Seiten.

»Aber Simon.«

Auch Vorwürfe sprach Burga nie heftig aus, um Simon nicht zu erschrecken. Eher klang ihre Stimme mitfühlend. Der Junge schaute bedeppert auf die Dillsprenkel um sich her. Er machte sich daran, das Verstreute einzusammeln.

Burga ließ ihn gewähren. Sie goß indessen Kartoffeln ab und verrührte sie zu Brei. Sie gabelte kleine Buletten auf eine Platte, trug die Speisen zum Tisch. Gurkensalat stand schon bereit, nur der Dill fehlte noch. Nach einem fragenden Seitenblick – Simon hielt das gehackte Kraut in seiner Faust, und Burga nickte ihm ermunternd zu – ließ der Junge den gequetschten, grünen Klumpen in die Salatschüssel plumpsen. Burga ging mit einem Löffel dazwischen, schon war der Salat wieder ansehnlich.

Mutter und Sohn setzten sich nieder, und Burga füllte für sie beide das Essen auf. Simon begann mit sichtlichem Appetit vom Kartoffelbrei zu essen, zwischendurch schob er sich Gurkensalat in den Mund. Burga erzählte während der Mahlzeit, was ihr in den Sinn kam. Sie hatte zeitig angefangen, dem Kind singend, später redend ihre Gedanken mitzuteilen. Ganz gleich, ob der Junge erfassen konnte, was gemeint war. Begriff er nicht, so hörte er doch an der Stimme, daß seine Mutter ihm nahe war.

»Ich hab mir gedacht, daß ich Herrn Könner um Hilfe bitte. Weißt du, wer das ist?«

Simon blickte sie wach an. Er hörte zu.

»Das ist der Krankenpfleger auf meiner Station. Er könnte mir helfen, Vatis Bett aus dem Zimmer zu nehmen.«

Simons Züge entspannten sich, sein Gesicht wurde hell.

»Vati kommt«, sagte er langsam.

Erschreckt machte Burga:

»Pscht! Pscht, mein Kleiner. Vati kann nicht kommen. Vati ist fort.«

Der Junge sah sie an aus seinen hellen, grünen Augen, verstört mit einem Mal. Dann senkte er den Blick und begann, mit der Gabel die Buletten auf seinem Teller zu verschieben. Burga redete rasch über den Augenblick hinweg.

»Wir haben den Walter Könner einmal zusammen getroffen, weißt du noch, Simon? Auf dem Bahnhof. Er wollte nach Berlin fahren, seinen Sohn besuchen. Der Sohn wohnt dort, er ist schon groß und verheiratet... Was machst du denn da?«

Simon hörte nicht mehr. Er war ganz damit beschäftigt, einen Schacht in das Kartoffelmus zu graben. Dorthinein schob er die Fleischstückchen, deckte sie mit Brei zu, vermauerte das Eingangsloch mit Kartoffelmasse. Fest, fest. Immer verbissener, bis nichts mehr von den Buletten zu sehen war. Simon hatte sie versteckt.

Burga mußte sich zusammennehmen.

»Nein, Simon. Nicht immer alles verstecken. Das Fleisch sollst du essen, komm.«

Behutsam löste Burga die Gabel aus Simons Faust. Sie schob den Kartoffelbrei auseinander. Simon schaute mit gerunzelter Stirn zu, wie ein Fleischklops nach dem andern wieder zum Vorschein kam.

Burga spießte ein Fleischstück auf, hielt es dem Jungen vor den Mund.

»Koste doch, mein Kleiner. Hat Mutti für dich gebraten.«

Simon wandte nach Kleinkindermanier das Gesicht ab.

»Ist tot«, sagte er. »Muß in meinen Bunker.«

Der Junge war nicht zu bewegen, einen weiteren Bissen zu sich zu nehmen. Burga ließ ihm das durchgehen, wie sie es oft tat. Warum sollte sie ihn zwingen. Sie betrachtete, während sie selbst zu Ende aß, das wortlos neben ihr sitzende Kind. Was mochte vor sich gehen hinter diesen leicht schräg gestellten Augen, die jetzt ohne jeden Ausdruck vor sich hinstarrten? Wie nur konnte sie das geliebte Wesen erreichen? Bitter sehnte sie sich danach, mehr von ihrem Kind zu erfahren. Teilhaben zu können an dem, was es vielleicht empfand und nicht äußern konnte. Sanft strich sie ihm über die aufgerauhte Wange. Durch nichts ließ die Haut sich glätten. In der Innenfläche ihrer Hand spürte Burga die vertraute Wärme dieser pelzigen Pfirsichhaut. Wieviel Zartheit dieses Rauhe verbarg. Vor Rührung stiegen Burga Tränen in den Hals. Sie schluckte. Zog die Hand zurück. Zwang sich, heiter zu scheinen.

»Weißt du, wer heute kommt?«

Burga wartete ein Weilchen.

»Na«, ermunterte sie den Jungen, »das weißt du doch bestimmt, Simon.«

Aber Simon entgegnete nichts. Er hatte seinen Teller von sich geschoben und malte mit den Fingern unsichtbare Kreise auf die Tischplatte.

»Oma Katinka kommt heute zurück«, sagte Burga einschmeichelnd, »freust du dich?«

Simon hielt in seiner Beschäftigung inne. Seine Hände mit den weichen, kurzen Fingern lagen nebeneinander bewegungslos auf dem Tisch.

»Was ist denn?«

Burga stutzte über den Ausdruck in Simons Blick. Keine Spur von Freude. Eher hatte ein Schatten das helle Grün verdunkelt. Burga las etwas wie Ablehnung unter den starren Wimpern. Erklären konnte sie sich das nicht. Simon hatte sich meist anstecken lassen von Katinkas Lebhaftigkeit, der Junge war in ihrer Gesellschaft geradezu redselig geworden. Aus diesem Grund hatten sie und Christian sich stets gefreut, wenn Katinka ihren Besuch angemeldet hatte. Ein wenig, das war verständlich, hatte sich das alles seit Christians Tod geändert. Katinka war häufiger und für längere Zeit im Haus, künftig würde sie ganz hier wohnen.

Allerdings: wenn Burga zurückdachte an die letzten Wochen ... sie hatte nicht besonders darauf geachtet, aber es schien stiller geworden zu sein zwischen Katinka und dem Jungen. Burga hatte dem keine Bedeutung beigemessen. Sie versuchte, eine Erklärung für seine Teilnahmslosigkeit aus Simon herauszufragen.

»Du freust dich doch, wenn Oma Katinka bei uns ist, ja? Hast du sie gern, Simon? Du hast Oma Katinka doch lieb, nicht wahr?«

Simon schaute sie mit zur Seite geneigtem Kopf an, als lausche er auf etwas.

»Ist tot«, sagte er.

Speichel sickerte aus seinem Mundwinkel und zog langsam einen Faden zum Kinn hinab.

»Aber Simon. Das stimmt doch nicht.«

Burga stand auf. Sie trat hinter Simons Stuhl. Mit ihrem Taschentuch tupfte sie ihm Mund und Kinn trocken. Sie legte ihre Handflächen sacht um die Schläfen des Jungen. Welche Gedanken klopften dort? Was für Vorstellungen bedrängten diesen Kopf?

»Muß in meinen Bunker«, sagte Simon schwerzüngig, als sei er am Einschlafen.

Burga seufzte. Sie drückte einen Kuß in Simons Haar, ließ den Kopf des Jungen los.

Da war im Moment nichts zu machen. Vielleicht sollte sie mit Katinka über Simons scheinbaren Sinneswandel sprechen. Auf alle Fälle würde sie schärfer hinsehen. Beobachten, wie Simon sich der alten Frau gegenüber verhielt.

Nun war ihr eine weitere Sorge aufgebürdet. Burga fühlte sich unversehens viel zu müde, ins Krankenhaus zur Spätschicht zu fahren. Ach, es riß nicht ab.

»Im Kühlschrank steht dein Abendbrot«, sagte Burga zu Simon. »Oma Katinka kommt mit dem späten Zug. Ich weiß nicht, ob sie einen Hausschlüssel bei sich hat. Wenn ich noch nicht da bin, machst du ihr auf. Hörst du, Simon?«

Der Junge antwortete nicht. Er schob seinen Stuhl zurück, machte sich in der Küche zu schaffen. Er zog die Futterschüssel unter dem Kohleherd hervor. Dabei stieß er ungeschickt gegen die Axt in der Herdnische, die Burga winters zum Kleinholzspalten benutzte. Das Poltern, mit dem das Werkzeug zu Boden fiel, zerrte an Burgas Nerven.

»Nun antworte, Simon!«

Der Junge ließ sich bei seinen Hantierungen nicht stören. Er lehnte die Axt wieder in die Herdecke, schüttete Kartoffelschalen in die Futterschüssel. Gleich würde er zum Stall marschieren, um seine Kaninchen zu füttern.

Plötzlich, die Schüssel mit beiden Händen gegen den Leib pressend, sagte er heftig:

»Is dunkel. Macht alles dunkel, wenn sie guckt.«

Er kehrte sich ab und verließ die Küche. Burga hörte die Haustür klappen. Gleich darauf sah sie Simon über den Rasen zum Kaninchenstall gehen.

Was hatte er nur mit einem Male gegen Katinkas schwarze Augen? Simon hatte noch nie zu erkennen gegeben, daß sie ihm mißfielen. Merkwürdig.

Nach einem Blick auf die Uhr stellte Burga mit raschen Griffen das Geschirr zusammen. Sie konnte sich darauf verlassen, daß Simon es spülen und ordentlich forträumen würde.

Während sie duschte, sich abfrottierte und anzog, kreisten Burgas Gedanken widerstreitend um zwei Dinge: Sollte sie Walter Könner bitten, das Bett fortzuschaffen? Oder konnte es sein, daß sie Simon damit verletzte. Sollte sie mit Katinka über Simons jähe Widerborstigkeit der Großmutter gegenüber sprechen? Oder fiel sie Simon damit auf irgendeine undurchschaubare Weise in den Rücken.

Simon, Simon. Immer Simon.

Burga mußte jetzt an sich denken, sie mußte zum Dienst.

Ans Geldverdienen mußte sie denken.

Das bedeutete, an Simon zu denken. – Was sonst.

3.

Meine Augen springen vor mir her.

Simon redete mit sich die ganze Zeit. Er tat es stumm, er brauchte dazu seine Stimme nicht.

Simon horchte auf das, was die sprachlosen Dinge um ihn her ihm zu sagen hatten. Nur ihm offenbarten sie sich in dieser Weise. Im stillen Hin und Her der Bilder schoben Welt und Knabe einander lebhafte Mitteilungen zu. Stritten auch miteinander.

Meine Augen springen vor mir her, damit Simon den Weg findet. Zum Kaninchenstall. Schluff, macht meine Sandale im Gras. Die zweite Sandale sagt es anders.

Jetzt bleibt Simon aber stehen. Meine Augen müssen zurückkommen und den Sandalen aufs braune Leder springen. Warum sagst *du* schluff und *du* nicht? Ich warte darauf, was das bedeuten soll.

Der Junge war auf der Rasenfläche stehengeblieben, die Schüssel mit Kaninchenfutter unter den Arm geklemmt. Er blickte vor sich hin zu Boden. Hatte er vor seinen Füßen ein Tier entdeckt? Plötzlich bückte er sich, streifte seine Sandalen von den Füßen und zog die weißen Söckchen aus. Dabei fiel ein Schalenringel aus der Futterschüssel zu Boden. Der Junge stellte seine Sandalen samt Socken ordentlich nebeneinander. Er hob die Kartoffelschale wieder in die Schüssel und ging dann barfuß weiter zum Stall.

Jetzt werd ich gleich böse, ihr zwei. Warum sagst *du* schluff, und warum sagst *du* nicht schluff? Wenn ihr nicht antworten wollt, laß ich euch stehen. Dann könnt ihr sehen, wie ihr ohne Simon weiterkommt. So. Es reicht. Ihr sollt mich nicht angrinsen mit euren leergemachten Höhlen. Ich stopfe euch Socken ins Maul. Da. Da. Ruhe! Ist zu spät, rumzujammern. Die Kartoffelschale ist sogar aus der Schüssel gekommen, weil sie euch eins aufs Dach geben wollte. Aber ihr seid stur wie ... Stur wie ... komm, Schale. Simon setzt dich wieder in die Schüssel. Wir lassen die Sturwie allein.

Simon nimmt euch meine Augen weg, ihr blöden Sturwie. Dann kümmert sich keiner mehr um euch.

Von den sechs Kaninchenbuchten, die mit feinem Maschendraht bespannt waren, standen vier leer. Simon öffnete zunächst die Klappe, hinter der eine schwere Zibbe kauerte, die kürzlich geworfen hatte. Ihre drei Jungen hatten vorzeitig von ihr getrennt werden müssen, das Muttertier hatte sie verbissen. Seither fürchtete Simon sich vor der Zibbe. Zwar bekam sie von ihm, was sie brauchte. Doch Simon redete nicht mehr mit ihr.

Die jungen Kaninchen schienen einander zu entschädigen für die Mißhandlungen durch die Zibbe. Noch besetzten sie gemeinsam eine Buchte, wärmten sich gegenseitig, kuschelten.

Simon griff nach dem Freßnapf der Zibbe, leerte krustig verschmutzte Reste in einen Eimer. Den frisch gefüllten Napf schob er dem dunkelbraun bepelzten Tier rasch hin. Simons Stirn war abwehrend gerunzelt, er klappte das Türchen zu und schob den Riegel vor. Der Junge bemühte sich, das Karnickel zu übersehen. Ihm möglichst keinen Blick zu gönnen. Doch es gelang nicht. Simon mußte die Anspielungen des Luders wahrnehmen. Es winkte ihm ungut mit seinen langen Horchern zu. Es löffelte die Luft, daß sie Simon zischend in die Ohren fuhr. Simon hörte. Mußte hören, was er gar nicht wissen wollte. Und ihm entging auch nicht das hämische Augenzwinkern, mit dem das Tier ihn bedachte.

Simon schluckte. Er lauschte mit schräg zur Schulter geneigtem Kopf. Unglaublich, wie das Vieh sich in letzter Zeit verändert hatte. Sein Fell war dunkler geworden. Die ehemals dunkelblauen Augen färbten sich nach und nach, jeden Tag um eine Schattierung gewisser, schwarz.

In der Nachbarbuchte riefen die jungen Kaninchen nach Simon. Ihre kleinen Nasen stubsten erwartungsvoll durch die engen Drahtmaschen. Sie lachten Simon zu, weil sie sich aufs Fressen freuten. Sie spektakelten wie ausgelassene Kinder, die ihren Spielfreund kommen sehen.

Aber Simon befand sich im Banne der Alten. Du willst wohl nicht, daß sie kommt, stichelte sie. Flitsch! Die Zibbe klatschte Simon Luft um die Ohren, daß es schmerzte. Gedankenluft. Sprechluft. Du hast Angst, Simon. Du fürchtest dich vor Oma Katinka, ich weiß, ich weiß es. Duster. Duster guckt sie, bis du selber dunkel wirst. Warum ist Oma Katinka böse auf dich, Simon? Warum ist sie böse, sag doch.

Simon preßte fest die Lippen zusammen, die sich im Lauschen auf das schlimme Kaninchengeschwätz geöffnet hatten. Fest zu. Kein Wort. Kein stummes Gedankenwort wollte er diesem Ludervieh zugestehen. Wenn es selbst nur still sein wollte, endlich aufhören mit seinem lästigen Ohrengeplapper!

Sie denkt, du bist kein richtiger Mensch, Simon. Das denkt sie. Kaulquappe. Schiefkopf. Du Glubschauge. Du Borstenwimper. Du Reibeisengesicht. Du bist blöd. Weißt du eigentlich, daß du blöd bist, Simon. Blöd. Blöde. Du bist ein Idiot, Simon.

Ohnmächtig klatschte Simon seine flache Hand gegen den Maschendraht. Das Kaninchen vollführte einen erschreckten Sprung, wobei seine Hinterpfoten gegen die Holzwand der Buchte trommelten.

Mit Paukenschlägen wiederhole ich es, Simon: Du bist ein Idiot. Oma Katinka kann dich nicht mehr leiden, seit Vater im Auto Purzelbaum schlug. Ja, lach nur: Purzelbaum auf dem Glatteis. Warum, Simon, hat er Purzelbaum geschlagen, warum? Weil du krank warst und nicht warten wolltest. Du bist schuld an Vaters Tod. Du, Simon.

Dem Jungen lief ein Speichelfaden aus dem Mundwinkel. Er entriegelte die Tür der zweiten Buchte. Seine Hände tauchten ein, schmiegten sich zwischen die Kaninchen, schutzsuchend.

Das ist alles nicht wahr, sagten seine Hände zu den Jungkaninchen, ist nicht wahr. Und weil die drei Kleinen den Händen glaubten, schob Simon auch seinen Kopf zu ihnen in die Buchte. Er legte den Kopf hin, damit er ihn eine Zeitlang nicht halten mußte. Damit er das dunkle Katinka-Getuschel nicht tragen mußte. Simon spürte an seiner Wange scharf die Strohhalme, aber sie wollten ihm wohl. Ihr Kratzen sollte Streicheln sein.

Verstecken. Simon muß alles von sich verstecken, damit Katinka nichts sieht. Sobald Katinkas Nachtaugen ihn fangen, ist Simon wie in Feuer gestellt. Das tut weh an einer Stelle, die keiner kennt. An einer Stelle weit weg und ganz nah doch unter Simons Hand. Simon sucht diese Stelle, und er kann sie nicht finden. Das macht Simon zornig, und deshalb stampft er manchmal mit dem Fuß gegen den Boden und spuckt. Dann fallen Worte über ihn her, richtig gesprochene. Spuck nicht wieder alles voll, du Ferkel. Das ist Katinka. Die Mutter sagt: Was hast du, mein Liebling? Und der angespuckte Fußboden lacht ihn aus. Spuck mich nur voll! Die Stelle, die dich in Flammen setzt, die findest du nie. Dabei ist Simons Hand manchmal ganz dicht am Brandherd, wenn sie unter Pullover und Hemd suchen geht, über die Haut tastet. Doch dann hört Simon seine Finger stammeln. Hier ist es nicht. Wir finden es nicht, Simon. Wir kriegen die Flämmchen nicht zu fassen, können das Feuer nicht ausdrücken.

Die jungen Kaninchen haben der Mutter ein paar Worte abgelauscht. Ihre ungeduldigen Schnauzen stöbern in Simons Haar, beschnobern sein Gesicht. Du, mein Kleiner, sagen sie, meine Pfirsichhaut, mein Sonnenkind.

Und Simon drückt seine Wange fest ins Stroh, hier ist ihm gut, sein Kopf soll bei den Kaninchen bleiben. Was die Kleinen ihm zuflüstern, lindert das Feuer. Und bald ist die Stelle, die Schmerz hatte, gar nicht mehr da.

4.

Nicht sämtliche Brücken abbrechen. Für alle Fälle den Rückweg offen halten. Katinka Paulsens Schlauheit hatte im allerletzten Moment bereits gefaßte Entschlüsse umgeworfen.

Einige der bestellten Umzugskisten hatte Katinka mit Garderobe, mit Büchern und Fotoalben, mit Briefbündeln ihres verstorbenen Sohnes Christian sowie mit unentbehrlichem Nippes gefüllt. Doch je kahler die Wände ihrer Wohnung wurden, je leerer Regale und Kommodenflächen, um so beklommener hatte sich Katinka gefühlt. Dieser Schritt wäre nie wieder rückgängig zu machen. Wenn sie jetzt endgültig in das Haus ihrer Schwiegertochter einzog, würde sie dort festsitzen bis ans Ende ihrer Tage. Wohin sollte sie ausweichen, wenn sie jener provinziellen Umgebung einmal überdrüssig würde? Wenn sie den Jungen, dessen Gesabber ihr Ekel einflößte, einmal nicht mehr würde ertragen können? Dessen dumpfes Dahinwesen sie mitunter derart beleidigte, daß sie innerlich zitterte und sich kaum zu beherrschen verstand.

Der arme Kerl konnte nichts dafür, immer wieder hatte Katinka sich das bewußt gemacht. Aber sicher war sie sich dessen nicht. Etwas trug der Junge absichtlich bei zu seiner unappetitlichen Ausstrahlung. Simon war hinterhältig, Katinka erkannte es an den tückischen Blicken, die der Junge ihr manchmal zuwarf. Sie war überzeugt, daß Simons schlechtes Benehmen überhaupt nichts mit seiner Krankheit zu tun hatte. Das setzte der Bengel gezielt ein, um sie zu ärgern. In seinem kranken Hirn war doch so viel Verschlagenheit wach, daß er sie und Burga zu terrorisieren verstand. Diese Ausfällte mitunter, für die Katinka den Jungen hätte ohrfeigen mögen! Wahrscheinlich fehlte ihm das. Burga in ihrer Affenliebe zu dem Kind ließ ihm zuviel durchgehen.

In letzter Zeit war Simon unerträglich geworden. Katinka sah vor sich, wie Simon um sich getreten hatte. Selbst das Erinnerungsbild reizte sie derart, daß sie unwillig schnaufte.

Der Unhold trampelte auf dem Fußboden herum, stieß mit Füßen nach Stuhlbeinen und Schränken. Und am ärgsten: er spuckte. Spuckte unbeherrscht und doch ganz willentlich, daß es ihr vor Zorn und Ekel den Magen hob. In solchen Augenblicken traute Katinka dem Jungen zu, daß er sich die lebensbedrohliche Erkrankung vor einem Jahr absichtlich zugezogen hatte. Absichtlich, um damit seinen Vater zu terrorisieren, ihn bei Nacht und Glatteis zur Heimfahrt zu zwingen. Solche Unterstellung war gegen alle Vernunft, Katinka wußte es. Dennoch. Dieser Schwachsinnige hatte ihren Sohn auf dem Gewissen. Seinetwegen, allein seinetwegen war Christian verunglückt. Und natürlich trug auch Burga ihren Teil an Schuld.

Freiwillig sich in Burgas Haus festzusetzen: der helle Wahnsinn.

Katinka hatte die fertig gepackten Kisten abschicken lassen, den Möbeltransport hingegen abbestellt. Es hatte die üblichen Schwierigkeiten gegeben, doch Katinka Paulsen war Siegerin geblieben. Daß ihre Dresdener Wohnung nun nicht frei wurde, beschwor nahezu eine Katastrophe herauf. Das Amt für Wohnraumlenkung hatte auf dem Papier bereits darüber verfügt, die Wohnung war einem Nachfolger zugesprochen. Katinka Paulsen hatte einen schweren Kampf im zuständigen Stadtbezirksamt zu bestehen. Der sprachlose Sachbearbeiter holte den Chef der Abteilung zur Unterstützung. Gemeinam schrien die beiden Männer, drohten, baten Katinka Paulsen um Einsicht. Doch die, klug und zäh und entschlossen, blieb fest. Sie berief sich auf ihr Recht, auf das Gesetz: Altersschutz. Nichts zu wollen. Sie behielt ihre Wohnung. Punktum.

Katinka hatte ihren Sieg über die Behörde und den eigenen Beschluß, in dieser kulturträchtigen Stadt eine Unterkunft zu behalten, auf ihre Art gefeiert. Ein festliches Abendessen auf dem Weißen Hirsch, ganz für sich allein. Anschließend mit dem Taxi zu einem Opernbesuch. Während die alte Frau im Polstersessel lehnte und Musik genoß, dachte sie dankbar an frühere Abende. Wie oft war sie mit Christian in Konzerten gewesen, zu Theaterpremieren. Ein kleines, überhebliches Lächeln zuckte um ihren Mund. Das alles bewahrte sie. Keiner hatte teil daran, keiner konnte es ihr nehmen. Mit seiner Frau hatte Christian solche Erlebnisse vermutlich niemals gehabt. Burga in ihrer Schlichtheit machte sich aus Kunst überhaupt nichts. Und es war schon großmütig, ihre Einfachheit nicht deutlich Unbildung zu nennen.

Jetzt saß Katinka im D-Zug-Abteil erster Klasse und fuhr in Richtung Norden. Sie trug schwarze Seide, wie meist. Eine hoch zugeknöpfte Bluse mit locker fallenden, langen Puffärmeln, dazu einen knöchellangen Seidenrock. An Katinkas Handgelenken klingelten bei jeder Bewegung silberne Armreifen. Ein kühles, zurückhaltendes Geräusch, das die elegante Erscheinung der alten Frau betonte. Ihre dunklen Augen, das zu einem Pagenkopf geschnittene schwarze Haar paßten wenig zu ihren siebzig Jahren. Menschen, die Katinka Paulsen zum erstenmal sahen, bekamen nur schwer den Blick von ihr los. Sie wirkte befremdend in ihrer Aufmachung, diesem Gemisch aus Jugendlichkeit und damenhafter Gesetztheit. Glich sie nicht der verschwommenen Vorstellung, die man sich von alten Fürstinnen machte? Oder erinnerte sie mehr an eine ausgediente Ballerina, an eine ehemalige Zirkusreiterin? Katinka Paulsen genoß solche Blicke, während sie tat, als bemerke sie deren zudringliche Neugier nicht. Sie wußte genau, wie sie wirkte. Und sie war tief zufrieden mit ihrem Körper, der kein Fett angesetzt, sich elastisch erhalten hatte. Aus diesem Einklang mit sich selbst schöpfte Katinka die Gabe, sich beliebt zu machen. Wenn sie in ausgeglichener Stimmung war, vermochte sie Fremden gegenüber mühelos die entzückende alte Dame mit kindlichem Herzen herauszukehren. Sie bezauberte.

Heute war sie in Mißlaune. Sie hatte nichts im Sinn mit Lächeln und Äugeln und Lieblichtun. Ohne von ihren Mitreisenden Notiz zu nehmen, starrte Katinka aus dem Zugfenster. Neben sich auf dem Klapptischchen hatte Katinka einige illustrierte Zeitschriften und ein Buch gestapelt. Ihre Finger auf dem Papierstoß klopften einen ungeduldigen Rhythmus. Herrgott noch mal, warum fuhr sie überhaupt! Daß sie selbst sich für heut abend angekündigt hatte, war kein triftiger Grund. Wie kam denn ausgerechnet sie dazu, sich an solch eine Abmachung zu halten? Burga würde ohnehin nicht im Haus sein, wenn sie ankam. Sie hätte ein paar Tage später reisen sollen, solange wäre sie mit dem Alleinsein schon zurechtgekommen. Nun gut, es war bequemer für sie, auch angenehmer, bei Burga zu sein als in ihrer einsamen Wohnung zu Haus. Dennoch – heut war es Katinka schwergefallen, mit dem wenigen Handgepäck die Bahnhofstreppen zu erklimmen. Das Fußgelenk oder das Knie, weiß der Kuckuck. Irgendwo im Bein hatte es gemuckert und gestochen. Ganz was Neues, das fehlte ihr gerade! Sollte das bedeuten, daß es mit den Absatzschuhen ein Ende hatte? Katinka setzte einen Fuß auf das niedere Heizraster unter dem Fenster, schob den Rock ein wenig zur Wade hinauf und betrachtete ihr schwarzbestrumpftes Bein. Tadellos. Nichts zu sehen. Katinka fuhr mit der flachen Hand das Schienbein hinab, umspannte mit festem Griff das Fußgelenk. Bestens. Kein Stich, kein Muck. Die Absätze der kleinen Pumps waren ohnehin nur halbhoch, das durfte wohl zu verkraften sein. Aber war der Fuß nicht ein wenig geschwollen? Schon. Doch das hatte nichts zu bedeuten, diesen Zustand kannte Katinka seit Jahren. Immer, wenn sie einige Stunden in Schuhen unterwegs war, schwollen ihre Füße an.

Ärgerlich über diese Gedankenhakelei ließ Katinka den Rock über die Wade hinabgleiten und setzte ihren Fuß wieder neben den anderen auf den Boden. Lächerlich. Sie federte auf die Fußballen, schnellte auf die Fersen zurück. Lächerlich, sich Sorgen zu machen. Es war alles in Ordnung bei ihr, noch ließ ihr Körper sie nicht im Stich. Ganz vernünftig vielleicht, bei Burga auszuruhen. Den eigenen Haushalt nicht am Halse zu haben. Ihr Zimmer in Greifswald gefiel ihr. Hübsch der Blick in den Garten hinab. Nur jenen Bunkerhügel konnte sie nicht ausstehen, wozu mußte der Bengel dieses Loch haben! Simons Zimmer neben dem ihren war groß genug zum Spielen und zum Basteln und zu all dem Unsinn. War es nicht sogar geräumiger als das ihre? In Gedanken schritt sie den Raum ab, verglich Maße und Anzahl der Möbelstücke. Unbestreitbar: Simon hatte das größere Zimmer. Vollgestopft mit besabberten Kuscheltieren.

Um sich abzulenken von ihrer wachsenden Empörung, zog Katinka einen Filmspiegel aus dem Zeitungsstoß und begann darin zu blättern. So wenig Achtung brachte man ihr entgegen, sie in das kleinere Loch zu stecken! Wo hätte sie denn ihre wertvollen Möbel aufstellen sollen? Im Keller? In der Waschküche? Ja, sie wußte: Burga hatte sie in der unteren Etage gegen ihren eigenen modernen Plunder austauschen wollen. Daraus wird nichts, liebe Schwiegertochter. Ohnehin machst du dich ziemlich breit in meines Sohnes Haus, seit er fort ist. Das gefällt dir, was.

5.

Der Zug hatte längere Zeit auf freier Strecke gehalten, und das hatte Katinkas Unmut gesteigert. Endlich fuhr er, langsam ruckend, wieder an. Katinka Paulsen blätterte, ohne gelesen zu haben, eine Seite um und schlug erregt auf das Zeitungsblatt. Ein bißchen übertrieben, was Burga alles für sich beanspruchte. Wohnzimmer, Burgas Näh- und Arbeitsstübchen, Christians ehemaliges Arbeitszimmer: die ganze untere Etage. Gar nicht zu reden von der Wohnküche. Ganz zu schweigen vom Schlafzimmer, das sie oben auch noch besetzt hielt. Sollte sie doch den Jungen nach unten nehmen, da war Platz genug. Katinka hätte wenigstens ein zweites Zimmer haben müssen in ihres Sohnes Haus. Das war nicht zu viel verlangt. Ihr wäre sehr lieb gewesen, nicht dieselbe Toilette wie Simon benutzen zu müssen. Aber man mutete es ihr zu. Unglaublich. Empörend.

»Unerhört.«

Das hatte sie laut gesagt, während sie die Illustrierte zuge-klappt und neben sich in die Sitzecke geschleudert hatte. Derart unbeherrscht, daß das rundliche Mütterchen ihr ge-genüber zusammengeschreckt war.

»Huch!« machte die grauhaarige Frau und schaute aus aufgerissenen Blauaugen ihr Gegenüber an.

Als Katinkas Blick sich auf sie heftete, blinzelte die alte Frau verwirrt. Auf ihrem rotwangigen Gesicht zog ein verle-genes Lächeln auf. Und als Katinka sie immer weiter fi-xierte, wortlos und finster, wurde die Frau schamrot und stammelte:

»Entschuldigung. Ich dachte.«

Die Frau kehrte sich ab und schaute angestrengt zum Fen-ster hinaus.

Katinka Paulsen sah sich im Abteil um. Es war nicht voll belegt. Ein junger, bärtiger Mann döste, den Kopf an das Gangfenster gelehnt, mit geschlossenen Augen vor sich hin. Offenbar der Vater des Jungen, der neben ihm saß und Ka-tinka unverwandt angaffte. Ein kühler, unnachgiebiger Blick. Keine Regung im blassen Kindergesicht.

Katinka starrte zurück. Das fehlte noch, daß jetzt auch fremde Knirpse dreist gegen sie wurden. Welche Unverfro-renheit in den prüfenden Augen. Aber gescheit. Ein wacher Verstand im Hintergrund.

Es gelang ihr nicht, das Kind zu bezwingen. Sie wechselte die Mittel. Statt dämonisch zu gucken, hellte sie ihre Miene durch ein Lächeln auf. Machte sich sogar die besondere Mühe, den Kopf zu neigen. Das, wußte sie, wirkte aufmun-ternd.

Der Junge sah ihr aufmerksam bei ihren Annäherungs-versuchen zu, als betrachte er eine akrobatische Leistung. Sein Ausdruck blieb ablehnend, Katinkas Bemühungen fruchteten nichts.

Sie war so ärgerlich über den Widerstand des Jungen, daß sie sich kindisch benahm. Unvermittelt legte sie ihre freundliche Maske ab und versuchte nun, dem Jungen durch Fratzenziehen Angst einzujagen. Es sah ihr ja niemand zu. Der Vater schlief. Durch raschen Seitenblick hatte Katinka sich vergewissert, daß die dicke Alte noch immer zum Fenster hinausschaute. Katinka Paulsen fletschte die Zähne. Sie rollte mit den Augen, schielte schließlich, bei heraushängender Zunge, den Bengel an. Als der Junge seine Hand hob und sie schutzsuchend unter den Arm des schlafenden Vaters schob, gab Katinka sich zufrieden. Fortan strafte sie das Kind mit Nichtachtung. Nicht der flüchtigste Blick mehr in seine Richtung.

Doch die Abweisung ging Katinka Paulsen nach. Sie sickerte gleichsam in sie ein, wurde zunehmend wirkungsvoller. Plötzlich fühlte Katinka sich erschöpft und innerlich verzagt. Sie ließ die Schultern sinken und schmiegte sich in die Polsterecke. Vorübergehend schloß sie die Augen. Es fehlte wenig, und sie hätte aufgeschluchzt. Das war ihre bittere Wahrheit: Sie hatte niemanden mehr, um den sie die Arme schlingen konnte. Bestürzt entdeckte die alte Frau, wie ausgehungert sie nach Zärtlichkeit war. Hatte sie nicht vermutet. Hatte sie nicht geglaubt von sich. Woher mit einem Male das starke Verlangen nach menschlicher Berührung? Von einer Hand gestreichelt zu werden. Selbst jemanden an sich zu ziehen. Christian war in all den Jahren der einzige gewesen, ihr Sohn. Ihn hatte sie umarmen dürfen. Er hatte ihre Hände genommen, hatte sie auf die Wangen geküßt. Nur er, Christian.

Daß sie selbst schuld daran hatte: Was nutzte jetzt diese Einsicht. Zu Burga hatte sie von Anfang an körperliche Nähe gemieden. Mal eine reservierte Umarmung nach längerer Trennung oder beim Abschied – das war alles gewesen. Obwohl sie gespürt hatte, wie gern die Schwiegertochter sie mochte. Und Simon? Als er ganz klein gewesen war, ja. Da hatte Katinka ihn auf dem Schoß gehalten. Hatte seine kleinen Tatzen in ihrem Gesicht geduldet, ihm übers Haar gestrichen. Hatte sie es Christian zuliebe getan? Weil Simon nun einmal sein Kind war? Denn sonderlich gemocht hatte sie dieses Geschöpf doch nie. Als Simon älter geworden war, hatte Katinka Paulsen sich zurückgezogen. War ausgewichen, wenn Simon ihre Nähe suchte. Hatte der Junge es gespürt? Doch was sollte so einer schon spüren in seiner Stumpfheit. Und seit Christians Tod – doch, das mußte Katinka sich eingestehen – hatte sie es Simon entgelten lassen. Hatte den Jungen dafür gestraft mit zunehmender Ablehnung. Und manchmal war sie ihm in verdecktem Haß begegnet. Das war ihr um so leichter gefallen, je tolpatschiger und unappetitlicher der Heranwachsende sich gezeigt hatte. Allerdings hatte es Augenblicke gegeben, in denen der Junge ihr leid getan hatte...

Katinka Paulsen öffnete betroffen die Augen, setzte sich aufrecht. Sollte das möglich sein? Eine seltsame Gemütsregung, die ihr da soeben widerfahren war. Sollte ihr hungriges Herz so wahllos geworden sein. Aber es ließ sich nicht leugnen: sie hatte soeben nicht nur ohne Widerwillen, sondern mit einer gewissen Wärme an Simon gedacht. Ihr Enkelkind. Warum sollte sie nicht von nun an... wen hatte sie denn sonst? Katinkas Herz schöpfte Hoffnung.

Die Bäurische ihr gegenüber hatte ein Stullenpaket ausgewickelt. Im Schoß lag aufgeklappte Silberfolie, in einer Hand hielt die Frau ein dick belegtes Brot. Sie biß kräftig ab, kaute mit sichtlichem Appetit, die rosa Wangen beutelten sich wie Hamsterbacken.

Katinka Paulsen beugte sich ein wenig vor. Sie fragte mit sanfter Stimme:

»Was dachten Sie?«

Die Frau hielt im Kauen inne. Verständnislos richteten sich ihre blauen Augen auf Katinka.

»Hm?« machte sie fragend, mit vollem Munde.

Katinka, aufmunternd:

»Sie sagten vorhin: Ich dachte...«

Die Frau kaute zu Ende, schluckte hinunter.

»Ach so«, sagte sie mitteilsam und wurde sofort zutraulich, »vorhin, ja. Das war weiter nichts. Bloß, weil Sie so fuchtig Ihre Zeitung in die Ecke geklatscht haben. Da denk ich mir: die Dame hat was. Wer weiß, vielleicht hatse Kummer.«

Sie musterte Katinka rasch von Kopf bis Fuß.

»Weil Sie auch so in Schwarz sind, wissen Sie. Da denkt man sich sein Teil. Stimmt doch, nich? Da macht man sich so seine Gedanken.«

Sie wartete sichtlich auf Antwort. Ohne vom Brot nochmals abzubeißen, hielt sie es vor ihrem Mund in der Schwebe. Mit einem Ruck schob sie ihre Schenkel ein wenig vor, auf denen das Stullenpaket lag. Es war, als halte sie Katinka ein Servierbrett hin.

»Auch ein Schnittchen? Greifen Sie ruhig zu, Reisen macht hungrig.«

Katinka lehnte freundlich ab, aber einer Antwort war sie damit nicht enthoben. Wollte es gar nicht sein. Wie gut es tun konnte, in verzagter Stimmung Worte mit einem Menschen zu wechseln. Selbst mit dieser ungebildeten Landfrau.

»Tjaa«, antwortete Katinka Paulsen gedehnt und merkte anfangs gar nicht, daß sie Falschgeld in Umlauf gab, »mein Sohn ist gestorben.«

Sie schlug die Augen nieder. Ließ den Eindruck entstehen, gerade erst das Begräbnis hinter sich gebracht zu haben. Sah denn auch, wie die andere erschreckt eine Hand über den Mund klappte, sogar die angebissene Schnitte sinken ließ, nicht weiteraß.

»Mein Gott«, sagte die Frau.

Die fremde, dicke Frau zeigte soviel Anteilnahme, daß sie aufs Essen verzichtete! Dankbar lächelte Katinka zu ihr auf, obwohl sie sich ein bißchen dabei verstellte; denn schmerzlich, wie ihr Lächeln es ausdrückte, war ihr gar nicht zumute. Und daß sie Schwarz vorzugsweise auch ohne Trauerfall trug, verschwieg sie der Fremden.

»Zum Glück bin ich nicht allein.«

Die Erleichterung in den Zügen der Frau war echt. Sie tat

Katinka wohl und bewog sie, weiterzureden. Sich Wort um Wort in die erträumte Rolle hineinzumogeln.

»Ich ziehe in sein Haus«, sagte sie still, »das hat mein Sohn sich immer gewünscht.«

Hatte er nicht. Nie war darüber gesprochen worden. Aber im Augenblick zählte das wenig. Katinka Paulsen glaubte, was sie erfand.

»Seine Frau braucht mich sehr, wissen Sie.«

Katinka machte eine Pause, um sich eine gebrochene, hilfsbedürftige Burga vorstellen zu können: zart, zierlicher als Katinka selbst.

»Ihre Arbeit frißt sie auf«, fuhr Katinka fort und schüttelte mitfühlend den Kopf über die verantwortungsbewußte Schwiegertochter, »sie ist auch Ärztin. Wie mein Junge Arzt war.«

Die Grauhaarige machte respektvoll: »Ach.«

»Ja«, bestätigte Katinka. »Eben hab ich den eigenen Haushalt aufgelöst. Die Möbel sind verladen und schon unterwegs zu meiner Schwiegertochter. Sie können sich denken, daß ich sie in ihrer schweren Lage nicht allein lassen kann.«

Katinka seufzte über die Bürde, die sie sich aufgeladen hatte. Gleichzeitig erfüllte es sie mit Stolz, so selbstlos gehandelt zu haben.

Die dicke Frau wickelte ihr Stullenpaket ein und legte es zur Seite. Während sie Brotkrümel vom Rock klopfte, sagte sie anerkennend:

»Das ist aber nobel von Ihnen. Da brauchen Sie viel Kraft. Und dann noch der Kummer dazu.«

»Ach«, wehrte Katinka bescheiden ab, »solange man kann...«

Die blauen Augen musterten Katinka abermals eingehend. Sie verweilten bei dem tiefschwarzen Haar, offenbar prüfend, ob da nachgefärbt war. Nein, es sah echt aus.

»Die Jüngste sind Sie doch auch nicht mehr?« fragte die Dicke taktvoll, »oder?«

Katinka schoß ihr einen blitzenden Blick zu. Beleidigt fühlte sie sich keineswegs. Mochte die Fremde es diesem Augengefunkel ablesen, wie jung Katinka war. Ihr ging es darum, nicht bedauert zu werden; denn sie war beneidenswert. Das mußte sie aber der anderen deutlich zeigen. Katinka Paulsen lag mit einem Male so viel daran, bevorzugt zu sein. Und diese Fremde hier im Abteil mußte das begreifen.

»Ach«, antwortete Katinka leichthin, »was zählen schon die Jahre, wenn es einem gutgeht, nicht wahr. Das Alter – mein Gott.«

Sie machte eine wegwerfende Handbewegung, wobei ihre Armreifen silbern läuteten.

Die Grauhaarige wollte etwas einwerfen, doch Katinka ließ keinen Raum.

»Ich werd so reich belohnt«, sagte sie eindringlich. Katinka lächelte beim Gedanken an das liebe Geschöpfchen, dessen Liebkosungen sie voll zärtlicher Fürsorge erwiderte. Fast war ihr, als spüre sie warmen, reinen Kinderatem in ihrem Haar. Katinkas Augen wurden vor Rührung feucht.

»Mein Enkelkind«, sagte sie mit plötzlich belegter Stimme. Sie mußte sich freiräuspern, ehe sie fortfahren konnte. »Ich hab so ein entzückendes, liebes Enkelchen.«

Die Frau gegenüber zollte Katinka die erhoffte Teilnahme.

»Ja«, sagte sie überzeugt, »dann sind Sie glücklich dran. So ein Kind bringt Sonne ins Leben. Es ist wohl noch klein?«

Katinka Paulsen nickte. Ehe sie entgegnen konnte, fuhr die Frau fort.

»Bei mir ist das leider ganz anders gekommen. Erst war die Flucht nach dem Krieg, dann hat sich . . .«

Nein, nicht das. Katinka hörte nicht zu. Sie gab sich Mühe, ihre Ungeduld zu zügeln. Was sollte sie mit einem fremden Lebenslauf, behüte. Sie lächelte verkrampft, nickte dann und wann. Sobald die Frau Atem schöpfte, fiel ihr Katinka in die Rede.

»Ja, ja«, erwiderte sie in gespielter Anteilnahme, »so hat

jeder sein Päckchen zu tragen. Aber, wie gesagt: ich werde reich belohnt. Und ob er noch klein ist, der Schelm! Und so ein schlaues Kerlchen.«

Sie lachte verhalten in Erinnerung an den lieben Jungen. Sie sah vor sich, wie er die Ärmchen nach ihr reckte. Die ersten unbeholfen tappenden Schrittchen auf sie zu tat. Komm, mein Liebherz. Find her, mein Christian.

»Er ist so anschmiegsam«, sagte Katinka, »ganz wie mein Sohn als Kind war. Er gleicht seinem Vater. Mit seinen fünf Jahren kann er schon ganz gescheit schwatzen...«

Katinka verlor sich in anheimelnden Bildern. Sogleich ergriff die Fremde ihre Gelegenheit und nahm das Wort.

»Als mein Bruder fünf war, hat er... das war auf der Flucht und mächtig kalt...«

Katinka jedoch ließ keinen Bericht über fremde Kinder an sich heran. Ganz versponnen war sie in Vorfreude. So lange hatte sie das entbehren müssen. Wie dumm von ihr, sich selbst um dieses Glück betrogen zu haben. Warum nur hatte sie das liebe Kerlchen entgelten lassen, daß es so ein kleiner Tolpatsch war. So verspielt. Kein Wunder, daß der Junge in letzter Zeit nicht mit ihr hatte reden wollen. Das würde sich ändern. Ab sofort. Sie brauchte jemanden, den sie umarmen konnte. Bitter fehlte ihr Zärtlichkeit. Es durchfuhr sie ordentlich, daß sie kein Spielzeug für ihn gekauft hatte.

»Daß ich es vergessen konnte«, sagte Katinka Paulsen und legte die flache Hand auf ihr Ponyhaar. »Ich will dem Kleinen doch etwas mitbringen.«

Die Grauhaarige wußte Rat.

»Bestimmt kriegen Sie am Bahnhof in der Mitropa noch was. Eine Tafel Schokolade vielleicht?«

Katinka konnte nur lachen. Derartige Bagatellen schenkte sie nicht.

»Das ist für meinen Simon nichts.«

Die Frau wickelte ihr Stullenpaket aus und begann wieder zu essen.

96

»Ich finde, eine Süßigkeit paßt immer«, sagte sie kauend.

Plötzlich schaltete sich der Junge, der dem Gespräch der beiden Frauen neugierig gefolgt war, ein. »Kaugummi«, sagte er. »Kaugummi ist besser.«

Katinka war, in ihrer gerade entdeckten Großmutterrolle, dem Jungen nicht mehr böse.

»Dafür ist er noch zu klein«, sagte sie freundlich zu dem Jungen, der auch jetzt keine Miene verzog.

»Ich aber nicht«, entgegnete er fordernd.

Katinka wurde von einer Frage der Frau abgelenkt.

»Wie war der Name von dem Enkelchen?«

Verwirrt versuchte Katinka Paulsen, ihren eigenen Worten nachzulauschen. Plötzlich war sie unsicher, ob sie Simon der Fremden gegenüber Christian genannt hatte. Denn es stimmte: dauernd sah sie das Kinderbild des eigenen Sohnes vor sich, es deckte den Enkel völlig zu. Aber spielte das denn eine Rolle? Kam es darauf an, wie ein Mensch, den man lieben wollte, aussah? Katinka zog den letzten Gedanken teilweise zurück. Vielleicht nicht gleich lieben. Aber gern haben doch, streicheln.

»Simon heißt er«, antwortete sie fest.

Der Junge sagte:

»Aber ich heiße Torsten.«

6.

Es war dunkel, als Katinka Paulsen in Greifswald aus dem Zug stieg. Verspätung hatte sie auch.

Trotzdem unternahm sie den Versuch, einen geöffneten Kiosk zu finden. Ein hoffnungsloses Unterfangen an diesem Bahnhof. Wenn es wenigstens ein buntes Heftchen gewesen wäre, das sie dem Jungen hätte mitbringen können. Schade, daß sie nicht beizeiten daran gedacht hatte. Wie hätte sie. Leicht verwundert gestand Katinka sich ein, daß sie vor ihrer Abfahrt in Dresden noch ganz anders an Simon gedacht hatte.

Katinka ging zur Bushaltestelle. Während des kurzen Weges spürte sie diffuse Schmerzen im Bein. Damit hatte es heut mittag überhaupt angefangen. Denn das Gefühl von Verzagtheit und Verlassensein stellte sich auch jetzt wieder ein. Dringend bedurfte sie eines Trostes, menschlicher Zuwendung. Wenn doch nur der verdammte Bus endlich käme.

Da war er. Katinka stand eingekeilt zwischen Menschen. Das überfüllte Vehikel rumpelte durch die Stadt. Am Theaterplatz drängten noch mehr Leute herein, offenbar war gerade eine Vorstellung zu Ende gegangen.

Stadtauswärts leerte sich der Bus. Und als Katinka Paulsen kurz vor der Endhaltestelle ausstieg, lümmelten nur noch einige Matrosen auf den Sitzen, die ins Fischerdorf hinüber wollten. Vermutlich kehrten sie vom Abendausgang auf ihr Segelschulschiff heim.

Katinka hatte noch einen Fußweg von etwa fünfzehn Minuten vor sich. Die Gegend war ländlich-einsam, hier war niemand mehr unterwegs. Trotz ihres schmerzenden Beines – was hatte das nur zu bedeuten, es beunruhigte sie schon – malte sich Katinka im Dahingehen die Begrüßung mit Simon aus. Ob er sich freuen würde? Sie mußte sehr, sehr sanft zu dem Jungen sein, um die zurückliegenden Wochen vergessen zu machen. Wie hatte sie nur so boshaft sein können, Herrgott noch mal. Wenn Burga es nicht sehen konnte, war sie sogar absichtlich grob gegen Simon gewesen. Sie mußte ihn zutraulich stimmen. Ihm die zärtlichen Namen geben, die er von seiner Mutter her kannte. Wie nannte Burga ihn nur. Mein Engel? Nein, sie gebrauchte andere Koseworte. Pfirsich. Etwas mit Pfirsich war es. Ah, das! Sonnenkind. Ja, so hatte sie Burga den Jungen häufig nennen hören. Liebherz nicht, der Name hatte Christian gehört...

In der Dunkelheit lächelte Katinka Christians Kindergesicht zu. Mein Sonnenkind.

Katinka Paulsen erschrak heftig, als scharf neben ihr Räder quietschend gestoppt wurden, ein Auto hielt. Von innen wurde der Schlag zum Beifahrersitz aufgestoßen.

»Steigen Sie ein, Frau Paulsen. Es lohnt noch.«

Sie brauchte einen Augenblick, sich zu sammeln.

»Mein Gott, haben Sie mich erschreckt, Herr Schmeißer!«

Katinka stieg ein, der Schauspieler startete den Wagen.

»Tut mir leid«, sagte er. »Sie kommen vom Bus, ja?«

Katinka bejahte seine Frage unwillig. Hätte sie vorher Schmeißers Alkoholfahne wahrgenommen, wäre sie nicht eingestiegen. Weniger aus Angst. Es widerte sie an. Sie zwang sich, einigermaßen höflich zu fragen:

»Sie kommen von der Vorstellung?«

Horst Schmeißer hielt vor Paulsens Grundstück.

»So ist es. Der Faxenmacher kommt vom Dienst.«

Er lachte. Bei aufgeblendeten Scheinwerfern stieg er aus, um Gartentor und Garagentür zu öffnen. Bevor er den Wagen unterbrachte, öffnete er für Katinka den Schlag und ließ sie aussteigen.

»Gute Nacht, Frau Paulsen.«

»Gute Nacht. War freundlich von Ihnen.«

Katinka Paulsen ging auf das Haus zu, das ganz verdunkelt stand. Eben noch hatte sie hinter Simons Fenster Licht gesehen. Licht... und den riesenhaften Schatten ihres Babys.

Beklommen schritt Katinka auf die Haustür zu. Warum löschte denn das bärenstarke Baby bei ihrer Ankunft die Lampe?

Katinkas Hand suchte in der Umhängetasche etwas fahrig und erfolglos nach dem Schlüssel.

Doch. Da war er.

7.

Simon hat aufgepaßt. Hat mit der Standuhr in der Diele gesprochen, in deren Gesicht er lesen kann. Zu jeder Halbstunde schnalzt die Uhr. Zur vollen Stunde brummt sie wie eine satte Kuh. Simon hat sich sagen lassen, wie lange Oma Katinka noch fortbleibt. Und er hat der Uhr geantwortet: Soll gar nicht kommen. Macht duster. Doch die Uhr hatte unerbittlich weiter und weiter geschnalzt und gebrummt.

Hör auf, du. Simon sagt, du sollst langsamer machen. Du bist stur wie... Ja, du bist auch so ein Sturwie. Wenn Simon will, nehm ich die Axt aus der Küche. Dann sollst du mal sehn.

Leere Drohung. Es war Simon streng verboten von der Mutter, die Axt zu handhaben. Das machte die unverschämte Uhr sich zunutze. Um keine Minute langsamer ging sie.

Auf seiner abendlichen Gartenrunde hat Simon tägliche Pflichten versehen. Den Geräteschuppen abschließen. Prüfen, ob sein Bunker dicht ist. Zum Kaninchenfüttern war er heute zuletzt gegangen; denn er fürchtete, die Zibbe könnte ihm wieder die Ohren volltrichtern mit Bösem. Doch die Kaninchen waren allesamt stumm geblieben. Um so wichtiger tat sich die Uhr, ihr Gedröhn war bis in den Stall zu hören. Wenn Simon sich die Ohren zuhielt, trompetete sie noch unter den Handflächen weiter.

Bevor Simon ins Haus ging und die Tür verschloß, holte er seine Sandalen und Söckchen von der Wiese.

Nun wißt ihr's. Keinen Schritt könnt ihr gehn, wenn Simon euch nicht hilft. Das habt ihr davon, ihr Sturwie. Naß habt ihr euch gemacht im Gras, ihh.

Simon sitzt in der Küche, ißt sein Abendbrot. Den Bunkerschlüssel trägt er in der Hosentasche. Ab und an tastet Simon, ob der Schlüssel noch an seinem Platz ist.

Später spült er Geschirr, wischt Krümel vom Tisch. Aus seinem Zimmer hat Simon ein Stofftier heruntergeholt. Das größte, zum Wachehalten. Es ist die Schildkröte, auf der Simon manchmal reitet. Dieses Tier ist zuverlässig. Stark. Simon setzt die Kröte dicht hinter die verschlossene Wohnungstür. Er schärft ihr ein, was sie zu tun hat.

Laß sie nicht rein. Wenn sie kommt, mußt du ein richtiger Sturwie sein.

Fügsam legt sich das Tier auf die Lauer, indes Simon die Lichter im Haus löscht. Im Dunkeln tappt er zu seinem Zimmer hinauf, knipst die Nachttischlampe an. Er setzt sich ans Fenster, schaut in den nächtlichen Garten hinaus. Wenn er sich auf die Zehenspitzen stellt, eine Wange dicht an die Scheibe drückt, kann er sogar das Gartentor sehen.

Simon wartet. Von unten, aus der Diele, zählt ihm die Uhr gehässig die Minuten vor.

Aber Simon hört auch, wie die Schildkröte sich stark macht und gegen das Holz der Eingangstür drängt: Sturwie.

Als er das Auto kommen hört, tritt Simon dicht ans Fenster, um zu beobachten, wie der Nachbar es in die Garage bringt. Sieht ihn im Scheinwerferlicht das Tor öffnen – aber dann: Simon zuckt zurück. Die zierliche schwarze Gestalt, die plötzlich aus dem Auto flattert. Der Rabenvogel steigt aus dem Käfig, in dem er sich verborgen hielt. Hat sich herbringen lassen im Versteck!

Simon schnauft. Verstecken. Totes muß er verstecken. Sollst mal sehn, du. Aber er sagt es nur so dahin, wie er der Uhr mit der Axt gedroht hat. In Wahrheit hat Simon Angst vor Katinka. In Wahrheit möchte er sich verbergen vor ihren finsteren Blicken, die ihn duster angucken. Vor ihren flinken, harten Fingern, die in Simons arme Backen zwikken. Die an Simons armen Ohren reißen. Die sich in Simons armes Fleisch graben, bis es blau wird.

Simon knipst die Nachttischlampe aus. Oma Katinka ist eine Hexe. Aber es weiß keiner; denn Simon sagt es nicht. Wenn Simon es verrät, wird sie ihn forthexen. Wird ihn unter ihren langen schwarzen Rockflügeln verstecken, damit es Simon nicht mehr gibt. Simon ist schlau, du. Kaulquappe. Schiefkopf. Glubschauge. Simon ist nicht blöd, du.

Simons Kinn ist naß, der Speichel tropft ihm auf die Brust. Macht nichts. Simon fährt sich mit dem Handrücken übers Kinn. Er tappt im Dunkeln durch sein Zimmer, öffnet die Tür. Auf der Schwelle bleibt er lauschend stehen. Von außen wird der Schlüssel ins Schloß geschoben. Einmal, zweimal herumgedreht. Das Schloß gibt nach, schnappt auf. Die Klinke wird gedrückt, die Tür geöffnet. Ein kühler Luftzug dringt ins Haus.

Doch Simon hört, wie die Schildkröte sich stark macht. Gleich muß etwas geschehen dort unten.

Katinka klinkte auf. Etwas hinter der Tür schien zu klemmen, sie konnte im dunklen Hausflur nicht ausmachen, was es war. Sie trat ein, streckte die Hand nach dem Lichtknopf. Doch ehe sie ihn finden konnte, stieß ihr Fuß gegen etwas Weiches, Großes. Sie stolperte, versuchte sich an der Türklinke zu halten. Ihre Hand glitt ab, Katinka stürzte zu Boden. Es war eher Schreck als Schmerz, der sie aufschreien ließ. Einige Augenblicke lag sie reglos am Boden. Herrgott noch mal, das Bein. Sie war auf das Bein gefallen, das ihr heute während der Reise schon Beschwerden gemacht hatte. Katinka spürte heftiges Stechen im Knöchel.

Sie tastete nach dem Gegenstand, an dem sie gestrauchelt war. Stoff. Warum kam denn niemand, ihr zu helfen.

»Simon?« rief sie fragend.

In der folgenden Stille hörte sie ihn atmen.

»Simon«, bat sie, »mach doch Licht.«

Der Junge rührte sich nicht. Katinka zwang sich, gegen eine unbestimmte Bangigkeit anzugehen, die sie erfüllte. Was hatte das zu bedeuten. Sie war zu ihrem Kleinen heimgekommen, nach dem sie sich zum ersten Male schwach gesehnt hatte. Das mußte sie sich mit Gewalt ins Herz zurückrufen. Der Junge konnte ihr nichts Arges wollen. Die geringfügigen Quälereien letzthin, die hatte sie doch nicht ernst gemeint. Sie würde gutmachen, sanft sein.

Sie rappelte sich vom Boden auf, schob den weichen Pakken zur Seite, machte Licht. Mit raschem Blick vergewisserte sie sich, worüber sie gestolpert war. Sie stöhnte erleichtert. Die Schildkröte, sein Reittier: ein Empfangsgruß von Simon, was sonst.

Katinka blickte zu ihm auf. Simon war ans Geländer getreten und beugte sich über die Brüstung. Den Kopf mit dem Borstenhaar und den allzu klein geratenen Ohren hielt er schief. Sein Mund stand offen. Die kleinen tückischen Augen stierten. Nein. So wollte sie ihn nicht sehen. Simons Anblick versetzte Katinkas Erwartungshaltung einen Schlag, der ihr den Atem benahm. Sie durfte nicht zulassen, daß die kurz für den Jungen empfundene Wärme sie wieder verließ. Sie mußte das zärtliche Gefühl mit Macht in sich festhalten, es zwingen.

»Simon«, raunte Katinka, sich selbst und den Jungen gleichermaßen beschwörend, »mein Kleiner.«

Herrgott noch mal. Wie gaffte der Junge! Sie beschattete die Augen mit einer Hand, um Simons Blickrichtung besser erkennen zu können. Ihr schien, er schaue sie gar nicht an.

»Simon«, sagte sie ebenso eindringlich wie zuvor, »was hast du? Ist etwas?«

Mißtrauisch hatte Simon aufgehorcht. Warum verstellte die Hexe plötzlich ihre Stimme. Warum machte sie Musik und sagte »mein Kleiner«? Oh, Simon war auf der Hut. Er spähte nach der Schildkröte, die ihn enttäuscht hatte.

War nicht richtig, du. Hast sie hingeschmissen, und nun steht sie trotzdem da. Solltet sie aber draußen lassen. Draußen. Du bist tot, sag ich dir. Kommst in den Bunker. Versteckt.

Katinka drückte die Haustür ins Schloß, ohne Simon dabei aus den Augen zu lassen.

»Hast mir dein Reittier entgegengeschickt, ja? Sollte Oma Katinka auf der Schildkröte zu dir reiten?«

Sie bot alle Sanftmut auf, die ihr verfügbar war. Dem Jungen mußte doch beizukommen sein – so ernst, wie sie es meinte.

»Nun sag doch endlich was, Simon!«

Ihr Anruf war freundlich. Ihre Stimme tat ihm gut. Oh, wie sehr er auf der Hut sein mußte.

Simon begann, wiegend von einem Fuß auf den anderen zu treten. Ohne sich vom Fleck zu bewegen, pendelte sein Körper hin und her. Dabei machte Simon seine Beine steif wie Holzstecken.

Sturwie. Laß mich nicht verhexen, du.

Herrgott noch mal. Was sollte sie tun. Dieses Schaukeln, das der Junge dort vollführte, war gar kein gutes Zeichen. Sein Blick wurde um nichts zugänglicher. Katinka kam es vor, als belauere er sie. Nicht ein Hauch von Zuneigung spiegelte sich in Simons Gesicht. Katinka nahm Zuflucht zu ihrem letzten Mittel: Schmeichelname, den Burgas Liebe zu dem Kind erfunden hatte. Aber es war schon eine Lüge, als sie ihn aussprach. Selbst wenn sie ihre Stimme noch so zärtlich schwingen ließ. Ihre Hoffnung auf Nähe hatte Katinka schon verloren.

»Mein Sonnenkind«, sagte sie.

Simon hielt in seiner Schaukelei inne. Die Hexe hatte etwas zu ihm gesagt, was sie nicht durfte. Das Wort von der Mutter. Das hatte sie der Mutter weggenommen, ja. Hatte es weggenommen, damit sie etwas verstecken konnte. Was versteckte sie? Was war es?

Simon erkennt, wie die Nachtaugen dort unten, aus der Diele herauf, ihn fangen. Stellen ihn schon ins Feuer. Jetzt hört er, was sich unter dem Wort versteckt. Was die Hexe heimlich dabei denkt: Kaulquappe. Schiefkopf. Du Glubschauge. Borstenwimper, du Reibeisengesicht. Wie weh es wieder an der Stelle tut, die Simons Hand nicht finden kann. Die Hand fährt hastig über Simons Brust. Aber die Flämmchen, die brennen und Schmerz machen, kriegt sie nicht zu fassen, die tolpatschige Hand.

Deshalb stampft Simon mit den Füßen gegen den Boden, tritt mit Füßen nach dem Treppengeländer und spuckt. Spuckt besinnungslos Zorn und Ohnmacht aus.

Sprachlos über soviel Infamie, starrte Katinka zu dem tobenden Unhold hinauf. Unwillkürlich wich sie einen Schritt zurück, obwohl Simons Spuckerei sie nicht erreichen konnte. Es war unmöglich, diesem hirnlosen Brocken Zärtlichkeit entgegenzubringen. Ganz davon zu schweigen, ihm welche zu entlocken. Katinka fühlte sich nach den überstandenen Gemütswallungen dieses Tages elend und vollkommen allein. Ihre Bereitschaft, das kranke Enkelkind anzunehmen, kippte um in bitteren Haß.

»Du Scheusal«, rief sie voller Zorn, »dir werd ich's zeigen. Nicht genug, daß du deinen Vater auf dem Gewissen hast.«

Sie sah, wie der Tobende innehielt und ihr lauschte. Dabei floß ihm immer weiter Speichel aus dem Mund.

»Ja!« rief sie laut. »Jawohl. Du hast deinen Vater umgebracht, du Idiot!«

Die Haustür sprang auf. Kreidebleich, am ganzen Leib bebend, trat Burga ein. Vor Erregung war sie kaum in der Lage, die Lippen zu bewegen.

»Wie kannst du es wagen«, sagte sie tonlos.

Sie ließ ihre Tasche zu Boden fallen und stürmte die Treppe empor. Wild riß sie ihr Kind in die Arme.

»Pscht, pscht, mein Kleiner«, redete Burga ihm zärtlich zu. »Alles ist gut, mein Sonnenkind.«

Simon schluchzte mit rauher, rissiger Stimme.

Katinka, still vor sich hinweinend in ihrer Verlassenheit, schaute den schmerzenden Fuß an. Der Knöchel war sichtlich angeschwollen.

Und hier stand sie nun, ausgeschlossen von jeglicher Liebe. Ohne Hoffnung auf ein bißchen menschliche Nähe.

8.

Am nächsten Morgen stand Burga zeitig auf. Sie hatte unruhig geschlafen. Die ungeheuerliche Szene des gestrigen Abends, deren zufällige Zeugin sie geworden war, hatte sie verfolgt. Immer wieder ertappte Burga sich dabei, daß sie jene gemeinen Anschuldigungen gegen ihr Kind nicht glauben wollte: waren sie wirklich ausgesprochen worden? Burga rang um Fassung. Jetzt begriff sie, warum Simon sich gegen Katinkas Kommen gesträubt hatte. Wahrscheinlich hatte es hinter ihrem Rücken schon ähnliche Auftritte wie den gestrigen gegeben. Bei diesem Gedanken begann Burgas Herz bis in den Hals hinauf zu schlagen. Wie konnte sie Simon vor künftigen Angriffen schützen? Ab Januar hatte Simon die Arbeitsstelle bei der Kronkorkenherstellung. Aber bis Januar war es lange hin.

Burga wusch sich, kleidete sich an. Ihre Augenlider waren verschwollen nach der kummervollen Nacht. Beim Kämmen schaute sie sich im Spiegel zu. Über die Schulter glitt ihr Blick zurück auf Christians Bett. Burga seufzte. Sorgen genug, wahrhaftig. Sie mußte Walter Könner bitten, endgültig. Auf Katinka brauchte sie keine Rücksicht mehr zu nehmen. Das Bett kam hier weg.

Bemüht, kein Geräusch zu machen, stieg Burga die Treppen hinab, ging in die Küche. Sie deckte den Frühstückstisch, setzte die Kaffeemaschine in Gang. Über die zwei frisch gekochten Eier stülpte sie Wärmehäubchen. Simon würde erst spät auftauchen, ein Ei bekam er ohnehin nicht. Beklommen dachte Burga an den Augenblick, in dem Katinka zur Tür hereinschlüpfen würde in ihrer wendigen, beweglichen Art. Burga vermochte sich nicht vorzustellen, was sie miteinander reden würden nach jener Szene.

Katinka kam bald nach Burga. Frisch und ausgeruht, schien es Burga nach kurzem Aufblicken, trat sie ein. Jener unverwechselbare Duft umwehte sie, alles wie stets. Nur Absatzschuhe trug sie heute nicht. Sie hatte einen Knöchel mit weißer Mullbinde bandagiert.

Katinka grüßte und nahm unbefangen, als habe sich gestern abend nichts Besonderes abgespielt, am Tisch Platz. Burga gab den Gruß nicht zurück. Nicht aus Trotz oder Gekränktheit. Vor innerer Anspannung widersetzte sich Burga die Stimme. Sie räusperte.

Rascher, prüfender Blick von Katinka. So, daß Burga ihn nicht bemerken soll. Angegriffen sieht die Schwiegertochter aus. Ihr großer Mund zuckt ab und an, die Lippen sind blaß. Vor diesen warnenden Anzeichen versucht Katinka sich plaudernd in neutrales Gebiet zu schummeln. Sie streckt ihren bandagierten Fuß vor, deutet mit dem Kaffeelöffel:

»Muß ich mir auf der Reise verstaucht haben. Man glaubt ja gar nicht, wie einem so etwas zu schaffen machen kann.«

Nichts. Pause. Sie hätte es sich denken sollen, daß für sie kein Fünkchen Mitgefühl zu haben war. In diesem Haus – in ihres Sohnes Haus – zählte sie gleich Null. Katinka zog ihren Fuß unter den Tisch und begann beleidigt zu essen. Je länger das Schweigen währte, um so tiefer verstrickte Katinka sich in Selbtmitleid. Schließlich konnte sie sich nicht mehr bezähmen und sagte schroff:

»Bemüh dich nicht. Ist ja nicht dein Fuß.«

Burga würgt an ihrem Bissen. Als sie endlich schlucken kann und mit Kaffee nachgespült hat, spricht sie auffallend leise. Aber ihre Stimme bebt vor verhaltener Erregung.

»Mir macht auch etwas zu schaffen.«

Natürlich. Jetzt kommt's. Katinka geht innerlich in Abwehrhaltung.

»So?« fragt sie obenhin. »Wo drückt denn der Schuh?«

»Wo der Schuh drückt?«

Burga legt beide Hände flach auf den Tisch, sieht Katinka fassungslos an.

»Das ist kaum der richtige Ton, darüber zu reden. Du weißt genau, was ich meine.«

Wagt es tatsächlich, die Ahnungslose zu spielen. Katinka überlegt einen Moment, schüttelt dann den sorgfältig frisierten Pagenkopf.

»Ich weiß nicht, was du meinst.«

Burga weiß, daß Katinka sich verstellt. Dennoch zögert sie einen Augenblick vor so viel offen dargebotener Verlogenheit. Das wagt doch kein gescheiter Mensch, dem Ehre etwas bedeutet. Sich derart bloßzustellen, daß sein Gegenüber ihm beim Lügen zusehen kann. Doch: Katinka wagt es. Burga erkennt diese Frau nicht wieder. Hat sie sich während all der Jahre so grundlegend in Christians Mutter getäuscht?

»Weißt du, daß ich es merke?« fragt Burga atemlos.

Die schwarzen Augen mustern sie kalt. Burga muß an Simon denken. Er hat zeitiger gespürt als sie, wie verheerend diese Blicke sein können. Katinka hebt fragend die Brauen.

»Was merkst du?«

»Daß du lügst. Daß du mir ganz schamlos ins Gesicht lügst!«

Das ist die Höhe. Dieses ungebildete Weibsbild, das ihr da breithüftig gegenübersitzt, wagt einen solchen Ton gegen sie anzuschlagen.

»Sei vorsichtig«, warnt Katinka scharf, »paß auf, was du sagst.«

Wahrhaft unbegreiflich, wie Christian auf so einen Brokken hat hereinfallen können. Wird schon ihre Mittel eingesetzt haben, diese Person.

»Das solltest *du* tun!« bricht es aus Burga hervor. »Aufpassen auf das, was du sagst. Es ist ungeheuerlich, was du gestern abend zu dem Jungen gesagt hast. Was hast du dir dabei gedacht?«

Pause.

»Antworte!« ruft Burga, aufs äußerste gereizt durch die Art, in der Katinka ruhig ihr Frühstück verzehrt.

»Schrei hier nicht rum«, entgegnet Katinka gefaßt. »Was ich mir gedacht habe? Daß es die Wahrheit ist.«

Nun hält auch Katinka im Frühstücken inne. Die Frauen messen einander mit feindseligen Blicken. Und weil nun Burga so blaß wird und so leidend aussieht – ach, wie ist sie getroffen von diesen Worten, ganz so, als müsse sie gleich zu Boden sinken –, weil die so aussieht, verhärtet sich Katinka innerlich noch mehr gegen sie. Leide du nur. Ich leide auch. Mir steht auf dieser Erde keine Menschenseele mehr bei.

»Nein«, sagt Burga kaum hörbar, »das meinst du nicht. Das kannst du gar nicht meinen.«

Katinka setzt sich gerade auf. Fest verschränkt sie ihre Hände im Schoß, um das Zittern zu unterdrücken, das ihren Körper befällt. Welche Kraft es kostet, seine Gedanken preiszugeben! Schon lang gehegte Gedanken, die verletzen müssen. Dennoch: so hört sich die Wahrheit nun einmal an. Und Katinka hat jetzt den Mut, sie auszusprechen.

»Es hilft dir nicht, den Kopf in den Sand zu stecken. Simon ist nun mal ein Idiot, du weißt es so gut wie ich.«

Burga zuckt zusammen, wie geschlagen.

»Bitte!« flüstert sie, den Tränen nahe.

»Herrgott noch mal, Burga. Du weißt es seit fünfzehn Jahren. Ist es dir lieber, wenn ich ihn debil nenne? An den Tatsachen ändert das nichts. Schlimmer ist – ich hab dir das nie gesagt ...«

Burga schaut sie mit brennenden Augen an. Keine Tränen.

»Schlimmer ist ...?« fordert sie tonlos.

»Daß du dein Teil Schuld daran trägst. So spät ein Kind gebären – du mußtest wissen, welches Risiko du eingehst.«

Burga fährt auf. Dieser ungerechte Vorwurf trifft sie so, daß sie unwillkürlich wieder laut wird.

»Ich war dreiunddreißig!«

»Eben«, fährt Katinka sofort dazwischen, empört über einen solchen Grad an Naivität, »du warst zu alt. Du siehst ja, was daraus geworden ist!«

Gefährlicher Augenblick. Die eingetretene Pause bringt zwangsläufig jeder der beiden Frauen Simons Bild vor Augen. Doch wie weit klaffen da zwei innere Abbilder auseinander: Grobschlächtiger Unhold mit besudeltem Sabberkinn, tückische Augen, die ablehnend-böse stieren. Und Burgas Sonnenkind, das verständig-fröhliche, das stille, schmiegsame, wache, geliebte.

Burgas großer Mund lächelt verzagt. Er bittet. Legt Fürsprache ein für das Sorgenkind.

»Simon braucht Verständnis. Man muß ihn nur zu nehmen wissen.«

»Er ist, wie er ist«, setzt Katinka dagegen, knochenhart vor Gerechtigkeitsgefühl, »und anders wird er niemals sein. Aber was ich dir vorwerfe, ist etwas anderes.«

Noch mehr? Burgas Blick ist auf das lebhafte Gesicht der alten Frau gerichtet. Ist es nicht genug, ich kann ja nicht mehr, Schwiegermutter Katinka. Burga versucht es mit dem hilflosesten Mittel. Ihre Stimme klingt ebenso schonungheischend, wie ihre Augen flehen.

»Simon ist doch dein Enkelkind.«

Katinka scheut zurück, es fehlt nicht viel, daß sie wild ihren Pagenkopf schüttelt und nein ruft. Sie tut es nicht. Doch Burga sieht wohl, was die Schwiegermutter meint.

»Du hast Christian mit diesem Kind erpreßt«, fährt Katinka fort, »von Anfang an, bis zu seinem Tod.«

Burga hat den Kopf gesenkt, trübe entgegnet sie:

»Niemals habe ich das getan.«

Dieser stille Bescheid, der so sicher klingt, stachelt Katinka zu neuem Angriff. Gut denn. Wird sie in aller Deutlichkeit aussprechen, was sie bisher nur als stummen Vorwurf mit sich herumtrug. Hinter der Tür hat Burga es ja gestern abend schon gehört. Voller Zorn schleudert sie der Schwiegertochter hin:

»Warum mußte Christian bei Nacht und Glatteis ins Auto steigen, wie! Warum hast du spät abends noch in Dresden angerufen, sag doch. Hast uns nicht gegönnt, daß wir ein paar Tage beieinander waren. Das ist es doch.«

Burga hebt den Kopf.

»Simon war schwer erkrankt«, sagt sie atemlos, »es ging um Leben und Tod.«

Bitter lacht Katinka auf.

»Es ging um Leben und Tod! Gewiß. Nur hat es den Falschen erwischt. Gestorben ist mein Sohn in dieser Nacht. *Mein* Kind, nicht deins. Und du hast schuld daran, glaub nicht, daß ich es vergesse.«

Über Katinkas Gesicht sprenkelt die Erregung rote Flekken.

»Hättest du Christian mit deinem erpresserischen Anruf nicht weggelockt in dieser Nacht: er könnte noch am Leben sein. Es gab andere Ärzte genug für Simon. Jeder Kollege von Christian wäre zu dir gekommen.«

Burga sagt nochmals eindringlich:

»Es ging um unseren Jungen. Nicht um den Arzt. Christian sollte Simon noch einmal sehen, bevor...«

Katinka klammert sich an die Tischkante.

»Schweig doch, du! Er sollte Simon noch einmal sehen! Wenn ich das höre! Christian konnte Simon nicht noch einmal sehen, o nein. Weil er nämlich tot war, so ist das. Du und dein... dein... dein Bengel, ihr habt Christian auf dem Gewissen. Dein Simon hat ihn umgebracht!«

Katinka keuchte. Sie versuchte aufzustehen, fiel aber auf ihren Sitz zurück.

Burga fühlte sich vor Entsetzen wie gelähmt. Sie spürte am ganzen Körper jähe Kälte. Sie durfte die Todfeindin, die ihr gegenübersaß, nicht ansehen. Burga wußte nicht, was sie selbst im nächsten Moment tun würde.

Nach geraumer Zeit sagte Burga:

»Du weißt nicht, was du redest.«

Katinka widersprach nicht.

Daraus schöpfte Burga Kraft, sich zu erheben und die Küche zu verlassen.

9.

Die Besuchszeit näherte sich dem Ende.

Schwesternschülerin Silke Schmeißer hatte von der Stationsschwester den Auftrag erhalten, die Leute hinauszukomplimentieren. Fröhlich ging Silke von Tür zu Tür, öffnete spaltbreit, rief ihre Botschaft munter in die Krankenzimmer.

»Die Besuchszeit ist zu Ende!«

Bald darauf strebten die Besucher durch die breite Glastür der Station dem Ausgang zu.

In der Stationsküche standen auf Tellern vorbereitete Abendessenportionen. Silke reihte die Teller auf einen zweietagigen vierrädrigen Karren. Dann karriolte sie mit dem quietschenden Gefährt den Gang entlang, stoppte den Wagen vor jeder Tür und trug die entsprechenden Schnitten in die Zimmer zu den Patienten.

Eine Zeitlang herrschte noch Betrieb auf der Station. Geschirr klapperte, in der Küche begann die Spülfrau mit dem Abwasch und dem Aufräumen. Sie kam stundenweise zweimal am Tag. Eine aufwendige Arbeitsstelle durch die Wegezeit, schlecht bezahlt außerdem. Doch die Spülfrau war Rentnerin, langweilte sich zu Haus und versah ihre Arbeit, die sie mit Leuten zusammenbrachte, gern.

Burga, ein Glas mit Fieberthermometern im Arm, schaute für einen Augenblick zur Küche herein.

»Vielen Dank für die Pflaumen, Frau Krüger. Das sollen Sie doch nicht. Aber mein Kleiner wird sich freuen, danke.«

Frau Krüger gab Burga einen Wink mit dem Kopf. Sie wrang den Abwaschlappen aus, trocknete sich flüchtig die Hände daran ab und kam in ihrem schwerfälligen Gang auf Burga zu. Burga war schon auf dem Sprung.

»Ich muß messen und pulsen gehen, Frau Krüger. Ich guck später noch mal...«

Doch da hatte die Spülfrau schon ihre warme, feuchte Hand auf Burgas Kittelärmel gelegt und sich ihr vertraulich zugeneigt.

»Ick will Ihn' bloß 'n Wink jeben, Schwester Burga. Damit Se vorbereitet sind, wennet so weit is.«

Frau Krüger reckte den Hals, schaute den Korridor entlang. Burga versuchte behutsam, sich frei zu machen. Ihr war peinlich, in dieser Weise beflüstert zu werden. Sie war nicht darauf erpicht, irgendwelchen Tratsch zu erfahren. Gegen ihren Willen ließ sie sich doch in die Küche ziehen, nachdem Frau Krüger ihren nächsten Satz geflüstert hatte.

»Wat hat die Stationsschwester bloß jejen Sie, die war ja richtig jehässig mit'm Mal!«

Eine Antwort schien die Spülfrau nicht zu erwarten. In ehrlicher Empörung sprudelte sie hervor, was sie vormittags zufällig erlauscht hatte. Nach der Visite hatte der Stationsarzt irgend etwas mit Schwester Grid zu besprechen gehabt, die Tür zum Arztzimmer stand offen.

»Die hält sich doch für unwiderstehlich und probiert's bei jedem. Meine Jüte, hat die sich jedreht und jehabt, und wiese denn immer ihre jefärbte Tolle schmeißt, die Bohnenstange. Na, mit'm Mal kommt Silke dazu, mit irjend 'ne Liste oder wat von der BGL. Die jibt se ab an die Stationsschwester, und ick krieje noch mit, dasset wohl um Prämien jeht zum 7. Oktober.«

Frau Krüger holte Luft.

»Ick kann Ihn' sagen: Plötzlich is die wie ausjewechselt, ihr entgleisen richtig die Züje. Sie kenn' ja Schwester Grid, wennse ihre Launen kriegt. Also plötzlich wird die richtig sauer und kriegt ihre keifige Stimme und hat überhaupt keene Beherrschung mehr. Wissense, wat die in Jejenwart von' Doktor raushaut?«

Frau Krüger war im Eifer des Erzählens in normale Lautstärke verfallen. Jetzt senkte sie wieder die Stimme und mühte sich, Hochdeutsch zu sprechen.

»Die Paulsen? sagt also Schwester Grid giftig. Ich lasse auf keinen Fall zu, daß die Paulsen eine Prämie kriegt. Jede andere, aber die doch nicht!«

Ungläubig schaut Burga auf die kleinere Frau Krüger hinab.

»Wirklich wahr, Schwester Burga. Und mit 'ner Stimme, richtig jehässig. Und denn...«

Die Spülfrau zögerte, ob sie das auch noch weitergeben sollte.

»Ja?« fragte Burga.

»Und denn sagt Schwester Grid, also richtig ordinär kann die sein: die Paulsen soll erst mal ordentlich Scheiße wegräumen lernen, nachdem sie ihren Arsch jahrelang zu Hause breitjesessen hat bei ihr'n Blödchen.«

Burga machte sich steif. Plötzlich war ihr die Nähe der Frau zuwider, die ihr diese Gemeinheit hinterbracht hatte. Die Spülfrau mißdeutete Burgas aufrechte Haltung.

»Und allet in Gegenwart von der Schülerin, von der Silke. Das geht doch zu weit. Machen Se sich nischt draus, Schwester Burga.«

Burga wendete sich zum Gehen.

»Schon gut.«

Frau Krüger hielt sie nochmals auf.

»Aber Sie verpetzen mich nich, nee?«

»Keine Sorge«, entgegnete Burga und verließ die Küche.

Burga begann ihre abendliche Runde durch die Krankenzimmer. Den Aufruhr in ihrem Innern mußte sie mit Gewalt niederhalten. Sie durfte sich nichts anmerken lassen, am wenigsten der Stationsschwester gegenüber.

Einige Male traf Burga auf Silke, die dabei war, Blumen der Kranken aus den Zimmern in den Korridor zu räumen. Burga gab Silke jedesmal einen freundlichen Blick, und Silke lächelte ihr zu.

Es fiel Burga anfangs schwer, Pulsschläge zu zählen. Ihre Hände waren nicht ruhig genug. Sie sah Grids falsches Lächeln vor sich, wenn sie einander begrüßten.

Wie schändlich von Grid, sie derart bloßzustellen vor Kollegen. Im Grunde rückte sie sich damit selbst in schlechtes Licht; denn jeder auf der Station wußte, daß Burga zu den zuverlässigsten Kräften gehörte. Um so gemeiner... nein, Burga mußte sich diese Gedanken aus dem Kopf schlagen, wenn sie nicht voller Zorn hingehen und Grid zur Rede stellen wollte. Simon so zu bezeichnen!

Burga traf mit Grid zusammen, als sie zur Abendbrotpause in den Aufenthaltsraum des Stationspersonals ging.

In der Küche hatte Burga sich eine Tasse Kaffee aufgebrüht. Die trug sie vorsichtig in der Hand, darauf achtend, daß nichts überschwappe. Burga grüßte, als sie den Raum betrat, obwohl sie die Kollegen heute schon gesehen hatte. Es saßen nur die Stationsschwester und der Pfleger am

Tisch. Burga stellte ihre Tasse ab und nahm am anderen Ende des länglichen Tisches Platz.

Grid saß mit übergeschlagenen Beinen und rauchte ein zartes Zigarillo. Als Burga eintrat, blickte die Stationsschwester kurz auf und nickte zerstreut. Sie klopfte Asche vom Zigarillo und wandte sich sofort wieder Walter Könner zu, mit dem sie in lebhaftes Gespräch verwickelt schien.

Könner hatte Burgas Gruß respektvoll erwidert. Er hörte der Stationsschwester zu. In ihrer gefallsüchtigen Art, bald auflachend, dann und wann das Haar aus der Stirn werfend – um es sogleich wieder halb über die Augen fallen zu lassen –, bald einen Zug aus dem Zigarillo nehmend und dabei kokett mit den Wimpern zwinkernd, erzählte Schwester Grid dem Pfleger eine komische Episode, die sie in der Sauna erlebt hatte. Walter Könner richtete hin und wieder den Blick auf Burga. Ein Versuch, sie einzubeziehen in die harmlose Plauderei.

Der Stationsschwester entgingen diese Blicke keineswegs. Ärgerlich über die Störung warf sie Burga hin:

»Schon Pausenzeit?«

Schaute Burga nicht an. Zückte flüchtig, mit geübt lässiger Wendung des Gelenks, die Armbanduhr. Las mit gerunzelter Stirn, in deutlicher Mißbilligung, die Zeit ab.

Burga antwortete nicht auf die herausfordernde Frage. Solche Sticheleien war sie von Grid gewohnt. Nur: Irgendwann war das Maß voll. Burga würde sich diese Behandlung nicht mehr lange bieten lassen. Was ihr kurz zuvor die Spülfrau zugetragen hatte, erfüllte Burga jetzt erneut mit Zorn. Ohne die Stationsschwester eines Blickes zu würdigen, wendete Burga sich an Walter Könner.

»Herr Könner«, sagte sie in liebenswürdigem Tonfall, und es gelang ihr ganz, die Stimme zu zügeln, »ich hätte Sie nachher gern mal privat gesprochen.«

Walter Könner lächelte erfreut.

»Ja, sehr gern.«

Grid schien überrumpelt. Für Augenblicke verschlug es

ihr die Sprache. Doch als sie sich gefangen hatte, sagte sie frech zu Burga:

»Hier wird nicht geturtelt, daß das klar ist.«

Sie schickte zwar ein Lachen hinterdrein. Aber das milderte die Unverschämtheit nicht. Burga und der Pfleger wechselten, beide peinlich berüht, einen kurzen Blick.

»Was soll denn das?« fragte Walter Könner mehr erstaunt als unwillig, »das war kein gelungener Scherz.«

Grid lächelte geringschätzig.

»Schwester Burga wird schon wissen, was das soll.«

Das folgende Schweigen schien die Stationsschwester am unangenehmsten zu drücken. Sie brach es, indem sie provozierend fragte:

»Oder etwa nicht, Schwester?«

Burga entgegnete in unterdrückter Erregung:

»Ich verbitte mir Ihren Ton.«

Jetzt verlor Grid die Beherrschung. Sie sprang vom Stuhl hoch, schlug mit der flachen Hand auf den Tisch, daß Burgas Kaffeetasse schepperte.

»Was erlauben Sie sich! Ich bin Ihre Vorgesetzte!«

Burga, reglos, sah die Stationsschwester nur an.

»Antworten Sie gefälligst, wenn ich mit Ihnen rede! Sie sind nicht mehr Frau Oberarzt, merken Sie sich das. Die Zeiten sind vorbei!«

Walter Könner, der nichts von jener lange zurückliegenden Rivalität zwischen den beiden Frauen wußte, saß verdattert auf seinem Stuhl und hob beschwichtigend die Arme, um die Stationsschwester zur Besinnung zu bringen. Erfolglos. Im Gegenteil. Als Grid merkte, daß man ihr Mäßigung vorschreiben wollte, schlug sie nochmals auf den Tisch. Mit vor Wut hochrotem Gesicht beugte sie sich Burga zu.

»Jetzt hör'n Sie mal zu, Kollegin«, sagte Grid in hämischem Tonfall. Doch ehe sie erneut ansetzen konnte, schob Burga ihren Stuhl zurück und erhob sich. Sie nahm ihre Kaffeetasse auf und ging zur Tür.

»Sie bleiben hier!«

Grids Stimme keifte herrisch.

Burga hatte schon die Klinke in der Hand.

»Sie bleiben!« schrie die Stationsschwester außer sich.
»Ich rede mit Ihnen.«

Burga war gegangen.

10.

Katinka hatte der Streit mit der Schwiegertochter erschöpft.

Sie hatte sich nach dem Frühstück in ihrem Zimmer auf
dem Bett ausgestreckt, den schmerzenden Knöchel hochge-
legt. Herrgott noch mal, wie war sie allein. Verlassen wie ein
ausgesetzter Hund. Mit geschlossenen Augen lauschte Katinka auf Geräusche, die aus dem Haus zu ihr drangen wie
aus fremder Welt. Die lebten. Unbekümmert gaben sie sich
dem Dasein hin, fragten nicht danach, ob andere neben ihnen litten. Ob sie umkamen. Nein, danach fragten die nicht.

Erbittert fuhr Katinka in die Höhe. Sie stützte sich mit
den Armen hinterrücks ab, sah sich ratsuchend im Zimmer
um. Etwas mußte es doch geben, womit sie sich zur Wehr
setzen konnte. Noch war sie nicht abgemeldet von dieser
Erde. Und wenn die beiden da nicht Gutes von ihr nehmen
wollten, so hatte sie Böses. War Liebe dem Scheusal nichts
wert, würde es vielleicht die Sprache des Hassens verstehen.

Es schmerzte sie selbst. Doch das währte kurz, wie der
Einstich einer Kanüle ins Fleisch. Danach spürte Katinka
wohltuend sich ein Brennen ausbreiten in der Brust. Nahm
wahr, daß es gleichsam einen Leerraum füllte. Wo zuvor
Öde gewesen, war jetzt Glut. War etwas, das Kraft spen-
dete, das sie hochtrieb, Tatendrang entfachte.

Katinka neigte den Kopf zur Brust, horchte in sich hinein.
Keine Rede davon, daß sie abgeschrieben war. Wärme genug inwendig, sie anzuheizen. Ein Schwelbrand, den sie verborgen halten mußte. Rächende, böse, schwarze Gedanken
flogen ihr wie Rußflocken zu. Es hielt Katinka nicht länger

auf dem Bett. Und die Schmerzen im Fuß hatten deutlich abgenommen, seit Katinka etwas zu tun wußte.

Sie stöberte im Kleiderschrank. Weggeworfen hatte sie ihn zum Glück nicht, nur zuunterst verkramt, seit Simon sich damals davor entsetzt hatte. Da war er ja.

Katinka zog den Hut hervor, strich den breiten, glockigen Filzrand glatt. Probeweise stülpte sie das schwarze Gebilde vor dem Spiegel über. Die schlappende Hutkrempe verdeckte ihre Augen, Katinka mußte den Kopf in den Nacken legen, um sich betrachten zu können. Chic. Sehr chic. Was daran mochte dem Jungen nur Furcht einflößen? Freilich: wenn sie den Kopf senkte, mußte ihr Gesicht verschwunden sein. War es das?

Katinka warf den Hut aufs Bett. Nicht heute schon. Oder doch? Jedenfalls mußte Burga außer Haus sein.

Bevor Katinka den Kleiderschrank schloß, fielen ihr die Schmutzflecken auf. Den Deckel des großen Kartons, der auf dem Boden des Schrankes stand, hatten offenbar dreckige Hände berührt. Deutlich waren Fingerabdrücke zu erkennen.

Sie nahm den Deckel ab, traute ihren Augen kaum. Alles weg. Das gesamte Silberservice: Kaffeekanne, Teekanne, Sahnekännchen, Zuckerdose, Tablett – verschwunden.

Katinkas Verdacht fiel sofort auf Simon, die Schmutzspuren auf dem Karton stammten unverkennbar von ihm.

In jäher Wut riß Katinka den Deckel aus dem Schrank und schleuderte ihn ins Zimmer. Mieser, kleiner Dreckskerl. Sie hatte ja längst durchschaut, wie durchtrieben und hinterhältig dieser Bengel war.

Katinka trat zum Fenster und spähte zum Erdbunker hinunter. Verrammelt. Das schwere Tor war geschlossen. Na warte, Freundchen. Dir zahle ich so manches heim.

In Gedanken ging sie ihre Medikamentensammlung durch. Ihr fiel nichts ein, was geeignet sein könnte. Sie würde sich etwas besorgen müssen. Rattengift vielleicht. Oder in einem Gartengeschäft ein Pflanzensprühmittel zur

Insektenvertilgung oder etwas in dieser Art. Das würde sie schon einzurichten wissen.

Gewarnt durch den Diebstahl im Kleiderschrank, sah Katinka ihre übrigen Wertsachen durch. Es fehlte eine kleine Silberdose, es fehlte eine Kette und noch etliches von ihrem Schmuck.

Zornig schob Katinka den Kommodenschub zu. Ihre silbernen Armreifen klingelten in wildem Aufruhr. Noch heute, Simon. Laß nur erst deine Beschützerin zur Arbeit gehen. Du sollst nichts zu lachen haben.

Als Burga zum Mittagessen rief, war Katinka unschlüssig. Aber dann war sie doch in die Küche hinabgestiegen und hatte sich zu den beiden an den Tisch gesetzt.

Niemals hätte Katinka Paulsen zugegeben, daß es irgendeine Ähnlichkeit, eine gemeinsame Gewohnheit zwischen ihrem Sohn Christian und Simon gab. Um so betroffener war sie, als sie Simon während des Essens beobachtete. Katinka wollte sich ganz und gar nicht daran erinnern lassen, während Simon Klöße aufbrach, sie aushöhlte und dann versuchte, sämtliche Gulaschbröckchen von seinem Teller in die Klöße hineinzustopfen. Er aß nicht. Er bunkerte nur ein, vergrub, hortete. Nein, Katinka wollte nicht, und dennoch drängte der Vergleich sich auf, erfüllte sie mit Unbehagen. Nicht nur einmal war es vorgekommen. Christian hatte als Kind Schokolade, die er sehr mochte, versteckt. Hatte sie gehortet an Plätzen, die er selbst zu vergessen schien. Nichts gab er von den Süßigkeiten ab, behielt alles für sich. Versteckte, hortete – bis die Schokolade verdorben war.

Nach der Mahlzeit, als Burga beim Geschirrabräumen war und den Rücken kehrte, faßte Katinka blitzschnell Simon beim Kinn und zwang den Jungen, sie anzusehen. Weit riß Katinka den Mund auf, ein rosiges Tor in den finsteren Schlund hinab. Sie sah, wie der stupide Blick des Jungen sich änderte, wie er in Panik geriet. Katinka spürte, daß Simon zu zittern begann, und sie ließ ihn los.

Dann jener rauhe, röchelnde Schrei des Jungen, der

Burga herumfahren ließ, sie sofort zu Simon trieb. Sie schloß ihn in die Arme.

»Pscht«, machte Burga besorgt, »was ist denn, mein Kleiner? Was hast du?«

Burga schaute ihre Schwiegermutter an, die auffällig unbeteiligt im Stuhl lehnte.

»Was war los?« fragte sie mißtrauisch.

Katinka gab sich empört.

»Wie soll ich denn das wissen? Der schreit eben los, wenn es ihm Spaß macht.«

Burga streichelte Simons Gesicht.

»Mein Sonnenkind. Hat dich etwas erschreckt?«

Simon stammelte erregt.

»Tot. Macht alles duster. Alles, alles duster. Muß in meinen Bunker.«

11.

Im Haus, während ihrer Freizeit, kleidete sich Doris Schmeißer so, wie sie als ehemalige Tänzerin zum Ballettraining gegangen war. Sie trug ein schwarzes Trikot, weiche Lederschläppchen an den Füßen. Um den Kopf hatte sie ein gestricktes Stirnband geschlungen, das ihr dichtes, rotgefärbtes Haar zurückhielt. Vor einem Jahr hatte Doris Schmeißer aus Altersgründen – sie war jetzt siebenunddreißig Jahre alt – den Tänzerinnenberuf aufgeben müssen. Seither arbeitete sie als Schauspielsouffleuse am Theater.

Sie saßen im Runderker, der den Blick zum Nachbargarten freigab. Doris Schmeißer kauerte in einem bequemen Sessel ihrem Mann gegenüber. Horst Schmeißer saß mit übergeschlagenen Beinen, zurückgelehnt, die Arme hinter dem Kopf verschränkt in seinem Sessel. Er hatte die Augen geschlossen und murmelte halblaut den Rollentext vor sich hin, den Doris Schmeißer im Textbuch, das auf ihren Knien lag, verfolgte. Dann und wann, wenn er stockte, half sie ihm mit einem Wort, mit einem Halbsatz ein. Zwischen ihnen standen auf einem Clubtisch gefüllte Kaffeetassen, Aschenbecher, Gläser und eine Flasche Weinbrand. Doris Schmeißer achtete streng darauf, daß ihr Mann sich nicht häufig und nur tröpfchenweise nachschenkte. Sie selbst hielt eine glimmende Zigarette zwischen den Fingern, tat ab und an einen tiefen Lungenzug. Helles Nachmittagslicht fiel durchs Fenster und ließ den Weinbrand im halb geleerten Glas von Horst Schmeißer funkeln.

»Verdammt«, sagte Horst Schmeißer und öffnete die Augen, »an dieser dämlichen Stelle hänge ich jedesmal. Ich kann mir einfach den Übergang nicht merken. Also: hinten links geifern die Meerkatzen. Vorn Mitte rührt die Alte in ihrem Topf und murmelt ihre Sprüche. Ich komme aus der Seitengasse rechts...«

»Ja?« warf Doris Schmeißer mit rauchiger Stimme ein. »Ja?«

Sie wartete eine Sekunde, dann warf sie ihm ein Stichwort zu.

»Fieber!«

»Ah ja. Mir scheint, die Alte...«

»Falsch«, unterbrach sie. »Mich...«

»Mich?«

Horst Schmeißer sah seine Frau begriffsstutzig an. Sie grinte über sein dummes Gesicht und soufflierte:

»Mich dünkt, die Alte spricht im Fieber.«

Er winkte ärgerlich mit der Hand ab.

»Ist auch 'ne zu dämliche Ausdrucksweise. Mich dünkt – mein Gott.«

Horst Schmeißer streckte seine Hand nach der Weinbrandflasche, hurtig und wie nebenher. Aber Doris Schmeißer fuhr ihm sofort in die Parade.

»Horst! Laß gut sein. Du hast heut abend Vorstellung.«

Im nächsten Moment wurde Doris Schmeißer abgelenkt durch einen seltsamen Anblick im Nachbargarten, und Horst Schmeißer konnte sich unbehelligt einen kräftigen Schuß Weinbrand nachschenken. Weil ihm das so glatt gelungen war, ging er bereitwillig ein auf den Vorfall, der seine Frau zu fesseln schien.

»Was ist denn da los?« fragte Doris Schmeißer.

Sie richtete sich im Sessel auf die Knie, reckte den Oberkörper in die Höhe. Sie beobachtete die Alte im Nachbargarten, die wie ein Irrwisch hinter dem Jungen herfegte, auf die geöffnete Tür des Bunkers zu. War diese Szene schon eigenartig genug, so befremdete noch stärker der Aufzug der alten Paulsen. Sie trug einen unglaublich lächerlichen Hut, dessen Rand schlappte und wippte. Sie hielt ihn im Laufen mit einer Hand auf dem Kopf fest. Doris Schmeißer brach in heiseres Gelächter aus.

»Guck dir die an – ist die übergeschnappt?«

Horst Schmeißer stimmte in das Lachen ein.

»Mich dünkt«, zitierte er kichernd, »mich dünkt, die Alte hopst im Fieber!«

Sie schauten einträchtig aus dem Fenster, bis die Frau hinter Simon im Grasbunker verschwunden war.

»Die Alte hat was gegen den Bengel«, sagte Horst Schmeißer und nahm einen Schluck aus seinem Glas, »verstehen kann ich das. Mir ist der Junge auch nicht gerade angenehm.«

12.
Meine Augen rollen von mir fort.

Meine Augen fallen aus dem Kopf, damit Simon nicht sehen muß. Nicht hinsehen!

Meine Augen gehorchen Simon nicht. Meine Augen gukken und gucken. Meine Augen sind Sturwie. Fallen nicht aus dem Kopf, rollen nicht von mir fort.

Hände. Los, meine Hände, helft Simons Augen. Meine Hände decken Simons Augen zu. So und so. Verstecken. Schnell Simon verstecken vor dem da.

Die Küchentür öffnete sich spaltbreit. Simon stand am Spülbecken und wusch Geschirr ab. Er drehte den Kopf zur

Tür. Langsam vergrößerte sich der Türspalt, aber niemand kam.

»Hallohallo«, rief Simon halblaut.

Der Luftzug, der zur Tür hereinkam, begann zu zischeln. Hast du schon Angst, Simon? fragte der Luftzug, gib acht, was da kommt. Da ist was, da kommt was.

Der Junge richtete sich auf, nahm seine nassen Hände aus dem Spülwasser. Rauh und klein lagen sie auf dem Beckenrand. Und der Türspalt starrte Simon an.

»Hallohallo«, machte Simon noch einmal, um den unsichtbaren Gast hervorzulocken. Um ihn zu zwingen, Gestalt anzunehmen. Und weil das noch immer nicht half, schlug der Junge in seiner zunehmenden Angst vor, was er ohnehin geahnt hatte.

»Oma Katinka?«

Aber es war schlimmer. Es war viel schlimmer, denn sie kam ohne Kopf. Hatte ihren Kopf oben im Kleiderschrank gelassen, das sah Simon sofort. Statt dessen saß dieser böse Vogel auf ihren Schultern und wedelte mit seinen schwarzen Flügeln. Totenvogel, der Simon finster anblickte. Der mit seinen großen Schwingen drohte. Der darauf aus war, Simon etwas anzutun.

Der Junge erstarrte vor Furcht. Immerzu mußte er hinsehen zu dem Ungeheuer, das auf der Türschwelle erschienen war. Schließlich hob er in Panik seine nassen Hände und hielt sie sich vors Gesicht.

Doch Simons Entsetzen war zu tief. Der Junge vermochte nicht, das Schreckliche ganz aus den Augen zu lassen. Und so lugte er nach Kleinkindermanier durch die aufgefächerten Finger hindurch.

Meine Hände. Schnell Simon verstecken vor dem da. Oh, meine Hände gehorchen Simon nicht! Meine Hände sind Sturwie. Machen nicht dunkel, verstecken Simons Augen nicht richtig. Lassen Simons Augen den Totenvogel sehen. Meine Augen, meine Hände. Aber Simon schreit. Simon schreit!

Der Junge öffnete den Mund, doch er brachte keinen Ton über die Lippen. Furcht hatte ihm die Stimme verschlagen. Gebannt starrte das Kind den gräßlichen Vogel an, der nicht abließ, mit seinen Flügeln zu winken. Komm, Kleiner, rumorte es aus dem Vogelschlund, komm näher, daß ich dich fressen kann. Kaulquappe. Schiefkopf. Glubschauge. Du Borstenwimper. Du Reibeisengesicht. Weg mit dir, du bist blöd. Weg mit dir, du Idiot.

Immer lauter und lauter. Wie Schnabelhiebe hackten die hämischen Worte des Vogels Simon ins Ohr. Jetzt hielt der Junge sich die Ohren zu, aber hören mußte er dennoch. Kleine Schritte wich er zurück vor dem Untier. Doch es flog ihm nach, auf Oma Katinkas Beinen schob es sich hinter ihm her. Und nun stieß Simon mit dem Rücken gegen die Wand. Die Küche dehnte sich nicht, gab seiner Flucht keinen Raum. Wimmernd ließ sich der Junge in die Hocke fallen, dann auf die Knie nieder. Auf allen vieren kroch er unter den Tisch.

Sein Herz klopfte so laut, daß Simon nicht hören konnte, was der Vogel sagte. Etwas rief er ihm nach, und das klang wie Katinkas Stimme. Und jetzt – Simon schrie auf vor Entsetzen – jetzt hatte ihn der Vogel zu fassen gekriegt. Er zupfte an seinem Hemd, pickte in seinen Arm. Und gleich, wenn Simon sich nicht ganz und gar versteckte, würde er Simon die Augen aushacken.

Gehetzt krabbelte Simon unter dem Tisch hervor. Kroch, auf allen vieren sich vor dem Vogel wegduckend, eilig zur Tür. Taumelnd erhob er sich und rannte davon. Aus dem Haus, in den Garten – weg, weg. Auf sein Versteck im Rasenbunker zu.

Doch der Vogel folgte ihm mit schweren Flügelschlägen, Simon hörte hinter sich schwarze Schwingen die Luft peitschen. Und sie jagten ihm ja zu zweit nach, der Verfolger hatte die flinken Beine Katinkas. Die Hexe und ihr Rabe waren hinter ihm her. Simon hatte nicht Zeit, die Bunkertür hinter sich zuzuschlagen.

Im Halbdunkel, auf dem Boden, sah er sein rettendes Versteck. Die große, schwere Pferdedecke, sein sicheres Nest. Die Decke, die vor aller Augen und vor aller Ohren und vor aller Rufe Schutz bot. Simon warf sich nieder, kroch unter die Decke und zog sie sich fest über den Kopf.

Katinka Paulsen war bei der Verfolgungsjagd außer Atem gekommen. Hechelnd stand sie neben dem Paket, das da zu ihren Füßen lag und leicht bebte. Was hatte sie dem Jungen für Angst eingejagt, sie durfte mit ihrem Erfolg zufrieden sein. Wenn auch ihr Knöchel schmerzte, der Galopp war ihm schlecht bekommen.

»Komm da raus!« rief sie zu dem Jungen hinab, »ich hab ein Hühnchen mit dir zu rupfen.«

Simon gab keinen Mucks von sich.

»Nun komm schon. Ich nehme den Hut ab. Siehst du?«

Sie nahm den Hut vom Kopf und legte ihn zur Seite.

»Simon!«

Als er sich noch immer nicht regte, bückte Katinka sich und zog mit Gewalt die Decke zur Seite. Simon hatte sein Gesicht in beide Hände gedrückt.

»Stell dich nicht so an«, sagte Katinka barsch, »bist doch kein Baby mehr. Du sollst mich ansehen.«

Simon gehorchte vorsichtig. Er drehte ein wenig den Kopf, lugte mit einem Auge zu ihr auf. Der Junge erkannte, daß Oma Katinka ihren Kopf mitgebracht hatte. Doch er glaubte ihr nicht mehr.

»Wo hast du mein Silberzeug gelassen? Sofort rückst du die Sachen heraus! Schämst du dich nicht, mich so gemein zu bestehlen?«

Simon guckte unverwandt mit einem Auge.

Katinka rüttelte ihn an der Schulter.

»Antworte: Wo hast du es versteckt?«

Simon lauschte auf die Litanei, die Oma Katinka hinter dem, was sie zu ihm sagte, dachte: Kaulquappe, Schiefkopf, Glubschauge...

Und während sein Auge auf den ausgeborgten Kopf Katinkas starrte, auf diesen Kopf, dem er nicht mehr glauben konnte, stieß Simon hervor:

»Tot. Alles tot. Muß in meinen Bunker.«

Simon handelte sich dafür eine derbe Kopfnuß von Katinka ein. Er spürte sie kaum. Er zog sich die Decke wieder über den Kopf und atmete den leicht modrigen Duft des groben Gewebes ein. Dieser Geruch beruhigte ihn. Nichts konnte ihm unter dieser Decke geschehen.

Er wartete, bis Oma Katinkas Schimpfereien verebbt waren. Er hörte ihre silbernen Armreifen läuten, wenn sie sich bewegte. Und endlich hörte Simon Katinka davongehen.

Simon lag im warmen Nest. Die Decke war gut zu ihm, sie streichelte sein Gesicht. Mein Kleiner, sagte die Decke zu ihm mit der Stimme der Mutter, mein Sonnenkind. Erlöst schluchzte Simon auf und begann, still vor sich hinzuweinen.

13.

Einige Tage gab Katinka Ruhe. Sie war beschäftigt mit ihrem Fuß, der sich nur langsam besserte. Morgens war das Gelenk schlank und schmerzfrei, doch zum Abend schwoll es an und tat weh. Katinka behandelte ihren Fuß mit Bädern, Salben und Bandagen. Burgas Fragen nach ihrem Ergehen beantwortete Katinka mit schnödem Achselzucken. Was soll sein, kümmere dich nicht um mich.

Wegen des Silbers stellte Katinka Paulsen ihre Schwiegertochter zur Rede.

»Der Bengel klaut. Ist er da von allein drauf gekommen? Dazu gehört doch Grips.«

Burga war innerlich sofort in Abwehrstellung.

»Was meinst du damit?«

»An meinem Schmuck ist er gewesen, sogar im Kleiderschrank hat er mit seinen dreckigen Pfoten gestöbert. Es ist wirklich nicht zu glauben. Komm mit und sieh dir das an.«

Verstockt stieg Burga hinter Katinka die Treppe hinauf.

Den Duft, der Katinka umwehte, konnte Burga nicht mehr ausstehen. Das Geklingel der silbernen Armreifen reizte sie aufs äußerste. Mußte diese boshafte alte Frau soviel Aufhebens von sich machen.

In ihrem Zimmer riß Katinka Paulsen die Schranktür auf, wies mit herrischer Geste auf den Pappkarton.

»Da! Das ganze Service hat er sich geholt.«

Weil Burga keine Anstalten machte, bückte Katinka sich selbst und nahm den Deckel ab.

Es gab ihr einen inneren Ruck, und Katinka ließ den Deckel rasch wieder fallen. Daß sie es vergessen konnte: im Karton hatte sie die Tütchen mit Rattengift verstaut, deutlich lesbar im Aufdruck. Hatte Burga es bemerkt? Katinka drückte die Schranktür zu, sagte:

»Siehst ja: es ist weg. Und nun hier!«

Sie zog den Kommodenschub heraus, wies Burga die beraubte Schmuckschatulle vor.

»Ich verlange, daß er alles zurückbringt, dieser Strolch. Du kommst mir dafür auf, Burga. Andernfalls gibt es noch die Polizei, die mir mein Recht schaffen kann.«

Burga stürzte von einer Empfindung in die andere. War sie eben noch zornig auf diese herzlose Person gewesen, so erfüllte sie jetzt die Drohung Polizei mit Angst um ihr Kind. Und das Rattengift, was sollte nur das Rattengift zwischen all dem, sie begriff nicht. Verwirrt entgegnete Burga:

»Das kannst du doch nicht machen...«

Burga las im harten, funkelnden Blick, daß Katinka unbarmherzig sein würde.

»Und ob ich kann!« rief sie aus. »Glaubst du, ich lasse mich von diesem Kretin um mein Eigentum bringen? Das ist doch kriminell, was sich hier abspielt!«

Burga war, als schwanke der Boden unter ihren Füßen. Sie griff nach einer Stuhllehne.

»Warum haßt du dieses arme Kind so sehr«, murmelte sie mit halber Stimme, »mein Junge hat dir niemals etwas Böses getan...«

Katinka lachte so gehässig, daß Burga sich wie geohrfeigt fühlte. Sie unternahm einen letzten, hilflosen Versuch.

»Vielleicht ist es Simon gar nicht gewesen. Wenn du nun ... es kann doch sein, du hast die Sachen noch in Dresden gelassen?«

Vor Empörung schoß Katinka Röte ins Gesicht.

»So willst du es drehen? Das ist die Höhe. Das Silber war hier – hier in diesem Zimmer!«

Sie fuchtelte mit dem Arm, daß ihre Reifen in schellenden Aufruhr gerieten.

»Ich hab nämlich meine Sinne beisammen, mußt du wissen. Ich ja!«

Burga blieb nichts übrig, als wortlos den Rückzug anzutreten.

Sie fand Simon im Garten. Er suchte am Zaun entlang Löwenzahn für seine Kaninchen.

Burga gesellte sich zu und ging die langsamen Schritte mit, die Simon tat. Sie blieb neben ihm stehen, wenn er sich dann und wann bückte, eine Pflanze ausriß.

»Du mußt Oma Katinka das Silberzeug wiedergeben, mein Schatz. Sie braucht es.«

Simon antwortete nicht.

»Hörst du? Sie weiß, daß du es genommen hast, Simon. Oma Katinka ist sehr böse darüber. Hast du es im Bunker versteckt?«

Simon ließ ein unwilliges Murren hören.

»Doch, Simon. Du mußt es zurückgeben.«

Burga legte ihm eine Hand aufs Haar.

»Versprich es mir«, bat sie leise.

Simon hielt sich ganz still unter ihrer Hand. Nach einer Weile entgegnete er vorwurfsvoll:

»Ist alles tot.«

Burga streichelte Simons Kopf.

»Ich weiß, mein Kleiner. Darum hast du es im Bunker versteckt. Trotzdem mußt du es wieder hergeben.«

Burga zögerte einen Augenblick, ob sie mit dem Schreckwort herausrücken solle. Als aber von dem Jungen kein Zeichen des Einverständnisses kam, tat sie es.

»Du mußt Oma Katinka ihre Sachen wiedergeben. Sonst holt sie die Polizei.«

Polizei. Simon zuckte zusammen und blickte ängstlich zu Burga auf.

»Nicht Polizei«, bat er flehentlich, »nicht holen.«

Simon erhob sich aus der Hocke, das Körbchen mit Grünfutter im Arm.

»Nicht Polizei, nein?«

Er schüttelte den Kopf, nein, nein, nicht holen, bis Burga ihn beruhigte.

»Nein, mein Kleiner. Oma Katinka tut es nicht, wenn du ihr das Silber zurückbringst.«

Simon stellte das Körbchen ab, zog einen Schlüssel aus der Tasche und trottete auf seinen Bunker zu. Nach einer Weile kam er zurück, beladen mit all seinem Diebesgut. Er trug das Silberzeug in einem Karton auf beiden Armen vor sich her.

»Ist aber tot«, sagte Simon hartnäckig.

Burga erschrak, nachdem sie einen Blick in den Karton geworfen hatte. Die Sachen hatten gelitten. Eine Silberkanne war verbeult, an mehreren Stellen hatte Burga Schrammen erkannt.

»Wir müssen es putzen«, sagte sie zu Simon, »es ist schmutzig geworden.«

Katinka Paulsen sagte kein Wort, als Burga ihr den Schmuck und das blankgeriebene Silberservice aushändigte. Sie nahm jeden Gegenstand einzeln in die Hand, hob ihn ans Licht, betrachtete ihn ausgiebig mit hochgezogenen Brauen. Zum Schluß lächelte sie seltsam.

»Sieh an«, sagte Katinka Paulsen, »das also ist mein Silber.«

14.

Der Sommer schien jäh zu Ende. Eben noch hatte Simon in Sandalen gehen können. Eine Woche später war es schon empfindlich kühl, obwohl der September erst begonnen hatte.

Die Heizung nahm Burga noch nicht in Betrieb. Aber sie legte zum Abend leichtes Feuer im Küchenherd, um den gemeinsamen Eßraum ein wenig behaglich zu haben.

Burga war von der Frühschicht aus dem Krankenhaus heimgekommen. Um die Nachmittagsstunde war es still im Hause. Katinka Paulsen hatte sich zum Mittagsschlaf gelegt. Simon hatte Burga, als sie zur Gartenpforte hereingekommen war, aus der Bunkertür mit seinem Fähnchen zugewinkt. War er also in seinem Reich und vertrieb sich friedlich die Zeit.

Burga zögerte. Es war verlockend, der Müdigkeit nachzugeben und ein wenig zu ruhen. Doch sie zwang sich, wenigstens den Küchenherd für den Abend vorzubereiten. Sie leerte das Aschloch, knüllte Papier in die Heizluke. Burga zog die Axt aus der Herdnische und spaltete mit vorsichtigen Hieben einige Späne von einem Holzscheit, die sie über das Papierknäuel schichtete. Als es überraschend klingelte, warf Burga die Heizklappe zu und legte die Axt auf dem Herd ab. Wer konnte um diese Zeit kommen?

Es waren Schulkinder auf Altstoffsuche. Burga gab ihnen ein Bündel Zeitungen mit. Nachdem sie die Tür hinter den Sammlern geschlossen hatte, ging Burga nicht in die Küche zurück. Der Herd war vorbereitet, alles andere konnte warten. Leise stieg sie die Treppe zum Schlafzimmer hinauf.

Sie war am Einschlafen, als ein Geräusch sie zusammenfahrenließ. Burga war zu müde, sich aufzusetzen. Sie öffnete die Augen spaltbreit und horchte in den Flur hinaus. Es war wohl Katinka, die sich zeitiger als sonst von ihrer Mittagsruhe erhoben hatte und nun in die Küche wollte. Schläfrig verfolgte Burga die leichten Schritte treppab. Die Augen fielen ihr zu, sie schlief ein.

Sie hätte den Wecker stellen sollen. Nun war es spät geworden. Taumelig setzte sie sich auf den Bettrand, wußte nicht gleich, welcher Tag war. Sie sah auf ihre Armbanduhr. Kurz vor sechs. Länger als zwei Stunden hatte sie geschlafen. Es war höchste Zeit fürs Abendbrot, sie mußte in die Küche hinunter.

Ganz gegen ihre Gewohnheit wartete Katinka schon. Sie hatte den Tisch gedeckt, sogar Brot aufgeschnitten. Sie war auch am Herd gewesen. Auf der Herdplatte lagen zwei abgebrannte Streichhölzer, und die Heizklappe war nicht richtig geschlossen.

Katinka saß mit dem Rücken zum Herd und schien in die Tageszeitung vertieft. Als Burga eingetreten war, hatte die Schwiegermutter nicht aufgeblickt.

Erstaunt über Katinkas haushälterischen Eifer, fragte Burga sie:

»Du hast schon geheizt?«

»Hm«, machte Katinka und raschelte mit den Zeitungsblättern.

»Danke«, sagte Burga, »und Simon? Hast du ihn gesehen?«

»Er ist die Kaninchen füttern gegangen.«

Burga öffnete die Heizklappe. Lediglich das Knüllpapier war an den Rändern versengt. Offenbar war das Feuer erloschen, ehe es richtig hatte in Gang kommen können.

»Es brennt aber nicht«, sagte Burga.

»Was?«

Mit diesem Ausruf fuhr Katinka Paulsen so heftig zu ihr herum, als habe Burga ihr eine schlechte Nachricht mitgeteilt.

»Ist doch nicht der Rede wert«, beschwichtigte Burga, »ich mach das schon.«

Katinka Paulsen belauerte verstohlen jeden Handgriff der Schwiegertochter. Sah, wie sie den Feuerhaken nahm, damit vorsichtig in die Heizöffnung fuhr, das angesengte Papier auseinanderschob. Sah im nächsten Augenblick ihre schlimme Befürchtung bestätigt, wandte sich rasch wieder der Zeitung zu und tat, als lese sie vertieft. Hörte hinter sich, daß Burga innehielt. In die plötzliche Stille hinein Burgas unbehagliche Frage:

»Was ist denn das?«

Burga las die unversehrte Aufschrift. Das Tütchen aus grobem Packpapier hatte sie kürzlich irgendwo gesehen. Wo? Wann? Es war aufgerissen. Daneben ein oder zwei ähnliche Papierklumpen, diese aber nicht mehr als Tüten zu erkennen.

»Was ist das?« wiederholte Burga argwöhnisch.

Im nächsten Moment erinnerte sich Burga, wo sie es gesehen hatte: in Katinkas Kleiderschrank.

»Rattengift. Das ist von dir.«

Katinka Paulsen sah noch immer nicht von der Zeitung auf.

»Ach, richtig«, sagte sie obenhin, »das lag noch rum bei mir. Nun hab ich das Zeug verbrannt.«

»Die Tüte ist aber leer«, sagte Burga langsam. Im Bemühen, irgendeinen Zusammenhang zu erfassen, dehnte sie die Worte.

»Die Tüte war leer, als du sie in den Herd geworfen hast.«
Ihr wurde so beklommen, so bang.

»Was bedeutet das?«

Burga erfuhr es unmittelbar darauf:

So hatte sie ihr Sonnenkind noch nie gesehen.

Ihr zog sich vor Schmerz das Herz zusammen.

15.

Eben klinkte Silke Schmeißer das Gartenpförtchen hinter sich ein und ging auf Paulsens Hauseingang zu, als sie Simon erblickte. Er trampelte die paar Stufen zur Haustür hinauf, als habe er das Gewicht einer Dampfwalze. Sie winkte ihm mit dem Quittungsheft zu, in das sie die Geldscheine gesteckt hatte.

»Ich bring die Miete!«

Aber Simon hörte nicht, und Simon schaute nicht. Blicklos für alles um sich her stieß er die Haustür auf, walzte hinein. Silke Schmeißer betrat die Diele in dem Moment, als hinter Simon die Küchentür ins Schloß schmetterte. Offenbar hatte der Kerl die Tür mit einem Fußtritt geschlossen.

Silke näherte sich zögernd. Wer weiß, ob Simon nicht gleich wieder herauskam. Sie wollte ihm nicht gern allein begegnen, er hatte so seltsam gewirkt.

Als sie dicht bei der Tür war, brach drinnen Tumult los. Silke Schmeißer blieb stehen. Sie versuchte, etwas zu erlauschen von dem, was dort vor sich ging. Es gelang nicht. Klar war nur, daß schwerer Streit entbrannt sein mußte. Man warf mit Geschirr, schien ihr.

Simon trat mit dem Fuß hinter sich. Ein zornbebendes Tier, daß seine Stallwand stellvertretend für den eigentlichen Peiniger straft. Der Knall flog durch das ganze Haus wie eine Drohung.

In der kurzen Stille, die folgte, erlosch der Zorn des Jungen. An seine Stelle trat hilfloser Jammer, der Simons Zügen einen wahrhaft unmenschlichen Ausdruck verlieh. Die Augen stierten, ohne etwas wahrzunehmen. Sie sahen toten, glasigen Fischaugen ähnlich. Simons Mund öffnete sich, weil ihm die Kinnlade herabsank. Speichel floß. Der Junge lehnte mit dem Rücken an der Tür. Er hatte beide Arme um das braune Wollbündel geschlungen, das er aus seinem Pullover zusammengerollt hatte. Simons Kopf lag fast auf der Schulter, Schmerz schien ihn schiefer zu drücken denn je. Und Simon wiegte, wiegte sein Bündel vor der Brust. Wiegte es, und seine Stimme erzeugte dazu einen tiefen, wimmernden Ton, dem Ruf einer Eule gleichend.

»Uohh, uohh...«

Bis Burga ihn mit einem Aufschrei unterbrach.

»Simon!«

Da kam er heran. Kam auf den Tisch zu mit tappenden

Schritten, behutsam sein wollenes Wickelkind vor der Brust. Mit einem Armstreich schaffte Simon Platz. Teller zerscherbten am Boden, Besteck fiel tösend, Tassen zerbrachen. Katinka Paulsen sprang auf, ihr Stuhl fiel um, und zwischen Erschrecken und Wut rief sie sinnloses Zeug.

»Aber! Aber! Schweinerei, was soll das, pfui!«

Simon legte sein Bündel auf den Tisch. Er schlug die Pulloverenden zurück. Da lagen sie tot im Nest. Steif gestreckt, wie der Todeskampf sie bezwungen hatte. Drei junge Kaninchen. Vergiftet. Und Simon ließ sich auf die Knie nieder und legte seinen Kopf dazu.

Burga, außer sich vor Entsetzen, versuchte Simon hochzuziehen. Als es ihr schließlich gelang, ließ der Junge sich jedoch nicht wie sonst in die Arme nehmen. Er widerstrebte so heftig, daß Burgas ungezügelter Haß sich gegen die Schwiegermutter richtete.

»Das hast du getan«, stieß Burga hervor, »du... du... du Bestie! Du willst mein Kind...«

Sie beugte den Oberkörper vor, atmete schwer. Die Worte strengten sie unsagbar an.

Katinka Paulsen wich vor diesem Haßausbruch unwillkürlich einen Schritt zurück. Oh, sie mußte sich wappnen gegen solche Anschuldigung. Sie durfte nicht zulassen, daß Burga ihr auf die Schliche kam. Zu allem, schien es, wäre dieses Weib dann fähig. Und so entgegnete Katinka – und mußte sich ihre Empörung zunehmend selbst glauben:

»Ich? Bist du übergeschnappt? Das hat er selbst getan, dieser Bengel!«

Und um Burga nicht mehr anschauen zu müssen, wandte Katinka sich direkt an Simon.

»Jetzt antworte! Erst hast du mein Silber genommen. Und nun hast du das Rattengift gestohlen. Hier lag es vorhin, hier!«

Sie klopfte scharf mit dem Zeigefinger auf den Tisch.

»Hier hab ich's hergelegt, weil ich's verbrennen wollte. Da hast du es heimlich geholt!«

Simon sah die alte Frau an, er begriff kein Wort. Er verstand nur, daß sie ihm Böses wollte. Er hörte ihr zu in sich steigernder Angst. Sie drohte ihm. Verhohlene, kleine Rückwärtsschritte tat er. Die Mutter bemerkte sein Ausweichmanöver und packte ihn am Arm. Doch Simon entzog ihr sein Handgelenk.

»Antworte! Du warst oben an meinem Schrank, und heute hast du...«

Schrank. Das hörte Simon deutlich. Dort legte Oma Katinka ihren Kopf ab, wenn sie den gräßlichen Vogel kommen ließ. Simon wich zurück bis an die Tür.

»Da siehst du, was er für ein schlechtes Gewissen hat«, rief Katinka aus und ging auf Simon zu, »am besten, ich hole die Polizei.«

Kraft und Wendigkeit verlieh ihm die Furcht. Simon riß die Küchentür auf, in Sekundenschnelle war er draußen und hatte die Tür wieder zugeknallt.

Burga und die Alte horchten den Schritten in der Diele und treppauf nach. Simon schien in sein Zimmer zu flüchten.

Die beiden Frauen in der Küche konnten es nicht aushalten miteinander. Katinka Paulsen war auf dem Sprung, hier herauszukommen. Sie spürte, daß die Schwiegertochter kaum bei Sinnen war vor Zorn und Schmerz. Die Alte sah ihr flüchtig ins Gesicht und erschrak vor dem Blick, mit dem Burga die toten Kaninchen betrachtete. Sie bewegte die Lippen, murmelte Worte, die Katinka nicht verstehen konnte. Aber ihr Herz klopfte dumpf, und im Hals wurde es eng und rauh. Jetzt heftete Burga den Blick auf sie. Katinka begann zu zittern. Die Schwiegertochter war nicht wiederzuerkennen. Die dort stand und ihr mit Haßblicken an die Gurgel wollte, war eine rasende Fremde, vor der es zu fliehen galt.

Instinktiv tat sie etwas, das Burga hinderte, ihr auf dem Fuße zu folgen. Bei ihrem ersten Fluchtschritt zerrte sie den Pullover vom Tisch. Die toten Tiere kollerten Burga direkt vor die Füße. Und während Burga entgeistert auswich und zu Boden blickte, witschte Katinka in all ihrer Behendigkeit zur Tür hinaus. Wohin. Herrgott noch mal, wohin? Nur nicht im Haus bleiben, wo diese Rasende sie suchen und finden würde.

Die offen stehende Haustür war geradezu eine Aufforderung. Katinka stürzte ins Freie, sah in Augenblicksschnelle, daß auch die Bunkertür offen war. Ohne zu überlegen, rannte sie quer über den Rasen darauf zu.

Wie hatte sie sich verrechnet! Als Burgas Blick zufällig das Küchenfenster streifte, sah sie. Sah die schwarze Teufelin davonhetzen, auf das Reich ihres gequälten Kindes zu. Das nicht auch noch! Das ging über alles Maß. Nichts hatte die infame Alte dort zu suchen.

Unbändiger Zorn machte die Gegentände vor Burgas Blick undeutlich. Wie durch einen Schleier, unwirklich, nahm Burga die Dinge wahr. Ihre Schritte aber waren schwer und zielstrebig. Im Vorbeigehen nahm Burga die Axt vom Herd. Unbeirrbar, als handle es sich um Alltägliches, ging sie aus dem Haus, die Stufen hinab, zum Bunker hinüber. Sie zog die Bunkertür hinter sich so weit zu, daß Katinka ihr nicht entkommen konnte. Ließ nur einen winzigen Spalt, um nicht vollends in Nacht zu sein und zu straucheln.

Es gab für Burga kein Innehalten, obwohl ihr die Lächerlichkeit des Verstecks bewußt wurde. Bildete diese Alte sich tatsächlich ein, unter der Pferdedecke sicher zu sein! Hatte sich ganz darunter verkrochen. Burga erkannte ihre Umrisse. Deutlich hob sich die Rundung des Kopfes ab.

Burga holte aus. Mit aller Kraft ließ sie die Axt niederschmettern. Das Krachen des Schädels brachte sie halb zu Besinnung. Einen Augenblick stand sie neben ihrem Opfer, hielt lauschend den Atem an. Langsam ließ sie die Hand, in der sie die Axt hielt, sinken. Das war nun geschehen. Tot. Kein Quälgeist mehr.

Burga weigerte sich, es zu glauben: Wie konnte das helle

Klingeln ertönen, das leise Scheppern silberner Reifen? Die Alte war tot. Die hatte hier nichts mehr zu läuten.

Katinka Paulsen vermochte sich nicht länger zu bezwingen. Eng an die Wand gedrückt stand sie in ihrer dunklen Ecke, am ganzen Leib geschüttelt von Entsetzen. Es war nun einerlei, daß ihre Armreifen tanzten wie verrückt. Denn auch ihr röchelndes Stöhnen konnte Katinka nicht mehr unterdrücken.

Burga drehte den Kopf in die Richtung, aus der die Geräusche kamen. Sie tat das langsam, um keinen Fehler zu begehen. Sie durfte sich nicht nochmals täuschen lassen.

Jetzt erkannte sie die Schwiegermutter in ihrer Ecke. Burga schüttelte mit Nachdruck mehrmals den Kopf.

»Nein«, sagte sie, »hier unter der Decke. Hier liegst du.«

Sie legte die Axt fort. Langsam, alle Zeit zum Hoffen, ließ sich Burga auf die Knie nieder. Beide Hände nahm sie fest in den Schoß, hielt eine mit der anderen in Schach. Zeit, alle Möglichkeiten zu beschwören, ihr beizustehen.

Als es nicht mehr anders ging, tastete sie mit einer Hand über die rauhe Decke hin. Tauchte unter, spürte borstiges Haar. Flaumig bepelzte Pfirsichhaut.

Nein. Ihre Stimme blieb aus. Burga erstickte beinahe am eigenen Atem.

Und dann konnte sie schreien. Sie warf den Kopf zurück und schrie, schrie.

Silke Schmeißer, die bei Simons Ausbruch aus der Küche die Treppe hinauf geflüchtet war, hatte recht, als sie Tage später im Schwesternzimmer von diesem Schreien sprach. Das war überhaupt keine Menschenstimme mehr.

Der Schicksalmacher

Nein, ich will nicht weg. Zur Kur kann ich später fahren. Wenn ich weiß, ob es überhaupt eine gemeinsame Zukunft geben wird, irgendwann später. Nach allem, was während dieser Woche geschehen ist, zweifle ich daran. Jetzt bleibe ich in dem Haus. Das Kind braucht mich, Betty wird Fragen stellen, vor denen ich nicht einfach ausrücken kann. Wenn es eine Mitschuld gibt, dann mein Schweigen während dieser Zeit. Ich hätte fragen müssen, als die Bedrängnis zunahm, ich immer ratloser wurde. Vielleicht ist es gerade die Häufung der Schreckensmomente gewesen, die mir den Mund verschlossen hat.

Der Geburtstag

In den ersten Septembertagen hatten wir Mummis 70. Geburtstag gefeiert. Die kleine, drahtige Alte scheint über unversiegbare Kräfte zu verfügen. Sie war so ausgelassen gewesen, so hemmungslos lustig und laut, daß es an Krakeelerei gegrenzt hatte. Ich hatte ihr ab und an einen erstaunten Blick zugeworfen, wenn sie laut einen Schlager mitgesungen oder jäh aufgelacht hatte. Mummi hatte mit der Faust auf die Kaffeetafel gedroschen wie ein Pferdekutscher.

»Was guckst du, Schwiegertochter«, hatte sie mir zugerufen, »eure Mummi feiert, was? Denen werd ich's zeigen in Hamburg!«

Ihre Reisepapiere waren schon zurechtgelegt. Zwei Tage

später wollte Mummi in die Bundesrepublik reisen und ihren älteren Bruder besuchen. Sie machte diese Reisen jedes Jahr, und in jedem Jahr spielte sie sich kurz zuvor auf wie ein Kakadu, der kakelnd sein Gefieder putzt. Mummi sortierte ihre Hüte. Suchte die grellsten heraus für die Reise, kramte zwischen Tüchern und Schals, von denen sie eine Unmenge besaß, drapierte sie um ihren Hals, zuckelte vor dem Spiegel herum, begeisterte sich oder verwarf.

»Arbeit ist das, Kinder, Arbeit«, sagte sie lustvoll stöhnend und flammte sich im Spiegel an. Man sah, wie sehr sie sich genoß in ihrer Takelage. Ich mochte sie sehr, wenn sie sich derart aufspielte, einem selbstgefälligen Kinde gleich. Von einem Augenblick zum anderen konnte sie herausfallen aus ihrer Rolle und über sich lachen.

»Seht euch die alte Fregatte an. Alt und grau geworden, aber immer noch Flitterkram.«

Zu diesem Geburtstag hatten wir Mummi ein Transistorradio geschenkt. Sie fand es »ungemein affig« und drehte ständig daran herum. Es schien ihr Spaß zu machen. Und laut, sehr laut schien ihr zuzusagen. Die Geburtstagsfeier war eine Strapaze.

Ich hatte unten in unserem Wohnzimmer gedeckt. Das Haus gehört Mummi. Sie bewohnt die obere Etage allein, die unteren Räume hat sie uns überlassen. Viel Platz ist da nicht für drei Leute; denn das Kind braucht schon sein Zimmer für sich. Es ist eben in die Schule gekommen, da muß ein Raum sein, in dem es ruhig arbeiten und lernen kann. Spielen auch, natürlich. Mein Mann und ich haben dann nur eineinhalb Zimmer für uns. Das Wohnzimmer und das halbe Zimmer zum Schlafen. Günter murrt. Er ist ein großer Mann, breitschultrig. Ich verstehe, daß er Raum braucht, sich eingeschnürt fühlt, wie er das nennt. Außerdem ist er ein Bastler, er sehnt sich nach einer Werkstatt, nach einem Zimmerchen, in dem er all seinen Krempel unterbringen und liegenlassen könnte. Anfangs hat er versucht, sich in die Küche einzuschmuggeln. Plötzlich stand ein Schraubstock

da. Ich mußte Günter meine Meinung sagen und ihn raus-
werfen. Nachdem er im Keller auch kein Fleckchen hat finden können, hat er Mummi gebeten. Sie hat oben drei
Räume für sich allein. Doch in diesem Punkt ist Mummi unerbittlich. Ich hier oben, ihr dort unten, Punkt. Wessen
Haus ist es? Günter hat sich fügen müssen. Aber ich weiß,
wie ihn diese Uneinsichtigkeit wurmte. Er war verbittert
darüber. Oft, wenn wir mit Mummi zusammen waren, brach
es aus ihm heraus. Er warf ihr »rabenschwarzen Egoismus«
vor. Mummi lachte darüber. Das brachte Günter so aus der
Fassung, daß er sie nur wortlos und zornig anstarren konnte.
Einmal hat Mummi nicht gelacht, sondern leichthin gesagt:
»Zieh aus, wenn's dir nicht paßt.« Es war kalter Hohn in ihren Worten, bestürzt sah ich, wie Günters Augenlider zu
flattern begannen. Er ist dann aufgestanden, sehr langsam,
und hat nach seinem Stuhl gegriffen. Hat den Stuhl bei der
Lehne gepackt und ist mit dem Stuhl aus dem Zimmer gegangen. Mit dem Stuhl aus dem Zimmer. Ein Mann, der
nichts tun kann. Ich seh dieses einsame Bild manchmal vor
mir, wenn ich über Günter nachdenke.

Zu Mummis 70. Geburtstag saßen wir unten im Wohnzimmer. Ein paar Gäste waren gekommen, ältere Leute,
Bekannte von Mummi. Mummi, tonangebend wie immer,
hielt Abschiedsreden vor ihrer großen Reise. Brüstete sich
damit, wie sie es denen in Hamburg zeigen würde, wie man
staunen würde über sie und daß sie noch immer Aufsehen
erregt habe. Das Kind saß dabei, hörte zu mit offenem
Mund. Ließ mit keiner Regung erkennen, ob es die über-
spannte Großmutter mochte oder nicht. Als Mummi dem
Mädchen den Arm um die Schultern legte und lachend
sagte: »Da möchtest du mitkommen, was!«, saß Betty steif
und zuckte nicht mit der Wimper.

»Nein«, sagte sie höflich. Und es klang, als habe sie einen
unkindlichen Knicks gemacht.

Mummi gab ihr einen Klaps auf die Wange.

»Dummchen. Du kommst noch dahinter.«

Da sah Betty mich an. Ein eigenartiger Blick, den ich nicht zu deuten wußte. Was erwartete sie von mir? In letzter Zeit irritiert Elisabeth mich häufig. Sie lacht nicht, ist so verschlossen... Ich zwinkerte Betty albern zu, sah, wie sie unwirsch von mir wegsah, und sagte beziehungslos: »Nun wird Vater bald kommen.«

Während ich in der Küche das Abendbrot vorbereitete, kam Günter. Ich sah ihn mit einem Taxi in den Garten fahren. Wenn er den Wagen mit nach Haus brachte, hieß das, daß er heute noch einmal würde fahren müssen. Schade.

Er stieg aus und winkte mir zu. Aus dem Kofferraum hob er einen umfangreichen Packen, der in Papier gewickelt war. Er trug das Paket auf beiden Armen vor sich her. Ich öffnete ihm. Noch im Korridor riß Günter das Papier fort. Es war ein verrückt zusammengestellter Blumenstrauß, der genau zu Mummi paßte. Überwiegend rosa Nelken, deren lange Stiele und Blütenköpfe von Metallstäben gestützt und gehalten waren. Dazu einige Rosen, rot wie Nagellack. Und mitten im Strauß, von fiedrigen Farnblättern umgeben, schaukelten zwei Orchideen. Saßen dort wie exotische Vögel im Geäst, verirrt, aber zahm. Ich freute mich.

Günter überreichte seiner Mutter den Strauß mit ironischer Verbeugung. Mummi kreischte auf vor Begeisterung. Später, als die Blumen in einer Vase vor ihr auf dem Tisch standen und Mummi sie genau betrachtete, sagte sie: »Komische Blumen. Nelken im Korsett.«

Sie lachte nicht. Günter warf ihr einen raschen Blick zu. Dann klingelte es. Ich wollte öffnen, aber Günter ging.

»Bleib auch mal sitzen«, sagte er lächelnd. Er war in ausgelassener Stimmung an diesem Abend. Das Klingeln wiederholte sich, und Günter ging hinaus. Betty rutschte von ihrem Stuhl und folgte ihm in den Korridor.

Mummi erkundigte sich, ob Günter heut noch eine Fuhre habe. Später, ja. Aber es bleibe doch dabei, daß er sie mit dem Taxi zum Bahnhof bringe übermorgen, unbedingt? Aber ja, wenn er es versprochen hat. Sie nickte befriedigt.

»Nelken im Korsett«, sagte sie noch einmal voller Genugtuung über ihren gefundenen Vergleich.

Als Günter wieder ins Zimmer trat, war er merkwürdig verändert. Er mühte sich, heiter zu sein. Aber ihm war anzumerken, daß er sich verstellte. Sein Gesicht war fahl, es zuckte in seinen Mundwinkeln. Und wenn er lachte, taten die Augen nicht dabei mit.

»Wer war da?« fragte ich besorgt.

Günter schien die Frage zu verwirren. Er fuhr sich mit den Händen durchs Haar, räusperte sich. Da tat Betty, die neben ihrem Vater stand, den Mund auf.

»Es war...«, sagte sie.

Eine heftige Gebärde, mit der Günter Betty an sich riß. Er warf den Arm um sie, drückte ihren Kopf gegen seine Hüfte.

»Es war«, sagte er hastig, »jemand vom Taxihof. Eine Fahrbestellung für morgen.«

Erstaunt sah ich ihn an.

»Warum hat man das nicht per Telefon getan?«

»Ja«, antwortete Günter und lachte gezwungen auf, »das habe ich auch gefragt.« Er sah auf Betty hinab. Behutsam machte er sie von sich los, legte ihr eine Hand unters Kinn, hob ihren Kopf ein wenig.

»Stimmt's, Betty?«

Betty hielt ganz still. Sie machte »Hm«.

Danach war nicht mehr viel los mit diesem Geburtstag. Günter mußte mit dem Taxi weg, die Gäste brachen auf. Mummi nahm, als sie nach oben ging in ihre Wohnung, das Transistorradio mit und den Strauß von Günter. Die übrigen Blumen ließ sie unten stehen, da sie doch bald verreisen würde. Sie verschwand damit in ihrem Schlafzimmer. Eine Zeitlang hörten wir noch das Radio dudeln; sie schien Vergnügen daran zu finden, die Skala nach allen erreichbaren Sendern abzusuchen. Sehr, sehr laut.

Betty half mir in der Küche beim Abwaschen. Sie ließ sich nicht ausfragen.

»Wer hat denn vorhin geklingelt, Betty?«
Sie hob die Schultern bis zu den Ohren, ließ sie fallen.
»Weiß ich nicht.«

Donnerstag morgen

Ihr Abreisetag. Ab sechs Uhr früh steht unser Haus in der
Stadtrandsiedlung unter Hochdruck wie ein Dampfkessel.
Über unsern Köpfen stöckelt Mummi mit eiligen Schritten
durch alle Räume ihrer Wohnung. Abschiedsritus. Einer
der sinnlosesten, die ich kenne. Mummi wischt Staub. Alle
Möbelstücke, Lampenfüße, Leuchter und Nippessachen
wischt sie blank. Daß sie während ihrer Abwesenheit wieder
einstauben werden, vermag sie nicht davon abzuhalten.
»Wenn ich unterwegs an zu Hause denke, will ich mein
Heim nicht dreckig vor mir sehen.«
Hin und wieder kommt Mummi ans Treppengeländer,
knetet nervös den Staubtuchballen zwischen den Fingern.
»Daß wir nicht den Zug verpassen«, ruft sie herunter.
Sie hat noch Stunden bis zur Abfahrt.
»Günter, denk an das Taxi!«
Unsere ohnehin scheue Katze hat sich verkrochen. Sie
verträgt Mummis Art von schwelender Hysterie schlecht.
Endlich ist es soweit. Günter steigt hinauf, kommt mit
Mummis Gepäck zurück: ein großer Koffer, zwei altmodi-
sche Hutkoffer. Günter strahlt. Er freut sich immer, wenn
seine Mutter eine Zeitlang nicht im Haus ist. Aber heute
wirkt sein Glücksgesicht übertrieben, er bringt die Sonne
gar nicht wieder fort aus seinen Zügen. Merkwürdig. Nachdem Günter das Gepäck im Taxi verstaut hat, springt er in
großen Sätzen die Treppe hinauf.
»Mummi!« ruft er aufgekratzt.
Ihr Auftritt. Sie genießt, scheinbar achtlos die Augen gesenkt, unsere Blicke. Mummi erscheint. Klein, schmal. Ge-
waltig. Eine geblümte Stola schlägt gleichsam Rad um
Schultern und Hals. Auf dem Kopf hat sie ein Krempenhüt-

chen, Stroh- oder Korbgeflecht, heftig gelb. Es ist drapiert mit Obst, Kirschen rot und Trauben blau klacken bei jedem Schritt leise aneinander. Ihr Gesicht ist sanft geschminkt, pfirsichrot die Wangen, dunkle Striche die Brauen. An den Füßen trägt Mummi Absatzstiefelchen. Ich bin entzückt von der alten Dame. Wie sie es fertigbringt, in einem Aufzug immer noch elegant zu sein, der jede andere vermutlich zur Zirkusprinzessin gemacht hätte.

Sie rafft den Mantel. Schrittchen, Schrittchen, Schritt, drei Stufen. Da hebt Günter sie hoch. Was ist in ihn gefahren, er erschreckt Mummi mit diesem Übermut. Sie schreit ängstlich auf, ihre Hand klammert am Treppengeländer. Und Günter zerrt, sie soll loslassen. Widerstrebend läßt Mummi den Halt fahren, legt ihre Arme um Günters Hals. Ängstlich blickt sie die Stufen hinab.

»Was soll denn das?« fragt sie kläglich.

Günters Gesicht. Wieder sind die Augen nicht fröhlich bei seinem Lachen. Wachsam, als schätze er eine Entfernung ab, ist der Blick weit fort auf etwas anderes gerichtet. Dennoch schaut er konzentriert auf die Treppenstufen, trägt Mummi behutsam abwärts.

»Dir zu Ehren«, sagt er lachend, »dein Sänftenträger.«

Sie lacht nun auch, schickt sich in ihre Lage. Sie läßt sich an mir vorüber aus dem Haus bis vors Taxi tragen. Ihr aufdringliches Parfüm weht hinter ihr her. Schwarzer Samt.

Vor dem Wagen setzt Günter sie ab mit übertriebener Behutsamkeit. Er verstaut das Gepäck, hievt dann Mummi auf den Rücksitz. Während ich herankomme, sehe ich die beiden im Innern des Wagens heftig gestikulierend miteinander reden. Mummi nickt. Da richtet sich Günter, der zu ihr in den Fond hineingebeugt gestanden hatte, auf. Über das Wagendach, strahlend wie ein Kinolächler, sagt er atemlos: »Denk nur, Mummi ist einverstanden.«

Warum so leise, ich verstehe ihn ja kaum.

»Was sagst du?«

Er kommt herum zu mir, packt mich bei den Schultern,

schüttelt mich. Sein Griff ist hart, er tut mir weh damit. Aber er lacht, lacht.

»Sie ist einverstanden. Ich darf ihr Schlafzimmer als Werkstatt haben. Gleich, wenn ich wiederkomme, räume ich um.«

Läßt mich, ist mit ein paar Sprüngen um das Auto herum, steigt ein, wirft den Schlag zu. Er läßt, während ich näher herankomme, den Motor an. Beugt sich zurück über seine Sitzlehne, redet, immer lachend, auf Mummi ein, zeigt auf mich.

Mummi lacht nun gleichfalls, nickt mir bestätigend zu.

»Wirklich?« frage ich ungläubig und bücke mich, um besser in das Fenster schauen zu können. »Ausgerechnet dein Schlafzimmer?«

Mummi macht eine fragende Geste, sie versteht mich nicht durch das geschlossene Fenster. Ich kurble mit der Hand in der Luft herum: sie soll das Fenster öffnen. Mummi begreift, setzt eben an. Doch der Motor läuft schon, und in diesem Moment startet Günter. Ich sehe noch, wie Mummi lächelnd abwinkt, dann mir zuwinkt und nickt. Weg sind sie.

Langsam kommt Freude in mir auf. Hat sie ihm endlich nachgegeben. Günter bekommt seinen Werkraum. Wie er das wohl angestellt hat? Wenn Mummi die Verwünschungen gehört hätte, die ihr Sohn in letzter Zeit über sie ausgeschüttet hat – sie hätte ihm schwerlich dieses noble Geschenk gemacht. Der wachsende Haß, der aus ihm gesprochen hatte, war erschreckend gewesen. Ich hatte Günter nicht besänftigen können. Die Empörung darüber, daß die alte Frau ihn beenge, erdrücke, am Atmen hindere, hatte ihn blind und taub gegen den wahren Sachverhalt gemacht. Sie war es doch, die uns in ihr Haus genommen hatte, gutwillig und aus freien Stücken.

»Was«, hatte Günter, außer sich vor Zorn, gekeucht, »gutwillig? Sie hat zusehen wollen, wie wir in der Enge verkommen!«

Es war nicht mit ihm zu reden gewesen.

Donnerstag mittag

Kurz vor Mittag kam Günter vom Bahnhof zurück. Ich hörte draußen sein Taxi halten, während ich am Kochherd hantierte. Kurz darauf schaute er zur Küchentür herein.

»Ich hab gleich einiges besorgt für oben«, sagte er fröhlich, »Werkzeugbank hat mir Dieter gegeben. Ich bring das Zeug noch 'rauf.«

Er war schon wieder draußen. In der Küche hatte er eine Duftwolke von Schwarzem Samt hinterlassen. Mummi mußte das ganze Auto damit eingenebelt haben.

»Ist sie gut weggekommen?« rief ich ihm nach.

»Ja. Viele Grüße.«

Ich hörte ihn zum Auto gehen, dann ächzend die Treppen nach oben steigen. Mummi mußte ihm den Schlüssel ausgehändigt haben; denn sie verschließt jeden Raum, bevor sie das Haus verläßt. Günter schloß oben das Schlafzimmer auf, gleich darauf hatte er das neue Transistorgerät eingeschaltet. Laute Rockmusik füllte das Haus. Ärgerlich drückte ich die Küchentür zu. Immer dieser Krawall. Mir tun die Ohren weh davon.

Günter ging mehrmals zum Auto, stieg die Stufen hinauf. Die ganze Zeit über ließ er das Radio laufen. Bei seinem letzten Gang öffnete er wieder die Küchentür, er war hochrot im Gesicht vor Anstrengung, aber in guter Stimmung. Er kniff ein Auge zu und hielt mir eine Schlagbohrmaschine vor die Nase.

»Nagelneu«, sagte er, »was sagst du nun?«

»Das Essen ist fertig. Komm dann.«

Günter stieg noch einmal hinauf. Die Katze kam plötzlich in die Küche gefegt mit gesträubtem Fell. Sie scheint ebenso lärmempfindlich zu sein wie ich. Witternd hob sie die Nase.

Ich rief sie an, aber sie ließ sich nicht locken. Den Körper flach gegen den Fußboden gedrückt, verkroch sie sich unter dem Küchenbüfett.

»Mach das Radio aus«, schrie ich.

Die Musik brach ab. Ich hörte oben abschließen und Günter langsam die Treppe herabkommen. Als er eintrat, hielt er ein Taschentuch an den Hals gepreßt.

»Das Luder«, sagte er und betupfte die blutige Schramme am Hals, »springt mich auf der Treppe an und verpaßt mir eine. Und sofort ab in den Garten.«

»Wieso?« fragte ich. »Sie ist in die Küche gekommen.«

Günters Blick wurde für Sekunden leer. Er schaute mich an, als habe er den Sinn meiner Worte nicht erfaßt.

»Wer?« fragte er verständnislos.

»Die Katze«, sagte ich und zeigte auf den Schrank, unter dem sie sich verkrochen hatte, »sie ist in die Küche geflüchtet. Mußtest du das Radio so aufdrehen. Sie verträgt das nicht.«

»Da siehst du es«, sagte Günter. »Das Vieh wird unberechenbar. Tollwütig, wie?«

Er steckte sein Taschentuch ein und setzte sich zu mir an den Küchentisch. Der kurze Ratscher an seinem Hals sah eher wie ein winziges Loch aus.

»Hat sie dich gebissen?« fragte ich besorgt.

Er schüttelte den Kopf, winkte ab.

»Schon gut. Bei nächster Gelegenheit gerbe ich ihr das Fell.«

Betty kam aus der Schule. Sie stellte ordentlich ihre Schultasche ab, setzte sich wortlos zu uns an den Tisch. Das Gesicht verschlossen und ernst.

»Kannst du nicht grüßen?«

Sie sah mich abschätzend an.

Ich warf Günter einen auffordernden Blick zu. So ging das wohl nicht mit dem Kind. Sollte er auch mal etws unternehmen.

»Betty«, begann er.

»Ja?«

Das fragte sie hinterhältig, wie mir schien. Als könne es viel nicht sein, was der Vater ihr zu sagen habe.

»Das soll ich dir von Mummi geben«, sagte Günter und

zog einen Nougatstreifen aus seiner Brusttasche. Er schob ihn Betty über den Tisch zu.

Betty griff nicht danach. Hochnäsig sah sie auf die Nascherei hin.

»Mummi weiß, daß ich Nougat nicht esse.«

Günter war jäh mit seiner Geduld am Ende. Seine Halsader schwoll, er schrie Betty an.

»Was fällt dir eigentlich ein, unverschämtes Gör!«

Betty betrachtete ihren Vater ungehörig prüfend, eher neugierig als erschreckt. Allmählich nahm sie sich wirklich zuviel heraus.

Ich griff ein.

»Wirst du dich endlich benehmen?« fragte ich drohend.

»Ja«, sagte Betty und betrachtete immer noch ihren Vater. »Was hat er denn am Hals?«

Sprach über ihn hinweg, als sei er ein Gegenstand. Ich war ihrer Dreistigkeit nicht gewachsen.

»Die Katze hat ihn gekratzt.«

Betty glotzte auf die Wunde. »Aha«, machte sie.

Damit schien, was von Interesse hatte sein können, für sie abgeschlossen. Betty begann hingegeben ihre Brühnudeln zu löffeln. Unter ihrer Nase leuchteten Lichter auf, sie zog mehrmals hoch.

»Kein Taschentuch?« fragte ich.

Betty schüttelte den Kopf. Sie machte »Hm«.

Günter zog sein Taschentuch heraus, reichte es Betty hinüber. Ich wollte es verhindern, es mußte nicht sein, daß sie das Tuch benutzte, mit dem Günter seine Wunde gewischt hatte. Da sah ich verdutzt, als Betty das Taschentuch nach ihrer üblen Angewohnheit auseinanderschüttelte, daß es überhaupt nicht blutig war.

Betty schneuzte sich. Schnüffelte an dem Tuch.

»Riecht nach Mummi«, sagte sie.

Wortlos nahm Günter ihr das Tuch aus den Händen, hielt es sich an die Nase. Voll gespielten Staunens sah er erst Betty, dann mich an.

»Stimmt«, sagte er.

Er stand auf, ging langsam durch die Küche. Am Büfett blieb er kurz stehen, stampfte mit dem Fuß auf.

»Mistvieh, du.«

Er drückte die Klinke herunter, sagte über die Schulter weg: »Das ganze Auto stinkt nach dem Zeug. Ich muß lüften, bevor ich das dem nächsten Fahrgast zumute.«

Mir war, als zöge er den Kopf ein, als er hinausging. In der Küche roch es noch immer leise nach Schwarzem Samt.

Donnerstag nachmittag

Betty weigerte sich, mir beim Geschirrspülen zu helfen. Den ganzen Nachmittag über war sie einsilbig, antwortete kaum, wenn ich etwas fragte. Als ich sie in den Garten schicken wollte, wehrte sie sich.

»Ist zu kalt.«

Dabei schien herbstlich mild die Sonne, pralle Birnen hingen im Baum, die eigens für Betty aufgespart waren. Ich versprach, ihr von den Birnen zu pflücken, sie war sonst wild auf die saftigen Früchte.

»Die gehören Mummi«, sagte sie besonnen.

Finsterer kleiner Moralapostel. Was war in sie gefahren, daß sie plötzlich der Großmutter gedachte.

»Unsinn«, versuchte ich sie zu überreden, »komm hinaus.« Es war umsonst. Betty breitete ihre Schulhefte über den Tisch und machte sich mit krauser Stirn an die Arbeit. Sie schrieb mit dem Füller Lesebuchwörter ab, in ein Heft hinein. Ich kümmerte mich nicht um sie. Betty begann zu flüstern, raunte halblaut, schließlich schrie sie es heraus.

»Längst kann ich schreiben, längst!«

»Nach ein paar Schultagen, Betty?«

Ich gab ihr zu verstehen, daß ich mir von ihr nichts vorflunkern ließ.

»Jawohl«, trumpfte sie auf, »längst! Und lesen auch. Hat Mummi mir gelernt.«

Ich stutzte.

»Hat sie das wirklich?«

»Weil ihr sie alle nicht leiden könnt«, platzte Betty heraus, »bloß ich.«

»Aber Betty...«

Tröstend wollte ich ihr übers Haar streichen, doch Betty duckte sich weg unter meiner Hand.

»Ist sie jetzt schon angekommen?« fragte sie verbissen.

Ich sah zur Uhr.

»Bald. Nachher, wenn wir beim Abendbrot sitzen, wird sie bei ihrem Bruder läuten. Onkel Robert wird ihr öffnen...«

Betty unterbrach mich.

»Bestimmt?« fragte sie angstvoll.

Was nur war in das Kind gefahren, allmählich wurde mir Elisabeths Getue lästig.

»Vielleicht holt Onkel Robert sie auch vom Bahnhof ab«, sagte ich zersteut, »oder er schickt ihr sein Auto.«

Betty schien zufrieden. Sie hielt mir das Heft zum Lesen hin, in das sie mit ordentlichen Buchstaben geschrieben hatte: Miez, Miez, Miez, wohl zehnmal nur dies eine Wort.

»Kleiner Angeber. Da steht nichts als Miez.«

Betty warf mir einen ihrer übertrieben unbeteiligten Blicke zu, die mir so unangenehm an ihr sind.

»Es heißt aber was ganz anderes«, sagte sie überlegen. »Bloß, das sage ich dir nicht.«

Donnerstag abend

Beim Abendbrot sitzen wir wieder zu dritt am Küchentisch. Der Aufbruchstrubel des Vormittags hat sich endlich gelegt, das Haus atmet ruhig und ermüdet. Draußen hat es zu regnen begonnen. Wind ist aufgekommen. Ab und an torkelt ein verwehtes Blatt gegen die Fensterscheibe, stippt an wie ein sanfter, nächtlicher Finger. Die Deckenlampe über uns scheint Wärme auszuströmen mit ihrem gedämpften Licht.

Eine Vorahnung kommender Winterabende, wenn Holzscheite im Herd prasseln werden, wenn es duften wird nach Nelke und Zimt, die den Glühwein würzen. Unwillkürlich atme ich prüfend tief durch die Nase ein. Es riecht nach Tee und Speck, nach Bratkartoffeln. Und ein wenig nach dem nassen Fell der Katze. Kein Hauch von Schwarzem Samt mehr in der Luft. Die Katze hockt beim Küchenherd und leckt sich trocken. Sie sieht heute seltsam zerzaust aus. Hält sich doch sonst Regen und Wasser vom Fell. Wir gabeln schweigsam unsere Bratkartoffeln. Günter wirkt erschöpft. Dabei muß er später noch einmal zum Dienst, er hat noch eine Fuhre. Plötzlich sagt Betty: »Jetzt läutet Mummi.«

Ich wende mich um zur Küchenuhr. Dabei streift mein Blick Günter. Er schaut Betty entsetzt an, reglos. Es ist, als höre er auf zu atmen. Er lauscht auf etwas. Als er meinen Blick spürt, kaut er weiter, mühsam beherrscht. Ich sorge mich. Er ist überarbeitet, es wird zuviel für ihn in letzter Zeit. Ich lege meine Hand auf seine, drücke sie. Sie ist kalt. »Du Armer«, sage ich, »es wird auch wieder anders. Sobald du frei hast, kannst du dir deine Werkstatt einrichten. War das nicht lieb von Mummi?«

Abrupt entzieht er mir seine Hand, gibt mir keinen einzigen Blick. Er schluckt den Bissen hinunter. Schluckt wieder. Schluckt noch, als er längst nichts mehr im Mund hat. Er tut mir leid, und ich lasse ihn in Ruhe.

»Ja«, sage ich zu Betty, »jetzt könnte Mummi bei ihm sein.«

»Und Onkel Robert...«, will Betty weitererzählen.

Günter herrscht sie feindselig an.

»Ruhe!«

Dann weiß er offensichtlich nicht weiter vor Bettys erstaunten Augen und meinem fragenden Blick.

»Kann man nicht mal in Ruhe essen«, sagt er verlegen. Er schiebt seinen Teller von sich, hat nicht aufgegessen. Das kommt sonst bei Günter nicht vor. Er wirft die Gabel hin, steht auf.

»Kann spät werden«, sagt er mürrisch und geht.

Betty ruft ihm schadenfroh, wie mir scheint, einen frechen Satz hinterher: »Miez, Miez, Miez!«

Donnerstag nacht

Als Betty schon schlief und Günter noch mit dem Taxi unterwegs war, klingelte das Telefon. Ich saß in der Badewanne und wollte den Hörer nicht abnehmen. Doch es klingelte ununterbrochen weiter, hörte einfach nicht auf. Ich trocknete mich ab und ging dann doch an den Apparat. Es meldete sich niemand. Ich hörte nur, daß da jemand atmete, nicht einmal besonders leise. Beklommen legte ich auf und ging zu Bett.

In der Nacht weckte mich ein unbestimmbares Geräusch. Ich lauschte in die Dunkelheit. Ein Ächzen oder Stöhnen oder ein Seufzen – ich konnte es nicht bestimmen. Ich tastete neben mich. Günters Bett war unberührt, er war noch immer nicht gekommen. Mein Herz begann zu hämmern. Ich knipste die Nachttischlampe an. Es war zwei Uhr vorüber. Auf dem Bettrand sitzend, horchte ich in das nächtliche Haus. Wieder drang dieses undefinierbare Geräusch an mein Ohr. Mir war, als käme es aus der Küche.

Rasch löschte ich das Licht. Auf bloßen Füßen tastete ich mich zur angelehnten Schlafzimmertür. Ich zog sie vorsichtig ganz auf. Es war ringsum finster, aus keinem Türspalt drang Licht. Meine Augen hatten sich indessen an die Dunkelheit gewöhnt, ich konnte erkennen, daß die Küchentür offenstand. Wieder, jetzt nahe, das befremdliche Geräusch. Ja, es kam aus der Küche.

Obwohl mir die Angst in den Schläfen pochte und heiß in den Magen sackte, hastete ich auf die offene Tür zu. Licht, nur Licht machen, nur endlich wissen, was da sei, nur die Ungewißheit nicht länger ertragen müssen. Ich klammerte mich an die Klinke, streckte einen Arm nach dem Lichtschalter aus. Meine Hand zitterte.

Das Deckenlicht flammte auf. Ich nahm als erstes die Katze wahr, die jenes seltsam klagende Geräusch hervorbrachte. Sie kauerte am Boden, ihren schmächtigen Körper überliefen von Zeit zu Zeit Zuckungen. Und sie würgte eine breiige Flüssigkeit aus sich heraus. Dieses Würgen also hatte mich geweckt.

Dann sah ich Günter. Sein Oberkörper lag schwer über den Küchentisch gestreckt, als habe er sich hingeworfen. Aber Günter saß auf einem Stuhl. Seine Arme hingen zu beiden Längsseiten des Tisches herab. Leblos baumelten die schlaffen Hände.

Ich wagte keinen Schritt auf ihn zu. Sah, daß er Stiefel an den Füßen hatte, die mit frischem Modder beklebt waren. Leise, heiser vor Angst, rief ich seinen Namen. Er bewegte sich, rappelte sich vom Tisch hoch, gähnte. Dann, als müsse er sich besinnen, saß er sekundenlang reglos. Mit einem Ruck wandte er sich mir zu, hellwach. Als er mich erkannte, ließ seine Anspannung nach.

»Mein Gott«, sagte ich, »wie hast du mich erschreckt.«

Er murmelte etwas Unverständliches, sagte dann: »Ich bin hier eingenickt.«

»Was ist nur mit der Katze los«, sagte ich ratlos und ging zur Spüle, um irgend etwas für das kranke Tier zu tun. Da sah ich den Teller in der Spüle stehen und den Kochtopf, an dessen Rand Kartoffelbrei oder ähnliches angetrocknet war.

»Du hast dir noch etwas gekocht?« fragte ich Günter erstaunt.

»Hab ich«, antwortete er. Beflissen kam er zu mir, drehte den Wasserhahn auf. Versuchte mit den Händen, den angebackenen Essensrest wegzurubbeln.

»Entschuldige«, sagte er, »ich muß eingenickt sein.«

Ich ließ ihn stehen, mit einem Male unsagbar müde nach der durchlebten Angst. Von diesem Tag hatte ich übergenug. Sollte er rubbeln, sollte er sitzen bleiben oder zu Bett gehen, mir war es gleichgültig.

»Kümmere dich um die Katze«, sagte ich abschließend und ging wieder schlafen.

Freitag

Am darauffolgenden Tag setzte sich der nächtliche Schrekken in kleinen Ärgernissen fort. Auf der unteren Stufe, die zu Mummi hinaufführt, klebten ein paar Spritzer und ein größerer Fladen einer hellen Masse. Ich meinte zunächst, die Katze habe auch dort etwas ausgewürgt. Es stellte sich aber heraus, daß es Kartoffelbrei war. Günter mußte, als er sich nachts etwas gekocht hatte, das Zeug mit hinaufgenommen und dabei ein wenig verschüttet haben. Er schien ja ganz vernarrt in seine neue Werkstatt. Während ich den Schmadder fortwischte, ging er durch den Korridor. Ich hielt ihn auf.

»Du, das paßt mir nicht, Günter. Wenn du nachts Kartoffelbrei verschüttest, mach das gefälligst selbst sauber.«

Er war schroff.

»Spionierst du mir nach?«

Ich lachte ihn aus.

»So ein Blödsinn«, sagte ich, »was soll denn das? Du bist wirklich mit den Nerven herunter.«

Was hatte ich nun wieder Falsches gesagt? Er packte mich überfallartig an der Schulter, ich machte einen Stolperschritt, wäre fast gefallen. Verblüfft sah ich zu ihm auf, er stand drohend dicht vor mir, blickte mir forschend in die Augen.

»Was meinst du damit?« fragte er.

»Womit?«

»Was soll mit meinen Nerven sein?« fragte er dringlich. »Rede!«

Ich befreite mich aus seinem Griff.

»Bist du übergeschnappt?« fragte ich kopfschüttelnd.

Er mußte es meinem Gesichtsausdruck angesehen haben, daß ich es nicht böse oder irgendwie anzüglich gemeint hatte. Er entzog sich meinem Blick, indem er seine Aufmerksamkeit auf die Armbanduhr lenkte. Umständlich schnallte er sie ab, klopfte mit dem Fingerknöchel mehrmals auf das Zifferglas. Und überflüssigerweise begann er die Uhr aufzuziehen. Das tut er, außer morgens, nie. Ich fand ihn in diesem Moment ungemein albern. Um ihn durch erneutes Lachen nicht zu reizen, drehte ich mich rasch von ihm weg, dem Scheuereimer zu. Ich putzte die Treppe fertig, während er noch einige Zeit wortlos hinter mir stehenblieb.

Ich hörte ihn weggehen. Seine Schritte hatten etwas Unentschlossenes. Sie klangen, als wage er nicht, fest aufzutreten, als befände er sich unerlaubt auf fremdem Gebiet und fürchte, entdeckt zu werden. Unwillkürlich schrak ich hoch. Obschon die Schritte sich entfernten, spürte ich im Rücken etwas Bedrohliches, eine unerklärliche Annäherung. Ich drehte mich um. Da war nichts als das Licht des späten Vormittags. Die Luft roch nach dem feuchten Holz der Treppe, nach Seifenlauge und nach irgendeinem vergangenen Tag, dessen die Erinnerung habhaft zu werden suchte. Wann war das? Was war gemeint? Welches Geschehnis, welcher Augenblick wollte da aufsteigen aus zurückliegender Zeit? Ein flüchtiger Duft zuckte auf, nächtlich schwer, wie tiefsatte Farbe lastete er einen Atemzug lang in der Luft. War schon dahin, war verweht, war vorüber, als ich ihn gewahrte. Aber das Bild hatte er mitgebracht, es hergehoben aus dem Halbschlaf der Erinnerung...

Der milde Maiabend, einer der ersten des Monats, vor so wenigen Wochen erst. In berauschtem Blühen der Garten, Kirschblüten, Apfelblüten, lilaschwer der süße Duft des Flieders. Es dunkelt schon, Betty ist längst schlafen gegangen. Amselgesang fällt vom Dach, torkelt wie trunken aus Baumkronen in den Nachthimmel. Es hat uns ins Freie gezogen wie ins Glück, wir sitzen stumm und staunend im Garten und hoffen wohl, die Zeit bleibt stehen. Bis Günter eingeschenkt hatte...

In kleinen, vorsichtigen Schlucken trinken wir von der

Bowle, die er gebraut hat. Waldmeister wieder einmal, geheimnisvoll und unerlaubt und doch herangeschafft von Günter, wie in all den Jahren zuvor. Mummi hält ihr Glas in beiden Händen wie einen Ball, den sie eingefangen hat. Macht runde Augen, und nach jedem Nipper, den sie nimmt, ächzt sie leise genußvoll auf. Es sind diese winzigen Lebensäußerungen, die Günter zunehmend stören. Ich sehe, wie er sich versteift. Wendet halb den Kopf ab, neigt lauschend und lauernd zugleich das Gesicht. Er starrt zu Boden mit ausdruckslosem Blick. Je länger es dauert, um so hingebungsvoller scheint Mummi ihre Schmatzschlückchen zu genießen. Derart beobachtet, kommen auch mir in der stillen Nachtstunde die Geräusche abstoßend groß vor. Über Günters Gesicht rieselt ein Schauer. Vom Auge herab zum Mundwinkel rinnt unter der Haut diese Regung von Widerwille. Ich erkenne sie, unterscheide deutlich, daß es nicht ein jäh geworfener Schatten unseres Windlichts ist... will etwas sagen, rasch etwas tun, bevor irgendein Wort von Günter fällt. Doch da wendet er sich Mummi schon zu, schaut ihr herausfordernd ins Gesicht.

»Nicht«, sage ich unüberlegt, »Günter, nicht!«

Was ich meine, weiß ich nicht. Sinnlos war meine Warnung: denn Günter schüttelt langsam den Kopf und sagt ruhig: »Es ist widerlich, Karen. Das mußt du zugeben.«

Mummi, die eben wieder am Glas nippen möchte, hält inne.

»Was ist denn?« fragt sie verdutzt.

Plötzlich ist es um Günters Beherrschung geschehen.

»Du merkst das nicht mal«, stößt er hervor, »das Geschlürf und Gekrächze und Geschmatze. Ich halt's nicht mehr aus!«

Er hält sich mit den Händen die Ohren zu, seine Lippen beben. Mummi, nur für wenige Augenblicke sprachlos, sagt ohne Vorwurf: »Hoppla, hoppla! Das bringt das Alter mal mit sich.«

Günter schaut sie an wie einen fremden Gegenstand.

»Bei dir nicht«, sagt er und schüttelt wieder nachdrücklich den Kopf, »bei dir war das schon so, als ich Kind war. Mein Leben lang hab ich zuhören müssen. Selbst wenn du gesungen hast: als gäbe es nur dich auf der Welt, nur deinen eigenen Krawall, nur deins...«

Mummi wischt das weg mit einem Lacher.

»Hol mir mein Umschlagtuch«, sagt sie herrisch, »es wird kühl.«

Günter bleibt eine Weile im Haus, vermutlich braucht er Zeit, sich zu beruhigen. Als er in den Garten zurückkommt, sehe ich beklommen, wie er sich Mummi nähert. Er geht, als sei er in einem Traum. Mummi kehrt ihm den Rücken, womöglich hört sie ihn nicht einmal. Seine Schritte sind so verhalten, als wage er nicht, fest aufzutreten. Als befände er sich unerlaubt auf fremdem Gebiet und fürchte, entdeckt zu werden. Ausgebreitet trägt er das schwarze Häkeltuch, hält es hoch. Spürt Mummi nichts? Wie etwas Bedrohliches kommt hinter ihr langsam das Tuch auf sie zu. Ein Netz, auszuwerfen und überzustülpen und zuzuschnüren. Ich weiß nicht, was ich fürchte. Der Waldmeister geistert mir wohl im Kopf, spukt in der Mainacht. Günter legt Mummi sanft das Tuch um die Schultern, verbeugt sich auf seine ironische Art, sagt: »Immer zu Diensten.«

Und ich atme erleichtert auf.

Ich räumte das Wischzeug fort und kümmerte mich um den üblichen Küchenkram.

Die Katze hatte sich erholt. Sie strich mir mit glattem Fell um die Beine, miaute hungrig. Das hingestellte Schälchen Milch schlappte sie gierig aus. Doch mittags, wie sonst gewohnt, kam sie nicht. Ich ging mehrmals in den Garten und rief nach ihr. Dabei wurde mir womöglich zum ersten Male bewußt, daß wir ihr keinen Namen gegeben hatten. Da stand ich dumm vor der Tür und rief Miez, Miez, Miez. Sie kam auch abends nicht wieder und nicht während der Nacht. Bedrückt wartete ich darauf, daß Betty jammern würde,

Theater machen. Sie weinte nicht einmal. Ihren Vater dagegen musterte sie eingehend. Schließlich hielt sie es nicht mehr aus. Sie fragte ihn: »Tut es dir denn gar nicht leid um deine Katze?«

Ihre Stimme klang seltsam erregt, vielleicht war Betty eifersüchtig. Ich hatte vergessen, daß es Günters Katze war. Ein Kollege hatte sie ihm geschenkt. Und als Günter mit dem Tier heimgekommen war, hatte Betty entzückt die Hände ausgestreckt nach dem Kätzchen. Da hatte Günter gesagt: »Laß, Betty. Das ist kein Spielzeug. Das Kätzchen gehört mir.« – Betty hatte sofort die Hände hinter sich getan, sie auf dem Rücken ineinander verkettet. Und kein Wort mehr. Kein Ausruf. Ich hatte gedacht, es sei unwichtig, wem das Tier gehöre, es war bei uns allen. Jetzt merkte ich, daß Betty es keineswegs vergessen hatte.

Günter sah Betty zerstreut an.

»Sie wird schon wiederkommen.«

Betty kicherte böse.

»Du hast sie ja gar nicht lieb.«

Aber Günter war bereits hinter seiner Zeitung verschwunden und hörte nicht.

»Was sagst du«, brummte er und las weiter.

Betty legte die verschränkten Arme auf den Tisch, bettete den Kopf darauf und fixierte die Zeitung, die des Vaters Gesicht verbarg. Sie flüsterte wieder eindringlich ihr Katzenkauderwelsch, hinter dem sich Gott weiß was verbergen mochte: »Miez, Miez, Miez.«

Und abends dann, als Günter wieder unterwegs und Betty eingeschlafen war, klingelte das Telefon. Diesmal hob ich sofort ab. Wie am Vorabend hörte ich jemanden atmen. Sonst nichts. Schweigend atmete ein Unbekannter mich an. Ich drohte, meine aufkeimende Angst unterdrückend, mit forscher Stimme, daß ich es melden werde. Daß ich meinen Mann holen werde. Was mir einfiel. Er oder sie atmete nur immer weiter, und verängstigt legte ich auf. Ich wartete, bis Günter heimkam. Es war spät in der Nacht, er hatte wieder so viel Modder an den Schuhen, den er mir rücksichtslos ins Haus trug.

»Wo kommst du nur her mit diesen Schuhen«, fragte ich abgelenkt; denn wichtiger war mir, ihm von den ominösen Anrufen zu erzählen. Günter verstand meine Betroffenheit nicht, er bagatellisierte.

»Das bedeutet gar nichts, Karen. Du weißt doch: Es gibt immer Leute, die solche Scherzchen treiben. Vielleicht jemand, der Langeweile hat.«

Na danke schön. Warum an meine Rufnummer? »Beim nächsten Mal gehst du ans Telefon«, sagte ich.

Günter war einverstanden, zu bereitwillig, wie mir später schien. »Wird gemacht.«

Samstag

Es gab dann noch diesen peinlichen, diesen schockierenden Zwischenfall mit Betty. Ich tat das ab. Tat, als habe es ihn überhaupt nicht gegeben. Als sei ich nicht Zeuge jener fatalen Geschichte geworden. Augen zu, Mund zu. Ich war hilflos, war beschämt. Alarmiert auch, ja. Vor allem deswegen wohl habe ich die Angelegenheit verdrängt, darüber Stillschweigen bewahrt. Wie hätte Günter darauf reagieren sollen, wenn ich es ihm mitgeteilt hätte? Er war so empfindlich in den letzten Tagen, ich wollte ihm Ärger und Aufregung ersparen. Ach, das ist nur die halbe Wahrheit; denn es war auch, seit diesem Erlebnis, ein schmerzlicher Verdacht in mir aufgekommen.

Nein, das konnte nicht sein. Das durfte ich nicht einmal denken. Und doch: bohrend kam die Frage immer wieder. War es möglich, daß mein Mann...? Daß Günter? Nein, nein. Ich wollte von der Sache nichts mehr wissen.

Es war der Samstag nach Mummis Abreise. Post von ihr konnte noch nicht dasein. Trotzdem wartete ich. Sie hätte anrufen können. Andererseits wußte ich, wie knickrig ihr Bruder Robert war, daß er Mummi nicht gern ein Ferngespräch bezahlen würde. Vielleicht käme am Montag schon ein Brief von ihr.

Der Nachmittag war sonnig still. Der Atmer hatte angerufen, und weil Günter zum Dienst war, hatte ich den Hörer abgenommen. Am hellen Tag machte mir dieser Unfug nichts aus. Dann war ich zur Gartenarbeit hinausgegangen, hatte Laub geharkt, Porree geerntet, hier und da ein bißchen gerupft und geglättet. Da hörte ich plötzlich durch das offene Fenster unseres Schlafzimmers die Schranktür knarren. Es ist ein unverwechselbarer Ton, den ich seit Jahren im Ohr habe. Was war da los? Beunruhigt, aber gleichzeitig verstohlen vorsichtig, schlich ich mich zum Fenster. Ich verbarg mich hinter dem Fliederbusch, der neben dem Fenster wächst, und spähte in den Raum. Zunächst sah ich nur die sperrangeloffene Tür des Kleiderschrankes. Dahinter rumorte es, Bügel wurden auf der metallenen Gleitstange geschoben, langsam, als koste es jemanden Anstrengung, die Kleidungsstücke zu bewegen. Ein lauter Schnaufer. Schließlich erschien Betty. Sie stieg gewissermaßen aus dem Schrank. Ihr Gesicht war verschwitzt, das Haar zerzaust, vermutlich hatte sie sich zwischen Mänteln, Kleidern und Anzügen durchgewühlt. Über dem Arm hing ihr ein Jackett von Günter. Betty warf es aufs Bett. Ich sah jetzt, daß dort schon eine andere Jacke von Günter lag, die Betty aus dem Schrank gezerrt haben mußte.

Das Kind war vertieft in sein Tun. Nicht gehetzt, nicht in Eile. Als gäbe es keine Instanz, die es abhalten könnte von seinem Vorhaben. Dabei mußte es doch ganz genau wissen, daß es Verbotenes tat. Heimlich Gesetze übertrat. Mein schwacher Impuls, es anzurufen, es zu hindern, verging vor dem nicht geheuren Kindergesicht. Betty war mir ganz und gar fremd. Dabei ahnte ich, während ich zusah, daß etwas nicht wieder Gutzumachendes geschah.

Betty durchsuchte die Innentaschen des Jacketts. Und jetzt, wie sie gebeugt stand über das Karomuster des Jackenstoffes, tauchte das Bild wieder vor mir auf. Wie Günter

Bettys Kopf an sich gepreßt hatte, nachdem es geklingelt hatte. Mummis Geburtstag. Wie er verstört gewesen war, als ich ihn gefragt hatte. Jawohl! Er hatte dieses Jackett an Mummis Geburtstag angehabt.

Und da zog Betty hervor, wonach sie offenkundig gesucht hatte. Klein zusammengefaltet ein Stück weißes Papier. Was für ein Zettel war das? Ein Brief? Atemlos starrte ich. Betty öffnete den Bogen, strich ihn glatt. Sie schaute eine Weile darauf hin, es sah aus, als lese sie. Doch das spielte sie sich selber wohl nur vor, woher sollte Betty lesen können. Danach kniffte sie das Blatt in die vorigen Falten zurück und steckte es in ihre Schürzentasche. Hausfrau mit Schürze, schoß es mir durch den Kopf, den Geheimnissen des Ehemannes auf der Spur.

Betty hängte beide Jacken in den Schrank zurück, schloß die knarrende Tür. Bei dem lauten Geräusch hielt sie kurz inne, spannte zur Zimmertür. Nun beeilte sie sich. Schrank zu, Schlüssel drehen. Bevor sie aus dem Zimmer huschte, strich sie noch rasch die Bettüberdecke glatt.

Sonntag

Der folgende Tag verlief im üblichen Gleichmaß und ruhig. Nur in mir war keine Ruhe mehr. Noch am Samstagabend hatte ich Bettys Schürzentasche durchsucht, mich ungewöhnlich lange in ihrem Zimmer zu schaffen gemacht. Den Zettel fand ich nicht.

Ich zwang mich, mir nichts anmerken zu lassen. Aber es trieb mich um. Vor Günter stellte ich mich harmlos, um ihn nichts von meinem schwelenden Verdacht ahnen zu lassen. Aber mir schien, er belauere mich dennoch. Jeder meiner Regungen, die nach außen drangen, maß er etwas bei. Beargwöhnte er, daß ich ihm nicht traute? Die zermürbende Ungewißheit. Die quälenden Fragen in mir, wenn er an diesem endlos scheinenden Sonntag einmal allein das Haus verließ, ohne mir zu sagen, wohin. Wenn er dann wiederkam mit Bierflaschen im Arm, hielt ich das für einen groben Tarnungsversuch. Mitunter war ich nahe daran, eine Aussprache herbeizuführen. Doch dann wieder schreckte mich die Möglichkeit eines Geständnisses. Ich ließ mir die vage Hoffnung, mich getäuscht zu haben, sagte nichts.

Montag vormittag

Am Montag, wie ich gehofft hatte, kam die erste Nachricht von Mummi. Ein belangloser, aber fröhlicher Brief. Die Reise sei gut verlaufen, sie fühle sich bei Robert diesmal besonders wohl, am liebsten wolle sie bei ihm bleiben und so weiter.

Am Schluß des Briefes eine verheißungsvolle Andeutung: »Ihr ahnt ja nicht, was Eure Mummi für Euch tun will. Davon im nächsten Brief. Aber freuen dürft Ihr Euch schon jetzt.«

Günter hatte den Brief vorgelesen.

»Was kann sie meinen?« fragte er mehrmals. Er drängte sowohl mich als auch Betty, Vermutungen anzustellen. Und da mir nichts einfiel, wurde er wütend. Wie bezeichnend, dachte ich und beobachtete ihn verstohlen, das hätte ihn früher nicht gegen mich aufgebracht.

Betty dachte eine Weile nach. Ihre Antwort klang, als wolle sie ihren Vater zurechtweisen.

»Sie bringt dir eine neue Katze mit.«

Günter bekam rote Flecken am Hals.

»So ein Unsinn«, sagte er in unterdrückter Erregtheit, »nicht mir! Uns will sie etwas schenken, uns!«

Ich nahm ihm den Brief aus der Hand. Von schenken stand nichts ausdrücklich darin, aber sicherlich lief es darauf hinaus.

Günter hatte seinen freien Tag. Er machte sich lange in der neuen Werkstatt zu schaffen. Ich hörte ihn oben herumgehen, hörte die laute Radiomusik. Konnte er mir den Krawall nicht ersparen? Er stellte das Radio erst ab, als er für ein paar Besorgungen das Haus verließ. Nägel kaufen, Dübel. Wie stark war die Versuchung, ihm nachzuschleichen. Ihn unbemerkt zu verfolgen. Daß es so weit mit mir hatte kommen können. Ich heulte vor mich hin und hoffte nur, daß der Atmer nicht während Günters Abwesenheit anriefe. Einmal doch wollte ich seine Reaktion beobachten, wenn er statt meiner ans Telefon ginge, den Hörer abnähme. Würde er sich dann verraten? Mein Verdacht hatte mir die Vermutung eingegeben, daß Günter den Anrufer kennen müsse. Daß eigentlich er mit all den Anrufen gemeint sei, daß er nur durch ungünstige Zufälle bisher nie erreichbar gewesen war.

Wo mochte Betty den gestohlenen Zettel hingetan haben? Ich war sicher, daß er der Schlüssel war. Dann hätte ich es bestätigt gefunden. Ein paarmal war ich nahe daran, Betty zur Rede zu stellen. Aber dem Kind nachträglich eingestehen, daß ich es belauscht hatte? Wirre Empfindungen rissen mich hin und her. Für kurze Momente kam ich mir so versehrt vor, daß ich mich hätte krümmen mögen, zusammenrollen um den Schmerz, der mich stach mit grausamer Pein. Dann wieder schalt ich mich selbst, straffte mich, zwang mich zur Nüchternheit. Nichts war erwiesen, gar nichts. Wenn ich mich durchhängen ließ, konnte ich nur verschlimmern. Ich durfte nicht so nachlässig mit meiner Frisur sein. Nicht plötzlich mein Make-up weglassen. Als ich in den Spiegel schaute, kam ich mir räudig vor. Genau dieses Wort mußte ich denken. Und dabei sahen mich doch nur einsame Augen an, die sich ängstigten vor einer Gewißheit. Der Wunsch, mit jemandem zu reden, belebte mich plötzlich. Mit der prahlerisch-fröhlichen Mummi ein paar Sätze tauschen, das würde mir guttun. Ein Ferngespräch nach Hamburg anmelden. Gleich, wenn Günter wiederkäme, würde ich ihn bitten. Er war mit solchen Ausgaben heikel, fast geizig.

Ich erschrak fürchterlich, als ich den Schubs ans Bein bekam. Ich fuhr derart zusammen, daß ich eine Tasse umriß.

Die Katze war wieder da. Mauzend strich sie mir um die Beine.

»Miez«, raunte ich zu ihr hinab, »wo warst du denn, Miez?« Ein Lebewesen. Ich nahm die Katze hoch, drückte mein Gesicht in das warme Fell. Seltsam getröstet lief ich mit ihr auf und ab, redete zärtlich auf die Katze ein. Ihr Fell duftete noch immer leicht nach Schwarzem Samt.

Günter kam bald zurück, sprang zuerst zur Werkstatt hinauf. Ich war erleichtert, daß der Anruf des Atmers noch ausstand.

Er kam zu mir herunter. Daß die Katze wiedergekommen war, erstaunte ihn nicht. Hatte er ja vorausgesagt.

Auf meine Bitte, ein Gespräch nach Hamburg anmelden zu dürfen, reagierte er mit hartnäckiger Ablehnung. Doch ich ließ nicht locker. Es gab einen schmachvollen Streit zwischen uns, Günter warf mir vor, daß ich kein Geld verdiene. Ich verteidigte mich damit, daß ich auf sein Drängen zu Hause sitze, viel lieber arbeiten ginge... Wir wurden beide laut, zuletzt weinte ich.

»Und du treibst dich irgendwo rum«, schluchzte ich. Da schlug seine Stimmung jäh um. Er nahm mich in die Arme. »Kleines«, sagte er, »Kleines.«

Mehr nicht. Er wiegte mich hin und her. Ich wollte zu ihm aufsehen, doch er drückte mit sanfter Gewalt meinen Kopf nach unten, gegen seine Brust. Da dachte ich, daß er wieder nur ablenken wolle. Und störrisch beharrte ich darauf, nach Hamburg zu telefonieren.

Einen Augenblick hielt er mich still, ließ überraschend heftig los. Dann, als schlage seine Stimmung abermals um, senkte er väterlich den Kopf und lächelte mich an wie ein Kind. »Also gut«, sagte er anbiedernd, »aber nicht mehr heute, einverstanden? Wir würden abends dort stören. Gleich morgen früh melden wir es an, ja?«

Warum sollten wir stören! Wenn es zu spät wurde, konnten wir das Gespräch wieder abmelden. Aber er kam mir entgegen mit seinem Angebot. Ich hatte nichts einzuwenden.

Der Atmer rief an diesem Tag überhaupt nicht an. Mir war, als warte auch Günter darauf; denn einige Male fragte er, wann endlich der Kerl sich melde. Oder ob ich etwa...? Er kniff ein Auge zu, grinste.

»Glaubst du mir etwa nicht?« fragte ich empört.

Er beschwichtigte mich mit dreifachem »Doch, doch, doch«.

»Wann zeigst du mir eigentlich deine Werkstatt, Günter?«

»Bald«, antwortete er, »sobald ich alles fertig habe.«

»Du hast noch nicht einmal die Möbel rausgeräumt.«

»Kommt alles«, sagte Günter. Sein Ton war schon wieder gereizt, als fühle er sich durch meine Fragen belästigt.

Vorsichtig fragte ich noch, wo Mummi denn nach ihrer Rückkehr schlafen wolle.

Ins kleine Zimmer, entgegnete Günter, wolle sie das Bett gestellt haben. Neben ihren Schreibtisch.

Montag mittag

Mittags, als Betty aus der Schule kam, rutschten ihr vor Überraschung die Augen weg. Sie schielte beim Anblick der Katze, so inständig guckte sie nach dem Tier. Aber kein Wort. Mit verkniffenem Mund machte sie sich häuslich zurecht. Ordentlich die Schulmappe in die Ecke, ordentlich die Schuhe ausgerichtet nebeneinandergestellt, ordentlich in Hausschuhe geschlüpft, ebenso ordentlich beide gezähmten Zöpfe auf dem Pullover zurechtgelegt. Ich verlor die Geduld, als sie sich ordentlich die Schürze vorbinden wollte. Unbeherrscht griff ich danach, riß sie ihr aus den Händen. Ihr fragender Blick brachte mich vollends aus der Fassung.

»Schiel nicht!« schrie ich sie an.

Ich fühlte mich so dumm und unzulänglich vor ihr, daß ich noch einen Ohnmachtsbeweis draufsetzte.

»Schürzen umbinden, was? Schürzen tragen, nicht wahr?« Dabei hörte ich, wie meine Stimme abkippte. Es war bodenlos lächerlich, was ich da tat. Ich selbst hatte Betty dazu angehalten, im Haus eine Schürze zu tragen. Dieser verwünschte Brief, den ich nicht finden konnte. Der lag mir unablässig im Sinn.

Betty blieb ruhig. Sie blickte von mir weg zu ihrem Vater, der schon am Tisch saß. Zart tippte sie sich mit dem Zeigefinger an die Schläfe. Es war eine anmutige Geste, die sie sofort verwischte, indem sie eine Haarsträhne hinters Ohr strich. Günter mußte lachen.

Vielleicht lag es an dieser kurzen Übereinkunft zwischen den beiden, daß Betty sich doch zu einer Bemerkung über die Katze herabließ.

»Sie ist ja wiedergekommen«, sagte sie.

»Kannst sie haben«, entgegnete Günter, »ich hab genug von dem Vieh.«

Betty wurde ganz steif. Ihre mageren Finger krampften wie erschreckt ins Tischtuch. Ich sah voraus, daß sie ablehnen werde.

»Wirklich«, fragte sie mit halber Stimme, »geschenkt?«

Günter schnippte mit den Fingern wie nach einem lästigen Insekt.

»Geschenkt«, sagte er.

Im nächsten Augenblick war Betty gelöst und kinderklein. Sie jubelte auf, warf die Arme in die Höhe. Hockte dann zu der Katze nieder, hielt ihr die hellen Handflächen hin.

»Meine!« lockte sie innig. »Komm, Meine!«

Als sei die Katze eine andere, nie gesehene für das Kind, umarmte Betty sie beglückt, küßte sie, hob sie vom Boden auf.

»Mummi«, flüsterte sie dem Tier zu. Dann sagte sie laut zu uns: »Sie heißt Mummi.«

Günter fuhr auf.

»Nein«, sagte er barsch, »das verbiete ich dir.«

Betty drückte die Katze an sich. Sie bekam wieder ihren verbohrten Blick. »Es ist meine Katze.«

Günter stand auf, heftig schob er seinen Stuhl zurück. Er ging drohend auf Betty zu.

»Du hast gehört, was ich sage.«

Betty sah zu ihm auf.

»Es ist meine Katze«, wiederholte sie beharrlich, »sie heißt Mummi.«

Günter schlug Betty ins Gesicht. Ich schaute zu, als sei ich im Kino. So unglaublich war seine jähe Gewalttätigkeit gegen das Kind. Er hatte Betty noch nie geschlagen. Die Katze in Bettys Armen fauchte. Sie drämmelte, versuchte freizukommen. Betty tat gar nichts. Verzog nicht einmal das Gesicht. Sah nur den Vater an. Es muß diese unerträgliche Ruhe gewesen sein, die Günter rasend machte. Er schlug ein zweites Mal zu.

Panisch wehrte sich die Katze. Sie peitschte mit gebauschtem Schwanz um sich, fauchte, krallte und tatzte. Betty erwischte einen Kratzer am Hals. Da ließ sie unwillkürlich los, die Katze entkam in ihr Trotzversteck unters Küchenbüfett.

Auch Günters Abgang glich einer Flucht. Er schob seine bebenden Hände in die Hosentaschen, und es sah aus, als wolle er sich auf diese Weise vor weiteren Tätlichkeiten schützen. Einen Augenblick stand er da, ohne weiterzuwissen. Mir schien, er überlege, wohin nun mit sich. Betty sah ihm einfach zu, wartete. Sie hielt sich eine Hand über den Kratzer. Es klang weder aufsässig noch bösartig, als sie leise sagte: »Ganz bestimmt heißt meine Katze Mummi.«

Da drehte sich Günter weg und ging mit großen, eiligen Schritten aus der Küche.

Montag nachmittag

Am Nachmittag klingelte es. Günter war oben in seiner Werkstatt. Das Radio dröhnte durchs Haus, als ich öffnen ging. Es war unser Abschnittsbevollmächtigter, und er wollte zu Günter.

Ich rief. Er hörte nicht. Da ging ich hinauf und klopfte.

Darauf ertönten einige Hammerschläge und Günters ärgerliche Frage, was ich hier zu suchen habe. Ich drückte die Klinke herab. Die Tür war abgeschlossen. Drinnen hämmerte es, in einem leeren, sich wiederholenden Rhythmus.

»Der ABV will dich sprechen«, rief ich gegen die Tür, »er wartet unten.«

Obwohl das Radio in voller Lautstärke weiterlief, war mir, als durchzucke jähe Stille den Raum hinter der verschlossenen Tür. Der Hammer geriet ins Stottern, verfiel dann in einen schnelleren, drängenden Rhythmus. Ich versuchte durchs Schlüsselloch zu gucken. Es war mit einem Tuch oder Lappen von innen verhängt. Da legte ich mein Ohr an die Tür und lauschte. Ich erinnerte mich genau: Die Hämmerei hatte erst eingesetzt, nachdem ich geklopft hatte. Womit hatte er sich vorher beschäftigt? Jetzt war zwischen dem Radiokrach und den Hammerschlägen kein anderes Geräusch einzufangen.

»Was hast du da zu lauschen?« rief es dicht an meinem Ohr, »geh runter, ich komme gleich.«

Ich fuhr zurück. Tat ein paar Schritte, blieb wieder stehen. Das Hämmern setzte aus.

»Du sollst gehen!« rief er.

Ich ging hinunter und wartete am Treppenabsatz auf Günter. Wieder stieg der quälende Verdacht in mir auf, schnürte mir den Hals. Ich mußte den Brief finden. Ich war sicher, daß Betty ihn irgendwo versteckt hielt. Vernichtet hatte sie ihn gewiß nicht.

Kurz darauf öffnete sich oben die Tür. Günter schloß hinter sich ab. Er kam die Treppe herab, mit dem Geburtstagsstrauß im Arm, den er Mummi geschenkt hatte. Ach, den hatte ich vergessen, schade. Er hätte noch nicht fortgeworfen werden müssen, wenn man den Blumen täglich frisches Wasser gegeben hätte. Nun sah er verwahrlost aus. Die Rosen geschrumpelt, die Nelken zerzaust. Einer war der Blütenkopf geknickt, trotz des Drahtgestänges. Mich ergriff beim Anblick der Blumen eine solche Sehnsucht nach unserer früheren Zweisamkeit, nach zurückliegenden heilen Tagen, daß ich den törichten Versuch unternahm, etwas davon wiederzuholen, sofort, jetzt, für uns beide. Es sollte nicht wahr sein, daß Günter mich hinterging.

»Nelken im Korsett«, sagte ich zärtlich zu ihm und legte meine Hand an seinen Hals, als er bei mir angelangt war, »weißt du noch?«

Nichts, nichts mehr schien er zu wissen. Er entzog sich meiner Hand, räusperte nervös. Und er war sehr blaß. Schmal im Gesicht geworden. Ja, er hatte abgenommen in den paar Tagen. So sehr beschäftigt es ihn, dachte ich in aufbrechendem Schmerz, so sehr, daß er mich kaum noch sieht. Er vergißt mich, während ich neben ihm lebe.

»Was will er?« fragte Günter.

Es fiel mir schwer, ein Schluchzen zu unterdrücken.

»Wegen des Apfelbaums«, sagte ich mühsam, »der Nachbar hat sich wieder beschwert. Steht zu dicht am Zaun.«

Bei seinem Auflachen zuckte ich zusammen. Es barst förmlich aus ihm heraus. Er gab mir einen beiläufigen Kuß auf die Wange.

»Dieser Streithammel«, sagte er.

Ging dann rasch in die Küche, stopfte den Strauß in den Mülleimer. Und unbegreiflich gut gelaunt betrat er das Wohnzimmer, in dem der ABV auf ihn wartete.

Dienstag morgen

Am folgenden Tag erwachte ich mit verfinstertem Gemüt. Ein schlechter Traum? Nein. Was mich bedrückte, mußte in den Tag hineingehören. Viel zu schnell fiel es mir wieder ein. Verzagt stand ich auf und schlich mich lahm in den Tag ein. Das Wetter stand mir bei. Dunkle, regenschwangere Wolken hingen über dem Garten. So tief, als würden in den nächsten Minuten Hausgiebel, Fernsehantennen und Baumwipfel eintunken.

Günter und Betty waren schon auf. Sie warteten in der

Küche mit dem Frühstück. Ich warf Günter einen dankbaren Blick zu. Schön, daß er wieder einmal eine Mahlzeit vorbereitet hatte.

»Ob Post da ist?« fragte er.

Ich ging zum Briefkasten. Die Zeitung und ein Brief aus Hamburg.

»Von Mummi!« rief ich erfreut.

Günter gebärdete sich seltsam zappelig. Er schob das Frühstücksgeschirr her und hin, deckelte eine Dose auf, wieder zu. Machte ein Erwartungsgesicht.

»Bist du auch so gespannt?« fragte er und schluckte.

Was hatte er nur? Bettys Blick war auf den Briefumschlag in meiner Hand geheftet.

»Wir sollten uns doch freuen«, sagte sie unfroh.

Da fiel es mir wieder ein. Irgendein Geschenk.

»Gib her.« Günter forderte den Brief.

Ich öffnete den Umschlag, nahm den Brief heraus, gab ihn Günter nicht.

»Ich lese«, sagte ich.

Das machte Mühe; denn Mummi hatte sehr krakelig geschrieben. Die Buchstaben hopsten unsicher auf und ab, die Worte torkelten wie betrunken. Stockend, immer wieder mich unterbrechend, las ich: »Meine lieben drei daheim! Ihr wartet sicher mit großer Spannung auf diesen Brief. Aber zuerst, Betty, muß ich mich bei Dir entschuldigen, daß ich Dir zum Abschied die Nougatstange dagelassen habe. Ich weiß doch, daß Du kein Nougat ißt.«

Betty fuhr dazwischen.

»Steht das wirklich da? Guck noch mal genau hin.«

»Ja doch«, sagte ich und las den Satz noch einmal vor.

»Aber das ist gelogen!« rief Betty empört. »Mummi weiß genau, daß ich Nougat mag.«

Sie schien bitter enttäuscht. Fragend sah sie zwischen mir und Günter hin und her.

»Dann kann doch Mummi so was nicht schreiben«, sagte sie ungläubig.

Günter mischte sich ein. Er redete hastig.

»Ist das jetzt so wichtig, Betty. Du hast neulich selbst gesagt...«

Betty fiel ihm ins Wort.

»Das war Miez, Miez, Miez«, stieß sie atemlos hervor, »weil es gar nicht gestimmt hat und was ganz anderes bedeutet hat.«

Günter schlug mit der flachen Hand auf den Tisch.

»Schluß«, sagte er, »wir hören den Brief weiter.«

Doch Betty schien das nicht mehr zu interessieren. Sie rutschte vom Stuhl, stand steif neben dem Tisch.

»Du bist auch Miez, Miez, Miez«, sagte sie bebend und den Tränen nahe zu ihrem Vater, »du bist am allermeisten Miez, Miez.«

»'raus!« brüllte Günter.

Er wies mit ausgestrecktem Arm zur Tür. Betty kauerte nieder und rief: »Mummi! Mummi!«

Ich fürchtete, Günter würde vollends die Beherrschung verlieren. Er wurde totenbleich, seine Mundwinkel zuckten. Indes kam die Katze mit erhobenem Schwanz stolziert, sie hörte tatsächlich auf den Namen.

»Komm, Mummi!« sagte Betty fürsorglich.

Sie nahm die Katze auf, streichelte sie, als wollte sie ein Kind beschwichtigen. Sie drehte sich ab von uns und ging mit der Katze aus der Küche, sie bergend vor Ungemach und Menschenfalschheit.

»Sie wird unleidlich«, sagte Günter mühsam, »es ist kaum auszuhalten.«

»Laß sie.«

Ich wollte das fortwischen, den häßlichen Zwischenfall abtun. Ich las weiter den Brief vor.

Das also war die Überraschung: Mummi schenkte uns das Haus. Günter sollte zusehen, wie so etwas rechtskräftig zu machen sei, sie kenne sich da nicht aus. Aber der Brief, denke sie, genüge doch, mit ihrer Unterschrift und allem. Ihr Bruder Robert wolle sie überreden, bei ihm zu bleiben, aber sie wisse noch nicht. Jedenfalls: Das Haus gehöre uns von nun an, ein Zimmer oben für sie, falls sie zurückkomme.

Gegen Ende des Briefes wurde die Schrift sicherer:

»Freut Ihr Euch nun, meine Lieben?« schrieb Mummi. »Ich hab mir das schon lange ausgedacht und darum Günter bis jetzt vergeblich um die Werkstatt bitten lassen. Nun ist die Freude doppelt groß bei ihm, nicht wahr? Lebt froh und glücklich in meinem ehemaligen Haus! Liebe Grüße

Eure Mummi«.

Günter sah überhaupt nicht froh aus. Und ich konnte mich auch nicht freuen. Ich war wie vor den Kopf geschlagen.

»Das verstehe ich nicht«, sagte ich zu Günter.

Er nahm mir den Brief aus den Händen, verwahrte ihn in seiner Brieftasche.

»Da sind wir also Hausbesitzer«, sagte er verloren, »ist ein verrücktes Gefühl.«

Er machte sich zum Weggehen fertig.

»Warte abends nicht. Es wird sicher spät.«

Mein Verdacht. Sofort krampfte mein Magen.

»Günter, bitte.«

»Was ist denn«, sagte er unwillig. »Ich muß fahren. Da ist was nach auswärts, das dauert.«

Wo wollte er dann jetzt am Vormittag schon hin?

»Teildienst.«

Damit ging er.

Gleich nachdem Günter gegangen war, meldete ich ein Gespräch nach Hamburg an. Ich mußte Mummi hören, nachdem sie diesen Brief geschrieben hatte.

Beim Einkaufen vormittags in der Halle traf ich unsere Ärztin. Fast als erstes fragte sie mich nach Günter.

»Schläft Ihr Mann nun besser?«

Verdattert stand ich da und wußte nicht, wovon sie eigentlich sprach.

»Er ist jetzt oft gekommen«, sagte sie und sah mich mitfühlend an. »Wenn ich Sie beide nicht so lange kennen würde, hätte ich ihm all das Zeug nicht verschreiben dürfen.«

Ich stotterte irgendeine Zustimmung, verhedderte mich dann in meiner Frage.

»Was nimmt er denn... ich meine... neulich hat er... ob ihm das bekommt?«

»Es scheint so!« sagte sie leichtfertig lachend. »Nach den vielen Meprobamat und Faustan hat er sich vorgestern eine neue Ladung Calypnon geholt. Aber aufpassen«, fügte sie ernster hinzu, »nicht übertreiben. Wie gesagt, wenn ich ihn nicht kennen würde...«

Sie kannte ihn? Fahrig warf ich meine Einkäufe in den Korb und bezahlte. Auf dem Heimweg lief ich, als könne ich zu Haus etwas erreichen, es durch Eile dingfest machen. Was nur ging vor? Was, was, was trieb Günter unterwegs? Wozu die Schlafmittel? Ich zermarterte mir den Kopf mit unsinnigen Spekulationen. Bis ich daraufkam, daß es mit dem Anrufer zusammenhängen müsse. Ja, das war es. Das mußte es sein. Und ich würde dahinterkommen.

Ziellos begann ich zu suchen. Nun auch ich vor dem Kleiderschrank, Wühlhände in Günters Kleidung. Es kam mir nicht einmal widerlich vor. Nur folgerichtig. Ich mußte finden – also war zu suchen. Insgeheim war ich noch immer auf den Zettel aus, den Betty gestohlen hatte. Ich fand in einer Jackentasche eine halbleere Packung Calypnon. Im Nachttisch mehrere volle Benedorm-Schachteln. Sonst nichts.

Im Wohnzimmer machte ich mich über den Papierkorb her. Sogar alte Fahrscheine glättete ich, durchsuchte zerdrückte Zigarettenschachteln. Die beiden Briefumschläge von Mummi nahm ich an mich. Sie waren in Hamburg abgestempelt, deutlich lesbar über den Briefmarken. Ich faltete sie und steckte sie in meine Jeanstasche.

Das Telefon. Ich stürzte hin. Diesmal würde ich dem Atmer meine Meinung sagen.

Es war das Fernamt. Unter der Hamburger Nummer wurde nicht abgenommen.

»Teilnehmer meldet sich nicht«, schmeichelte eine Telefonistinnenstimme.

»Hallo«, stotterte ich. »Moment bitte.«

Und ich meldete abermals ein Gespräch unter Onkel Roberts Nummer an.

In der Küche stocherte ich mit einer Holzkelle im Mülleimer. Dabei kam ich mir nun doch abstoßend vor. Ich ekelte mich vor den klebrigen Essensresten, die, vermengt mit Kaffeesatz, im Restöl einer Fischbüchse schwammen. Es stank auch nach den schlierig angefaulten Blumenstielen, die Günter in den Eimer gestopft hatte. Der schöne Strauß. Hin waren sie, Mummis Nelken im Korsett. Verrückte liebe Alte mit ihrem komischen Vergleich. Ich gab mein Gestochere auf. Da war nichts zu finden.

Als Betty aus der Schule kam, war ich zermürbt von diesem zerfahrenen Vormittag. Ich schubste sie weg, als sie mir nahe kam. Gleich darauf riß ich sie in meine Arme und schluchzte. Sie ließ alles still mit sich geschehen. Sie widerstrebte nicht, doch sie kam mir auch nicht freiwillig entgegen.

Ich heulte los. Ich schüttelte Betty, rüttelte wie besessen an ihr herum.

»Betty! Betty! Sag doch was zu mir.«

Ich kniete vor dem Kind und hielt den schmächtigen Körper umschlungen. Hörte den harten, schnellen Herzschlag neben meiner Wange. Bettys Kleid roch nach Mottenkugeln. Ich spürte ihren Atem über mein Haar streichen. Eine herzbeklemmende, unstillbare Zuneigung brachte mich jäh zum Verstummen. Ich hörte auf zu weinen. Reumütig vor Liebe zu Betty ließ ich sie los. Ich durfte das Kind nicht in solch gewaltsame Nähe zwingen.

Einfach auf dem Fußboden sitzen und den Kopf hängenlassen. An gar nichts denken. Ich sehe ihre Schrittchen, mit denen sie dicht an mich herantritt.

»Nicht weinen, Karen.«

Bei diesem Stimmklang, den sie nur für ihre Katze hat,

schießt mir erneut Wasser in die Augen. Überrascht blicke ich zu ihr auf. Welch wunderbares Kind, das mich jetzt beim Vornamen nennt. Und greift mit der Hand unter die Schürze, schnappt sich mit zwei Fingern eine Stoffalte – Rotznasengeste, die sie nie bei mir gesehen hat –, hält mir wahrhaftig die Schürze hin zum Schnauben.

»So«, sagt sie, »soso. Ist ja gut.«

Getröstet lasse ich mir mit Bettys Kinderschürze die Nase putzen. Meine Tränen wischt sie mit dem Handballen weg. Einmal lache ich kurz auf, ein Glücksgluckser, der wie von selbst kommt. Betty bleibt ernst, und auch ich bin wieder still. Sie hockt sich vor mich hin, die Hände auf den Knien. Wir gucken uns an, schweigen hin und her. Es ist unser erstes wirkliches Gespräch, das wir miteinander führen.

Nach einer Weile fragt Betty: »Soll ich dir mal was sagen?«

Ich wage kein Wort, nicke nur.

»Ich kann gar nicht lesen. Ich kann bloß schon so tun.«

Nun versuche ich, auf Bettys Ton einzugehen.

»Ich dachte, Mummi hat es dir beigebracht.«

»Beinahe«, antwortet Betty.

Und ich habe den Eindruck, sie distanziert sich ein wenig. Jedoch gleich ist sie wieder zutraulich.

»Mummi hat mich manchmal in ihre Schürze schnauben lassen, wenn ich Tränen hatte.«

Betty guckt selig in eine Vergangenheit zurück. Vor Inbrunst beginnt sie wieder leicht zu schielen.

»Das war zu schön«, sagt sie. »Es roch alles so. Süß und noch was anderes. Und dann hat es so ulkig an der Nase geribbelt. Und dann hat Mummi immer gesagt: ›Soso, ist ja gut. Ist gut bei dir?‹«

Sie guckt mich merkwürdig an...

»Ja«, sage ich, »ist gut.«

»Siehst du! Und Mummi sagt, wenn man was sagen will, was man nicht sagen darf, muß man einfach was anderes sagen. Etwas, was keiner versteht. Nur man selbst.«

Ich frage vorsichtig: »Miez, Miez, Miez?«

»Ja. Das hab ich mir erfunden. Weil Mummi die Katze auch so lieb hat. Und Mummi hat mir gezeigt, wie man es schreibt.«

Innerlich bin ich schon etwas von Betty abgerückt, ich merke es wohl. Scheinheilig frage ich: »Mir verrätst du wohl kein solches Geheimnis?«

Meine Verstellung glückt. Betty merkt nichts.

»Aber allerhöchstens eins«, sagt sie.

»Warum ist Vater Miez, Miez Miez?«

Erschreckt schaut sie auf.

»Ist er ja gar nicht«, erwidert sie. »Nur neulich.«

Nur meine Gedanken verbergen vor ihr. Sonst wird sie scheu, entspringt wie ein verhetztes Tier. Betty, wo ist der Brief. Was stand darauf. Was weißt du. »Neulich?« frage ich sanft.«

»Er hat gelogen.«

Betty blickt mich endgültig an. Wie ein Schleier fällt es über ihre Augen. Mehr wird sie nicht sagen. Versuchen muß ich es dennoch.

»Wie gelogen? Warum?«

Rede doch. Hilf mir. Ich habe einen Verdacht.

Betty ruckt mit dem Kopf. Wirft ihn halb in den Nacken. Da hat sie wieder unter gesenkten Lidern ihr überlegenes Gucken. »*Ein* Geheimnis hab ich gesagt, nicht zwei.«

Wie unkindlich das wieder klingt, wie ablehnend.

Da kommt sie mir schon entgegen, will ablenken, hat gemerkt, daß ich auf anderes aus bin.

»Soll ich dir mal zeigen, wie ich das mache? Bloß so tun, als ob ich lesen kann?«

Es interessiert mich jetzt nicht mehr. Betty weiß etwas. Hat kapiert, daß Günter etwas verbirgt. Ich nicke abwesend, während meine Gedanken am Streunen sind, Günter hinterher, ihm auf den Fersen.

Inzwischen hat Betty einen Zettel hervorgeholt, hält ihn in richtigem Abstand von den Augen entfernt, läßt ihren Blick so wandern, daß der Vorgang glaubhaft wird. Sie liest.

Zu spät begreife ich, daß Betty mir ihr Kunststück vorführt mit dem Brief, den ich seit Tagen suche. So aus der Nähe erkenne ich auch, daß es sich um ein Telegrammformular handelt. Betty sieht mir offenbar sofort meine Sprungbereitschaft an. Steht schon auf, ehe ich ganz ruhig sage: »Was steht denn da nun wirklich drauf?«

Betty geht ein paar Schritte rückwärts, in sichere Entfernung. Dann liest sie mir vor: »Miez, Miez, Miez.«

Und stürzt mit dem Zettel, dem Brief, dem wichtigen Schlüssel, davon.

Dienstag nachmittag

Betty ist kaum fortgelaufen, da klingelt das Telefon. Noch einmal das Fernamt. Unter der Hamburger Nummer melde sich niemand. Enttäuscht lasse ich das Gespräch streichen.

Der Nachmittag schleppt sich dahin. Die schweren Wolken am Himmel sind aufgerissen, es regnet, regnet. Die Fensterscheiben sind zugehängt von Wasserschleiern. Aus dem Garten Stunde um Stunde das taube Geräusch, das der Regen aus dem abgefallenen Herbstlaub der Bäume wäscht. Ich lasse mich einspinnen in graue Melancholie. Meine Gedanken kreisen um Günter. Ich suche nach einem Anhaltspunkt, der irgend etwas erklären könnte. Ich finde nichts. Immer ist alles gut zwischen uns gewesen, abgesehen von kleinen Reibereien. Wir verstanden einander, konnten uns aufeinander verlassen. Vor allen Dingen: sprechen. Miteinander reden. Haben einander unsere Fehler sagen können. Günter mag meinen Ordnungsfimmel nicht. Ich mag nicht, daß er zum Geiz neigt, so sehr aufs Geld aus ist. Ja, dafür ist er anfällig: für Besitz. Mir fällt ein, wie er einmal beinahe in eine krumme Sache hineingeschlittert wäre, um endlich ein eigenes Auto zu bekommen. Wie erleichtert ich war, daß er vorher mit mir darüber beriet. Es war schwierig gewesen, ihn abzuhalten. Eine böse Zankerei zwischen uns. Aber es war mir gelungen, Günter hatte auf das faule Geschäft verzichtet. Daß er noch immer kein Auto hat, fuchst ihn. Nun das Haus. Ich weiß, wie sehr er sich's gewünscht hat. Doch heut früh ist er gar nicht so glücklich darüber gewesen. Vielleicht geht ihm allmählich auf, daß Besitz so viel nicht bedeutet, wie er immer gemeint hat. Ach, ich mache mir etwas vor, will etwas glauben, obschon ich es anders weiß. Günter ist abgelenkt. Aber gelenkt durch etwas, das ihn tiefer beansprucht als ein Auto oder ein Haus. Die Gewißheit überfällt mich wieder so hart, daß ich aufstöhne. Ich halte es nicht länger aus. Brauche Klarheit, muß mit ihm sprechen. Ich werde ihn zwingen, mir die Wahrheit zu sagen.

Als das Telefon schrillt, fahre ich zusammen. Ich gehe langsam zum Apparat, ahne schon, wer da ruft. Und dann fällt meine Tirade ganz anders aus, als ich es mir vorgestellt hatte. Keine Szene, keine Tränen. Weder Verwünschungen noch Betteleien. Ich komme mir eher wie eine Geschäftsfrau vor, die Anweisungen gibt.

»Mein Mann ist wieder nicht da«, sage ich ruhig. »Da Sie ihn heut abend noch sehen werden: Lassen Sie sich diese Anruferei von ihm verbieten. Sie merken ja, es klappt nie. Selbst wenn Sie ihn zu Haus erreichten. Er wäre gehemmt, mit Ihnen zu sprechen; denn ich höre mit.«

Ich lege auf. Meine Hand ist feucht, und der Telefonhörer klebt.

Der erste Schritt ist getan. Noch heute wird es ihm hinterbracht von dieser Person. Nun ist nichts mehr aufzuhalten. Gut so. Fast bin ich erleichtert.

Dienstag abend

Betty ist noch bei einer Freundin, als es gegen Abend an der Haustür läutet. Ein Kollege von Günter hält mit seinem Taxi vor der Tür. Möchte Günter sprechen. Ich bitte ihn herein. Im Wohnzimmer sitzen wir einander gegenüber und trinken Kaffee. Wir sind beide etwas verlegen.

Er schaut sich im Zimmer um, holt seine Blicke hastig zurück, wenn er merkt, daß ich ihm zusehe. Er rührt in seiner Kaffeetasse. Nachdem ich ihm gesagt habe, daß Günter zum Dienst ist, weiß er offensichtlich nicht, wie beginnen. »Ist was?« frage ich.

»Das ist so«, antwortet er und fingert umständlich ein Zigarettenpäckchen aus seiner Hosentasche. Er zündet eine Zigarette an, hält unschlüssig das Streichholz zwischen den Fingern. Er nutzt den Augenblick, da ich nach einem Aschenbecher gehe und ihm den Rücken zukehre, seinen Satz loszuwerden.

»Der Günter hat heut frei.«

Aha. Es überrascht mich nicht besonders, ich bleibe ruhig und komme an den Tisch zurück. Setze mich, sehe ihn an. Er zwinkert, als sei ihm etwas ins Auge gekommen. Wischt dann auch ausgiebig mit der Hand, welche die Zigarette hält, an dem Auge herum.

»Er sagte, daß er Dienst hat«, sage ich, »bis nachts.«

Jetzt kommt er aus seiner Reserve heraus.

»So 'n Scheiß.«

Er setzt klirrend die Kaffeetasse ab.

»Was ist los mit dem? Zweimal hat er Dienst geschmissen, kurz hintereinander. Einfach nicht erschienen.«

»Moment mal.« Ich unterbreche ihn. »Wann war das?«

Er überlegte kurz, sagte dann: »Na, jetzt erst. Ruft an, pipapo, kann nicht kommen, Frau liegt krank mit hohem Fieber – und macht dann so 'n Scheiß. Er ist nämlich unterwegs gesehen worden, beide Male.«

»Ja?« frage ich atemlos.

Nun scheint mich die Gewißheit, die ich haben wollte, doch zu schrecken.

»Kollegen haben ihn gesehen. Beim ersten Mal war's Zufall, da war einer mit 'ner Fernfahrt unterwegs. Aber als der Günter wieder absagte wegen Fieber... war'n Sie überhaupt krank?«

Er guckt mich mißtrauisch an, ich schüttle den Kopf.

»So 'n Scheiß«, sagt er wieder. »Kam mir gleich schräg

vor. Beim zweiten Mal bin ich ihm nach. Hat er nicht einmal gemerkt, so war der in Fez. Schiebt der mit was? Der soll bloß die Finger davonlassen!«

Er drückt seine Zigarette aus.

»Wieso denn«, stammle ich, »dahinter steckt...«

Und wage noch immer nicht auszusprechen, was ich weiß.

»Sagen Sie ruhig: Was wissen Sie von der Sache? Im Betrieb ist das rum, und wir müssen was unternehmen. Vielleicht Konfliktkommission, mal sehen. Ich wollte bloß mit Günter vorher quatschen. Soll wissen, woran er ist. BGL-Vorsitzender«, sagt er mit komisch-förmlicher Verbeugung unvermittelt und hebt sich ein paar Zentimeter vom Stuhl, »Hartmann.«

Sitzt wieder, ich lächle albern und unterlasse es gerade noch, mich ebenfalls vorzustellen.

»Ja«, sage ich, »ich weiß.«

Er mißversteht. Und will nun von mir wissen, was Günter an der Transitstraße zu suchen hatte. Warum er sein Taxi möglichst unauffällig seitab geparkt hatte. Was er herumlungern mußte auf Autobahn-Parkplätzen. Und warum er schließlich Wagen mit westdeutschen Kennzeichen stoppte oder anpeilte. Ausschließlich?

»Das ist doch mehr als faul«, sagt er und wartet auf eine Antwort von mir.

Plötzlich habe ich Angst. Lähmende Angst, daß ich die ganze Zeit auf falscher Fährte war. Daß etwas unbegreiflich Schlimmes geschehen ist.

»Ich weiß nicht«, sage ich und schüttle den Kopf. Soll er mir doch glauben. Soll er doch gehen. Bleiben. Reden. Meine Stimme klingt belegt.

»Was wollte er von denen?«

Irgendwann hat Günter dann beide Male, nachdem er verhandelt hatte, in ein Auto hastig etwas hineingereicht. Bekommen nichts. Und ist gleich nach Haus gefahren.

»Reden Sie mit ihm«, sagt Hartmann, bevor er geht. »Ich komme in den nächsten Tagen noch mal vorbei.«

Dienstag nacht

Man wird nicht einfach verrückt, wenn der Verstand keine Auskunft mehr geben kann. So leicht flieht es sich nicht in irgendeinen Dämmerzustand. Man kann in der Wohnung herumgehen, Gegenstände berühren, mit den Fingern Staub von den Möbeln wischen. Man nimmt helle Tomaten in die Hand, die zum Nachreifen auf dem Küchenbord liegen. Man schiebt den Vorhang zur Seite, um aus dem Fenster die Nacht anzugucken. Man bemerkt, daß der Regen aufgehört hat. Man überlegt sogar flüchtig, was morgen gekocht werden soll. Und man denkt, daß im nächsten Augenblick sich etwas herausstellen muß. Geschehen muß. Unbedingt. Aber nichts geschieht, gar nicht.

Plötzlich ergreift mich Panik. Die Stille in der Wohnung summt mir in den Ohren wie flackerndes Licht. Wild blicke ich über die Schulter zur Tür. Beobachte die Klinke, wie sie langsam, langsam – nein, sie wird nicht herabgedrückt. Was war da? War da etwas? Gejagt gehe ich selbst zur Tür, auf alles zu, egal. Ich kann sonst nicht weiteratmen, so eingesperrt und umlauert. Mit einem Ruck reiße ich die Tür auf. Ins Gesicht schlägt mir nur Dunkelheit und Stille. Das nächtlich einsame Haus. Zu Betty laufen, sie in ihrem Bett friedlich schlafen sehen. Unsinn. Im Treppenhaus mache ich Licht. Und dann ziehe ich mich am Geländer Schritt um Schritt leise nach oben. Eine Stufe knarrt. Verkrampft vor Atemnot, bleibe ich stehen. Hat er mich gehört? Wird er gleich herauskommen? Zornig? In diesem Augenblick vermag ich mir sein Gesicht nicht vorzustellen. Überhaupt nicht. Als sei das Erinnerungsvermögen erblindet. Das Empfinden, nicht allein zu sein im Haus, in dieser Angst. Kalte Schweißbahnen rinnen aus meinen Achselhöhlen unters Hemd. Er hat sich eingeschlichen, irgendwann. Hat vielleicht das Gespräch mit Hartmann belauscht. Ist hinauf in seine Werkstatt geschlichen.

Als ich vor der Tür anlange, ist mir fast übel. Mein Magen

fährt Karussell. Gleich darauf höre ich die leise Radiomusik. Ein stilles Rinnsal, gleichförmig, beruhigend. Ganz für sich selbst da. Nein, da hört keiner zu. Wahrscheinlich hat er beim Weggehen vergessen, das Radio auszuschalten. Ich drücke die Klinke. Die Tür ist verschlossen. Die Panik fällt von mir ab.

Vage beklommen gehe ich wieder nach unten.

Ich setze mich ins Wohnzimmer. Das Fernsehprogramm ist längst zu Ende. An meinem Schenkel knistert Papier. Ich ziehe die beiden Briefumschläge von Mummi aus der Jeanstasche. Wozu soll ich sie aufheben. Als ich den ersten zu zerreißen beginne, rieseln ein paar rosa Blütenblättchen zu Boden. Ich hebe sie auf. Nelken. Sie haben zu einer Nelkenblüte gehört. Gespannt schüttle ich den zweiten Briefumschlag. Fallen keine Blütenblättchen? Nein. Ich finde, als ich den Umschlag auseinandernehme, einen Zeitungsfetzen, sehr klein. Eine herausgerissene Annonce:

Zum Verkauf bieten wir an: Obstgehölze, Ziergehölze, Rosen, Nelken, Kulturheidelbeeren. Verkauf nur an Selbstabholer. GPG Maiflor.

Was bedeutet das? Unzugänglich liegen Blütenfähnchen und Papier auf meinem Handteller. Fremde, vergebliche Dinge, die ich in keinen Zusammenhang zu bringen vermag. Wort für Wort murmele ich die Anzeige der Gärtnerischen Produktionsgenossenschaft vor mich hin. Mummis Nelken im Korsett fallen mir wohl ein – aber ich begreife nicht. Warum legt sie in ihre Briefe aus Hamburg solche Anspielungen ein, fast wie Schmuggelware? Und kein Wort dazu, kein Hinweis. Achtsam breite ich die Dinge aus auf dem auseinandergenommenen Briefumschlag. Vernunftlos trage ich das Blatt in die Küche, öffne den Mülleimer. Die welken Blumen liegen dort, was hatte ich denn anderes erwartet. Ich vergleiche. Gewiß, es sind Teilchen einer Nelkenblüte, die aus dem Brief geflattert sind. Und nun?

Mit einem Male ist mir, als stecke hinter dem Nelkenrätsel unaufschiebbare Dringlichkeit. Und ich weiß sofort, daß ich Betty wecken muß.

Sie ist gleich hellwach. Ich sitze bei ihr auf der Bettkante, zeige ihr, was ich gefunden habe. Lese ihr den Zeitungsausschnitt vor. Auch Betty erinnert sich an Mummis Geburtstag mit den Nelken im Korsett. Und Betty meinte, daß Mummi vielleicht in Hamburg keine Luft kriegt. Wie in einem Korsett, das den Atem zudrückt. Vielleicht ist sie sehr krank. Und dann sagt Betty: »Die Briefe hat Mummi sowieso nicht geschrieben. Das glaub ich schon gar nicht.«

»Aber Betty.«

Fassungslos schaue ich in ihr blasses Gesicht.

»Ich habe sie doch gesehen, vorgelesen. Sieh doch, es ist Mummis Schrift...«

Ich kann ihr nichts zeigen. Beide Briefe hat Günter.

Aber Betty beharrt darauf.

»Mummi hätte nie das mit dem Nougat verwechselt. Nie, nie!«

Kälte steigt mir am Rücken hoch. Ich schaue zur Uhr. Es ist kurz vor eins. Meine unbestimmte, wortlose Angst scheint auf Betty überzugreifen. Sie schmiegt sich eng an mich und flüstert:

»Warum kommt Vater nicht?«

Dann steigt sie plötzlich aus dem Bett, huscht zu ihrer Wäschekommode. Aus einem zusammengewickelten Strumpf holt sie das gefaltete Telegramm hervor, das ich seit Tagen suche. Sie streicht es glatt, gibt es mir.

»Der Postbote hat es an Mummis Geburtstag gebracht«, sagt sie aufgeregt, »Vater hat es versteckt.«

Es ist ein Telegramm aus Hamburg. Und es ist an Mummi gerichtet. Ich lese und kann es einfach nicht glauben:

»Robert Heller gestern abend nach Autounfall verstorben. Näheres zu erfragen bei Dr. J. Rhein.«

Folgte die genaue Anschrift eines Krankenhauses und die Rufnummer. Das Ganze war so unwirklich, daß ich es zunächst nicht glauben konnte.

»Was steht denn da?« fragte Betty mit angstvollem Blick.

»Ja«, sagte ich und sah sie hilfesuchend an, »Onkel Robert soll... er soll tot sein.«

»Das geht gar nicht«, entgegnete Betty sofort, »Mummi ist doch jetzt bei ihm.«

Böse, unheilvolle Ahnungen begannen mir durch den Kopf zu wirbeln.

»Doch«, sagte ich zu Betty, »es stimmt. Onkel Robert ist seit einer Woche tot. Und Mummi hat es nicht gewußt, als sie losfuhr.«

Was nur tun? Ich stand auf, steif und kalt, immer das Telegramm in der Hand. Also keine andere Frau. Kein versteckter Liebesbrief, wie ich tagelang verblendet geglaubt hatte. Sondern Unheil. Um Gottes willen: wo war Mummi gelandet? Sie hatte doch geschrieben – hatte doch...

Auch Betty erschrak, als das Telefon schrillte. So spät in der Nacht in dem stillen Haus klang es aggressiv, gewalttätig. Ich steckte Betty rasch ins Bett, deckte sie zu. Das Läuten hörte nicht auf. Ich zweifelte nicht daran, daß sie es wieder war, die andere. Aber gab es sie denn überhaupt? Ich fand mich nicht mehr zurecht.

Es war wie jedesmal, als ich den Hörer abnahm. Das wortlose Atmen in der Leitung. Und dann, bestürzend, eine Stimme.

»Karen.«

Ich begann zu zittern. Die Knie wurden mir weich. Wild preßte ich den Hörer ans Ohr.

»Günter?« fragte ich entgeistert.

»Ja, Karen. Ich kann nicht mehr weiter. Bitte, hör mir jetzt zu. Bitte, Karen, bitte.«

Ich setzte mich. Ich weiß noch, wie ich mir unablässig durchs Haar fuhr, daran zog, meine Finger darin verhakte. Während ich zuhörte und atmete und manchmal stöhnte vor Entsetzen.

Als Günter zu Ende war mit seiner Beichte, war meine Stimme wie eingerostet.

»Aber die Briefe«, stammelte ich, »sie hat doch aus Hamburg geschrieben.«

Er schwieg eine Weile. Sagte dann hastig: »Ich habe Autos gestoppt. Bin zu Autobahnparkplätzen gefahren. Habe Wagen mit Hamburger Kennzeichen...«

Er unterbrach sich, als scheine ihm selbst unglaubhaft, was er getan hatte.

»Und?« fragte ich drängend.

»Ich habe beide Briefe auf diese Weise mitgegeben. Hab sie nur ins Auto gereicht und es dringend gemacht durch Bitten. Eine Flasche Wodka dazu. Man hat sie dann gleich in Hamburg in den Briefkasten geworfen.«

Ich atmete verzweifelt.

»Komm. Komm schnell nach Haus.«

Er sagte, daß es über seine Kraft gehe. Er werde jetzt, egal, den ABV rausklingeln. Er wisse, daß man mit ihm reden könne. Der würde ihm schon sagen, wie weiter.

»Der Schlüssel«, sagte Günter und konnte für einen kurzen Moment nicht weitersprechen. Es klang, als halte er mühsam ein Schluchzen nieder. »Der Schlüssel liegt im Schuppen, hinter dem Gartengerät. Das hab ich nicht gewollt, Karen. Ich schwöre es. Ich wollte nur das Haus.«

Außer mir, schrie ich ihn an: »Wie konntest du das tun! Was hast du dir dabei gedacht? Was hast du denn gedacht, mein Gott!«

Er wirkte sehr ruhig, als er antwortete. »Ich habe überhaupt nicht mehr denken können. Irgendwann wollte ich überhaupt nichts mehr. Darum hab ich dauernd bei dir angerufen, weil ich nicht mehr weiter wußte...«

»Schweig«, rief ich erschüttert, »schweig doch endlich!«

Und legte bebend den Hörer auf.

Dienstag nacht

Ich hatte den Schlüssel geholt und war zu Betty gegangen. Unbegreiflich: sie schlief. Leise löschte ich das Licht.

Dann, im Treppenhaus, hatte ich mich immerzu atmen gehört, vielleicht hatte ich gewinselt vor Furcht. Als es mir bewußt wurde, unterdrückte ich es gewaltsam. Meine Zähne schlugen aufeinander, ich konnte es nicht abstellen. Ich spürte, wie sich mir die Haare sträubten. Meine Kopfhaut fror. Ich ging Stufe um Stufe, starr den Blick auf die Tür. Langsam, sehr langsame Schritte. Meine Hände flogen, ich bekam nur schwer den Schlüssel in das Schlüsselloch gesteckt. Das Aufschließen knallte mir in die Ohren wie ein Schuß, fast hätte ich aufgeschrien. Im nächsten Augenblick muß die Angst am größten gewesen sein, als ich die Tür aufstieß, der widerliche Gestank mir entgegenschlug und ich nicht gleich den Lichtschalter fand. Aus dem Radio kam eine Zeitansage. Dann die Nachrichten. Vom Fußboden zu mir herauf. Beim ersten Schritt stieß ich mit dem Fuß dagegen. Das Radio stand am Boden, unmittelbar neben der Tür.

Endlich der Schalter. Endlich Licht über dem Chaos. Teller, an deren Rand Essensreste klebten. Tassen auf dem Fußboden, Trinkgläser mit Strohhalmen. Erdrückender Gestank.

Ihr Hut lag auf dem Nachttisch. Leuchtete grell mit seinem Obst aus Pappmaché. Und im Bett, die Augen geschlossen, über den Mund ein Taschentuch gebunden, Mummi. Ich rüttelte sie an den Schultern.

»Mummi! Mummi!«

Mit großer Anstrengung bekam sie die Augen auf. Der Blick irrte umher. Die Lider klappten wieder zu. Dann regte sich etwas in ihrem Gesicht, als erkenne sie nachträglich, was sie gesehen hatte. Rasch band ich ihr das Tuch vom Mund. Die trockenen Lippen schmatzten. Mummi öffnete die Augen, und ich sah, daß sie mich erkannte.

»Mummi«, sagte ich eindringlich, »ich bin's.«

Sie nickte schwach. Um ihren Mund erschien eine Andeutung von Lächeln. Mummi, Mummi. Ich war wie von Sinnen vor Erleichterung.

Ich weinte unentwegt vor mich hin, während ich ihre Fesseln löste. Sie waren locker gebunden. Aber doch so, daß sie sich kaum regen konnte. Günter, was hast du getan.

Mummi wollte etwas sagen. Sie bekam nur ein heiseres Krächzen heraus. Während sie unablässig räusperte, öffnete ich ein Fenster. Die frische Nachtluft schwappte wie Wasser über mein Gesicht. Auf der gegenüberliegenden Straßenseite stand jemand und schaute herauf. Es schien mir ungeheuerlich, daß Günter sich in die Nähe des Hauses wagte.

Als ich wieder zu Mummi ans Bett trat, empfing mich ihr Blick.

»Ich stinke«, sagte sie matt.

Wieder fielen ihr die Augen zu, sie drehte noch einmal weg. Ich stakte die Treppe hinab wie eine Marionette an gehaltenen Fäden. Die Beine kalt, die Arme in eckiger Bewegung. Kam mit einem großen Kognak zurück.

Mummi schnupperte, als ich ihn ihr unter die Nase hielt. Ich stützte sie im Rücken und flößte ihr den Alkohol ein.

»Hast gefunden«, sagte sie leise, aber voll tiefer Genugtuung. Ihr Kichern klang wie Rascheln im Stroh. »Die Nelken.«

Blitzartig erfaßte ich ihre Signalversuche. Von diesem Zimmer aus hatte sie die Welt – mich – erreichen wollen.

»Dein Geburtstagsstrauß«, sagte ich verblüfft.

Sie nickte. Hob die rechte Hand, zupfte mit zwei Fingern unsichtbare Blütenteilchen aus der Luft.

»Abgerupft«, sagte sie heiser, »aus der Zeitung gerissen.«

Ich folgte ihrer Blickrichtung. Neben dem Nachttisch lag ein Stoß alter Zeitungen und Zeitschriften auf dem Fußboden.

»Deine Briefe«, fragte ich stockend, »hast du sie hier geschrieben?«

In ihrem Gesicht arbeitete es. Ich erkannte in Mummis Blick, daß es Wut war. Die Augen bekamen einen Abglanz ihres früheren Feuers. Und mit der Wallung des Zorns schien sie an Kraft zu gewinnen.

»Er hat sie mir diktiert«, sagte sie erregt. »Aber zu dumm zum Aufpassen. Wenn er mich losband: immer laut das Radio. Bei Krach hat er sich sicher gefühlt.«

Sie schnaufte wütend auf, in ihr Gesicht stieg Röte. Grotesk lag die tagealte Schminke auf Wangen und Augenbrauen. Sie sah bejammernswert aus.

»Mummi«, sagte ich bang, »reg dich nicht auf.«

»Unsinn«, sagte sie mit fistliger Stimme. »Der war zu feige, mich anzusehen. Wie ein Paket hat der mich raufgeschleppt, in Autodecken gewickelt. Aber ich hab ihm eine am Hals verpaßt.«

Ich sah mir ihre Fingernägel an. Lang genug waren sie.

Plötzlich verzog Mummi feixend das Gesicht. Ihr Körper wurde von stummem Gelächter geschüttelt. Sie schnappte nach Luft. »Zu blöd zu allem«, sagte sie, immer noch erbost lachend. »Habt ihr die Katze nicht gesucht? Der hat sie aus Versehen bei mir eingeschlossen. Über Nacht sogar. Stinkt immer noch nach Katzendreck.«

Sie wollte sich aufrichten, sank aber gleich wieder aufs Kissen zurück.

»Die vielen Schlafmittel«, seufzte sie, jäh wieder ermüdet und kraftlos.

Mummi kämpfte darum, wach zu bleiben. Angestrengt öffnete sie nochmals die Augen. Sie sah, wie ich eben im Begriff war, mich gegen die Nachttischplatte zu lehnen.

»Vorsicht!«

Sie riß sich zusammen, flüsterte schlafbedroht: »Mein Hut...«

Erst, als ich mich vom Nachttisch abstieß und aufrecht neben ihrem Bett stand, sackte sie endgültig weg in Schlaf. Sie wußte ihren Hut außer Gefahr. Sie würde durchkommen.

Da ging ich hinunter und telefonierte nach einem Arzt.

Blaue Katzen

Wenn ich heute an dem Haus vorübergehe, in dem ich nicht länger als zwei Jahre gewohnt habe, kommen mir die Ereignisse der letzten Zeit unwirklich vor. Die leeren Fenster der verlassenen Wohnungen starren blicklos vor sich hin... einige Scheiben sind zerbrochen, wildernde Tauben aus der Umgebung haben sich nun auch hier eingenistet. Und regelmäßig erschrecke ich vor den Gardinen, die Maggagonny nicht abgenommen hat. Sie erwecken den Eindruck, als sei diese Wohnung Hals über Kopf verlassen worden, in unbedachter Flucht. Oder als geschähe noch immer irgendein Unrecht hinter diesen Wänden, das vor dem Licht der Welt verborgen bleiben muß. Dann schaue ich weg, beschleunige meine Schritte, wage nicht, zu den Fenstern des gegenüberliegenden Hauses aufzublicken, in das Maggagonny eingezogen ist. Diese Furcht ist lächerlich. Was sollte ich zu sehen bekommen? Ich selbst habe mich doch um die Strafanzeige bemüht... Ich werfe einen flüchtigen Blick auf den Bagger, der bereit steht, unser ehemaliges Wohnhaus abzureißen, Platz zu schaffen für einen Neubau. Und ich erinnere mich der schrecklichen Wochen, die jenes Baggerungetüm uns bereitete, während das Nebenhaus abgerissen wurde. Wir waren noch nicht ausgezogen, unser Haus vibrierte, schwankte von den Baggerstößen nebenan, dichte Staubwolken aus den einstürzenden Mauermassen vom Nachbarhaus standen tags als kalkige Nebelwand vor den Fenstern... Ich beeile mich, wegzukommen von diesem Ort, nach Haus in meine helle Neubauwohnung...

Meine erste Begegnung mit Maggagonny hatte ich vor Jahren in einer Drogerie. Vor mir im Laden stand eine nicht mehr junge Frau, Anfang Vierzig vielleicht. Sie war auffallend, aber nicht modisch gekleidet. Aus dem rötlichen Dauerwellengewuschel blinkten große Talmiohrclips. Während sie wartete, an die Reihe zu kommen und bedient zu werden, drehte sie hin und wieder den Kopf und musterte die Leute hinter sich. Mir schien, sie wolle bemerkt werden. In ihren graublauen Augen lag eine stumme, hilflose Aufforderung. Ihr Gesicht war ungekonnt geschminkt: die Lippen in grellem Rot übermalt, hellblaue Lidschatten und dick nachgezogen die Augenbrauen. Aus ihrer gesamten Erscheinung sprach die Naivität eines Kindes, das Dame von Welt spielt.

Als die Verkäuferin sich ihr zuwandte, brachte die bemalte Frau ihr Anliegen stammelnd hervor. Es war keine Sprechbehinderung, die ihr zu schaffen machte, sondern mangelndes Ausdrucksvermögen.

»Haben Sie hier – na, hier...«

Schließlich schnappte sie das Wort, das ihr wieder eingefallen war.

»Maggagonny«, sagte sie laut und deutlich.

Die Verkäuferin verstand nicht. Erst als die Kundin sich am Haar zupfte und ihr bedeutete, daß sie nach einer Haartönung verlangte, begriff sie: Mahagoni.

Als ich später in das Haus zog, das nun zum Abriß geräumt steht, traf ich jene Frau, die für mich immer den Namen Maggagonny behalten wird, wieder. Sie lebte in der Wohnung über der meinen in einem unüberschaubaren Menschengewimmel. Dieser Eindruck entstand durch Lautstärke, Fußgetrappel, ständiges Kommen und Gehen. Im Verlauf von zwei Jahren jedoch habe ich die einfache Familienzusammensetzung überblicken gelernt. Die Seilers sind nur vier Personen. Bis zu ihrem Schlaganfall, von dem sie nicht wieder aufgestanden ist, war die siebzigjährige Trude Seiler das Oberhaupt der Familie. Sie hielt die Zügel in der

Hand, griff durch. Sie war die einzige, die sogar mit Jost fertig wurde. Wie bitter hat sich das geändert während der Wochen vor dem Auszug. Einige Male hatte ich Oma Trude noch zu sehen bekommen, die hinfällig in ihrem schmuddeligen Bettzeug lag. Sie hatte Massagen verordnet bekommen. Da hatte es sich angeboten, daß ich, ausgebildet im Beruf und im Haus der Patientin wohnend, die Massagen übernahm. Doch ganz plötzlich, von einem Tag zum anderen, hatte Oma Trude nicht mehr gewollt, daß ich komme. Wenn ich damals gewußt hätte, warum man mich abbestellte...

Maggagonny ist Oma Trudes Tochter. Armer, rotgefärbter Pechvogel. Von Kindheit an schlecht beraten, hat sie kleines Glück gesucht im Schuleschwänzen. Lernen, welche Qual für sie. Immer noch leichter zu ertragen die Strafe: Schläge von Trudes resoluter Hand. Vielleicht hätte Trude nicht so häufig geschlagen, wenn ihr Mann aus dem Krieg zurückgekommen wär'. Hat sich wohl nicht anders zu helfen gewußt gegen die stumpfsinnige Tochter, die vor jeglicher Geistesmühe Reißaus nahm. Einen Beruf hat Maggagonny nicht lernen wollen – quält mich doch nicht so! Ist trotzdem ein gutes Mädchen gewesen, überhaupt nicht arbeitsscheu. Von Jugend an ist sie putzen gegangen, bis zum heutigen Tag tut sie diese Arbeit im VEB »Edelweiß«. Es muß auch Saubermacher geben, sagt sie in ihrer langsam tastenden Sprechweise. Wenn man sie nur in Ruhe läßt. Nicht fragt, sie nicht anspricht. Aus Worten kann Maggagonny keine Seligkeit gewinnen, auch Pflanzen sind ja stumm und leben dennoch... oder seht euch Fische an... Liebe? Liebe hätte Maggagonny gern gehabt, Mannesliebe für ein ganzes Leben. Darauf wartet sie wohl heute noch mit rotgefärbtem Schopf und Lippen wie mit Siegellack bestrichen. Ihre beiden Kinder hat sie sich nach Tanzvergnügen geholt, von irgendwelchen Fremden. Kennt die Väter nicht einmal mit Namen, keiner hat sie wirklich haben wollen. Arme, stumme Maggagonny, die von ihrem Sohn gegängelt wird.

Jost ist Anfang Zwanzig. Maurer hat er gelernt. Wenn man ihm im Treppenhaus begegnete, blickte er zur Seite, drückte sich flink und scheu vorüber. Aber oben in der Wohnung, wo er sich sicher fühlte, kommandierte er mit bellender Stimme Mutter und jüngere Schwester. Er drehte seinen Recorder auf zu einer Lautstärke, daß mir die Ohren dröhnten.

Am unangenehmsten wurde Jost, wenn er Alkohol getrunken hatte. Und Jost trank häufig. Doch all das ist Vergangenheit, liegt hinter mir...

Mausi sehe ich manchmal noch, wenn ich in diesem Stadtviertel unterwegs bin. Wenn ich ihr auf dem Schulweg begegne, grüßt sie. Doch zu anderen Zeiten tut sie, als kenne sie mich nicht. Dabei ist sie zu ungeschickt, ihre Verstellung vor mir tarnen zu können. Ich bemerke wohl, wie sie mich unter gesenkten Lidern beobachtet. Mausi ist Maggagonnys Tochter, zehn Jahre alt. Ein dünnes, blasses Mädchen. Kurze Zöpfe stippen ihr auf die Schultern. Die einzige Ähnlichkeit, die Mausi mit ihrem Bruder Jost hat, ist jener verschlagene Blick, der sich nie ganz auf den Grund kommen läßt. Der stets irgendein Geheimnis oder eine kleine Tücke zu hüten scheint. Mausi hat mich mitunter besucht. Und es gab Momente, da wurde ich unsicher vor ihrem unkindlichen Lächeln, vor seltsamen Redewendungen. Doch ich habe diese Augen auch unverstellt offen gesehen, klar bis zum Grund der schutzlosen Kinderseele.

Maggagonny hat meine Wohnung zweimal betreten. Zuerst im zurückliegenden Spätsommer, als das mit Oma Trude passiert war. Ich erinnere mich, wie sie vor Verlegenheit stolperte, als ich sie in mein Wohnzimmer bat. Sie sah sich überhaupt nicht im Zimmer um, sondern blickte auf den Zettel, den sie zwischen den Fingern hin- und herdrehte. Trotz der frühen Morgenstunde war sie geschminkt und duftete nach Ausgehparfüm.

»Wegen Oma«, sagte sie, »ich kann nicht auf Arbeit.«

Sie hielt mir den Zettel hin und legte ein Zwanzigpfennigstück auf den Tisch. Schließlich bekam ich aus ihr heraus, daß Oma Trude nachts einen Schlaganfall erlitten hatte, der Arzt schon dagewesen war und Maggagonny nun in ihrem Betrieb Bescheid geben wolle, daß sie heut nicht zur Arbeit käme.

»Bitte schön«, sagte ich und wies sie zum Telefon.

Da traf mich ein so flehender Blick. Maggagonny mußte geweint haben. Die Wimperntusche war verschmiert und in das Wangenrouge gemischt.

»Hier ist die Nummer – hier«, sagte sie schnell und drückte mir den Zettel in die Hand.

Ich wählte für sie. Als die Verbindung hergestellt war, atmete sie tief und erleichtert auf und ließ sich den Hörer in die Hand geben. Sie erklärte umständlich und sagte am Ende des Telefonates: Schönen Tag noch. Dann stand sie, den Hörer von sich streckend und wartend, daß ich ihn ihr abnähme und auflege.

Ihr zweiter Besuch war kurz vor ihrem Auszug, und ich habe ihn nicht verstanden. Maggagonny war schrecklich verändert. Das eingefallene Gesicht nicht mehr geschminkt, ihre Kleidung nachlässig und schmutzig. Das gefärbte Haar wuchs fingerbreit naturgrau nach. Und sie hatte fahrige Gesten zum Hals, von denen sie selbst nichts zu wissen schien. Kratzte eine Stelle auf, schmierte mit den Fingern die Blutspur über den Hals, kehrte zurück zu der winzigen Wunde, kratzte weiter... Es war ein unappetitlicher Anblick, und ich mußte mich zwingen, nicht ständig auf diesen kleinen Punkt zu starren. Ihre Sprechweise kam mir noch konfuser vor als früher. Ihre Augen bekam ich erst zu sehen, als sie wieder ging. Vielleicht ein letzter, stummer Appell an mich, wie sie da im Flur stand, nur für eine Sekunde die Sonnenbrille abnahm, sie sofort wieder aufsetzte. Und die fadenscheinige Erklärung, die sie, schon im Treppenhaus stehend, hervorbrachte, klang wie für andere Ohren als die meinen abgegeben.

Gestutzt hab ich schon. Doch die zurückliegenden Wo-

chen waren insgesamt so aufreibend gewesen mit der Vorbereitung meines Umzugs, mit den zunehmenden Unannehmlichkeiten im Abrißhaus, daß meine Aufmerksamkeit ganz
den eigenen Dingen galt. Ja, es war eine zermürbende Zeit.
Je kälter es draußen wurde, um so deutlicher machte sich im
Haus bemerkbar, daß die anderen Familien bereits ausgezogen waren. Die Wohnungen ringsum, die nicht mehr geheizt
wurden, strahlten Eigenkälte aus und erschwerten es, die
noch bewohnten Räume warm zu bekommen. Seilers und
ich, wir waren die letzten Mieter im Haus. Jost lärmte, wenn
er betrunken war. Das Sägen und Hämmern, das mich häufig gestört hatte in den letzten Wochen, stellte er eines Tages
ein. Schien keine Lust mehr zu haben am Basteln. Vielleicht
wagte er auch nicht, noch mehr Geländerstreben aus dem
Treppenhaus zu stehlen – wer weiß.

Vor meiner Tür hat Maggagonny auch einmal gestanden,
im zugigen Hausflur. Ihr war anzusehen, daß sie fror. Aber
sie war nicht willens gewesen hereinzukommen. Auf keinen
Fall. Das war am Tag nach dem wüsten Auftritt gewesen,
den Maggagonny nicht miterlebt hatte, weil sie Wilkes beim
Schlachten geholfen hatte...

Es ist ein Tag gegen Ende Oktober. Ich bin lange nicht auf
dem Boden gewesen. Nun wird es Zeit, Koffer und Körbe
herunterzuholen zum Umzug. Ich freue mich auf die blauen
Katzen. Endlich werde ich sie aufstellen können, meine
neue Wohnung hat einen Balkon. Katzenfiguren aus Ton,
lackblau lasiert. Sie sitzen, Pfote bei Pfote, verschmitzte Gesichter, scheinen zu blinzeln aus geschlitzten Augen. Auf
dem Kopf trägt jede Katze ein Schälchen, dazu bestimmt,
einen Blumentopf hineinzusetzen. Eine der vier blauen Katzen habe ich in meinem Wohnzimmer aufgestellt. Leuchterfigur. Kerze auf dem Kopf statt einer Pflanze.

Als ich an Seilers Wohnungstür vorüberkomme, ist es dahinter merkwürdig still. Als halte jemand den Atem an. Ich
bleibe auf dem Treppenabsatz stehen, lausche. Nichts regt

sich. Weiter steige ich Stufen hinauf, komme vorüber an verwaisten Wohnungen. Durch die Schlüssellöcher weht die Kälte verlassener Behausungen.

Schließlich die Treppe zu den Bodenverschlägen. Zuerst fällt mir Holzspreu auf, die herumliegt. Dann sehe ich, daß aus dem Treppengeländer mehrere der gedrechselten Trägersäulen herausgesägt sind. Ich denke sofort an Jost. Weiß nun das Sägen und Hämmern zu deuten, das ich aus Seilers Wohnung immer wieder hörte. Er wird sich Leuchter zimmern, vielleicht sogar ein Regal. Obwohl ich weiß, das Haus wird dem Bagger zum Opfer fallen, ärgere ich mich über den Diebstahl. Als ich jedoch auf dem Boden anlange, vergesse ich diesen Ärger sofort. Ungläubig blicke ich auf die Tür meines Verschlages. Sie steht sperrangeloffen. Koffer und Taschen sind durcheinandergeworfen. Von einem Regal ist der Vorhang abgeschnitten und verschwunden. In Eile raffe ich die Dinge zusammen, versuche, eine schwache Ordnung herzustellen, herauszufinden, was gestohlen ist. Ausgerechnet. Der leere Karton liegt in einer Ecke. Meine blauen Katzen sind weg. Alle drei.

Wilde Wut springt in mir auf. Wieder denke ich sofort an Jost, will im ersten Aufbrausen hinunter und Sturm klingeln an Seilers Tür. Doch dann werde ich unsicher. Wozu sollte Jost den Stoffvorhang vom Regal geschnitten haben? Ich bin monatelang nicht auf dem Boden gewesen, sechs Familien sind in der Zwischenzeit ausgezogen. Jeder hätte die Tür aufbrechen und mich bestehlen können. Dennoch beißt sich mein Verdacht an Jost fest. Und ich nehme mir vor, übermorgen Oma Trude auszufragen, wenn ich sie wieder massieren gehe. Vielleicht hat sie meine blauen Katzen gesehen.

Unverhofft klingelt am Nachmittag dieses Tages Mausi. Als ich öffne, schlüpft sie sofort durch die Tür, drückt sich mit dem Rücken an die Wand und guckt mich groß an.

»Wir haben heut die Einweisung gekriegt«, sagt sie.

Ich denke, daß es sich um Oma Trude handelt.

»Kommt Oma ins Krankenhaus?«

Mausi lacht mich aus.

»Quatsch«, sagt sie, »die will doch nicht. Für die neue Wohnung!«

Die Zuweisung meint sie. Mausi öffnet die Tür zu meinem Wohnzimmer. »Willst du mal sehen?«

Im Nu ist sie beim Fenster, deutet auf ein gegenüberstehendes Haus.

»Zweiter Stock mit Bad. Wo die Fenster leer sind.«

In diesem Augenblick setzt oben laute Musik ein. Mausi hebt horchend den Kopf, sagt: »Jetzt ist Jost von der Arbeit gekommen.«

Dann summt sie die Melodie mit: »Weiße Rosen aus Athe-en...«

Mausi hebt beim langgezogenen Athen den Zeigefinger und zwinkert mir zu, als ahne sie, daß Oma Trude gleich Krach schlagen wird.

»Ruhe!« schreit Oma Trude über die Musik hinweg und klopft gegen die Wand. Doch Jost, der offenbar im Nebenzimmer ist, tut nichts dergleichen. In ungeminderter Lautstärke läßt er den Schlager ablaufen, und Oma Trude ruft: »Bist du wieder besoffen?«

Und Jost, mit heiser-trunkener Stimme, schreit dagegen an: »Schnauze!«

Leiser nun das Jammern der alten Frau: »Ogottogottogott!«

Mausi sagt altklug: »Der war vielleicht besoffen damals bei der Kassette.«

Plötzlich wird die Musik abgeschaltet. Schritt hin und her, dann klappt oben die Wohnungstür. Mausi drückt das Gesicht an die Fensterscheibe und guckt auf die Straße hinunter.

»Jetzt geht er Bier holen«, sagt sie nach einer Weile.

Ich trete hinter sie, schaue ebenfalls hinab. Über die Straße geht mit raschen Schritten Jost, einen Korb mit leeren Flaschen in der Hand. Es dämmert schon. Sein glattes Haar flattert hinter ihm her.

Mausi wendet sich ab, geht ein bißchen im Zimmer herum. Während sie den Wohnungsschlüssel, der ihr an einer Schnur um den Hals hängt, unter ihrem Pullover hervorfingert, wirft sie begehrliche Blicke auf Dinge, die ihr gefallen. Sie hat mich schon mehrfach angebettelt. Am innigsten wünscht sie sich die blaue Katze, die eine Kerze auf dem Kopf trägt.

»Was muß ich machen, damit du mir die blaue Katze gibst?«

»Gar nichts«, antworte ich, »du weißt doch, daß ich sie nicht hergebe.«

»Aber wenn ich was ganz Tolles mache?«

»Dann auch nicht.«

»Ich will sie aber«, sagt sie verstockt, »du sollst sie mir geben.«

Sie wirft einen duckmäuserischen Blick aus den Augenwinkeln, ob ich sie beobachte. Doch ich bin wachsamer, als sie meint. Wie sie nun rasch die Hand hebt und ausholt, die Katze mit einem Streich zu Boden wischen will, packe ich sie beim Handgelenk.

»Was fällt dir ein!«

»Was denn?«

Schaut groß zu mir auf. Doch auf dem Grund ihres Unschuldsblickes schimmert die Lüge.

»Kann man die nicht mal anfassen? Dann eben nicht. Ist mir doch egal!«

Ihre Stimme klingt ruppig vor Enttäuschung. Als ich mich zu ihr hinabbeugen will, um zu beschwichtigen, schleudert mir Mausi ein unflätiges Wort ins Gesicht. Ich fahre zurück vor dem Gassenjargon, der das Kindergesicht entstellt. Mausi verzieht hämisch den Mund und sieht ganz so aus, als wisse sie, was sie gesagt hat.

»Hast du das...« Ich verschlucke mich albern und frage dann, ob sie das in der Schule gehört habe.

»Schule!«

Mausi biegt sich, sie lacht laut und unecht.

»Wer in die Schule geht, ist bescheuert.«

»So?«

Aber Mausi ist schlau. Sie deutet meinen hintergründigen Tonfall und widerruft geschickt.

»Sagt Jost. Ich geh trotzdem hin.«

Da sie von sich aus den Bruder anschwärzt, ergreife ich die Gelegenheit, Mausi auszufragen.

»Jost. Na, dem muß ich mal gehörig auf die Finger klopfen!«

Mausi lehnt sich mit dem Rücken an den Kachelofen, die Hände in Hüfthöhe hinter sich. Weil sie auch den Kopf zurücklegt, bekommt ihr Blick unter den gesenkten Lidern einen herablassenden Ausdruck. Gleich klingt auch ihre Stimme erwachsen.

»Wieso?« fragt sie abwartend.

»Er klaut.«

Mausi sagt dazu keinen Ton.

»Weißt du, was mit dem Treppengeländer passiert ist? Da fehlen mindestens zehn Säulchen.«

Ich gebe mich, als sei ich meiner Sache sicher.

»Die hat Jost genommen. Ich hör ihn doch immer sägen und hämmern.«

Mausi steht unbeteiligt am Ofen. Als würden gleichaltrige Frauen über Erfahrungen mit Männern reden, entgegnet sie einsilbig: »Soll er doch.«

Tut sie nur so gleichgültig?

»Jemand hat meine Bodenkammer aufgebrochen. Weißt du, was er dort gefunden hat?«

Mausi scheint nichts zu wissen. Wenn sie die blauen Katzen entdeckt hätte, würde sie sich verraten. Sie sagt: »Das Haus wird doch bloß abgerissen. Warum soll Jost nicht das Geländer nehmen?«

»Was macht er denn damit?«

Mausi antwortet: »Jost baut für Oma einen Sarg.«

Mir verschlägt es die Sprache. Mausi, wendiger als ich, antwortet auf die unausgesprochene Frage.

»Ach wo! Damit will er ihr nur Angst machen.«

Plötzlich lacht sie.

»Ist doch alles bloß Spaß!«

Was soll Spaß sein? Daß Jost einen Sarg baut – oder daß Mausi es behauptet?

»Hör mal«, stammle ich, »ihr könnt doch nicht...«

Mausi unterbricht mich.

»Oma muß Vernunft annehmen, sagt Jost. Die will nicht ausziehn. Die will auch nicht ins Krankenhaus. Die will unbedingt in der alten Wohnung bleiben. Die ist so dickköpfig...«

Mausi sucht nach einem Vergleich. Ihr Gesicht zeigt den nachgeahmten Unmut eines Erwachsenen, der sich über ein ungeratenes Kind beklagt. Schließlich sagt sie wegwerfend: »Total verkalkt. Die muß doch begreifen, daß sie hier nicht bleiben kann. Und in der neuen Wohnung ist ein viel besseres Bad.«

Übergangslos ist sie wieder nichts als ein Kind. Begeistert sagt sie: »Die Kacheln sehn wie Erdbeermilch aus. Rosa.«

Ich frage Mausi, ob sie ihre Oma nicht mag.

»Doch«, antwortet sie verwundert und schaut mich groß an, »Oma haben wir alle gern.«

Ich hab mit einemmal genug von Mausis Gesellschaft.

»Du mußt rauf. Deine Mutter wartet.«

»Die ist gar nicht da«, entgegnet Mausi, »Mutti hilft heut bei Wilkes. Die schlachten.«

»Aber ich muß jetzt allein sein.«

Widerwillig läßt Mausi sich vor die Tür setzen. Als sie sich verabschiedet, kommt eben Jost mit vollem Korb zurück. Er grüßt nuschlig und leise. Sein geduckter Blick springt sekundenkurz zu mir auf. Es ist ihm unangenehm, daß ich Schnapsflasche und Bier zu sehen bekomme. Dann packt er seine Schwester im Genick und schiebt sie vor sich her die Stufen hinauf. Jost ist schlank, er tritt leise auf. Doch seine Hand liegt im Nacken des Kindes wie die schwere Tatze eines Tieres.

Später habe ich versucht, mir Geräusche und Verschwiegenheiten jenes Abends zu Bildern zusammenzusetzen. Später, als die Seiler-Wohnung schon leer war, ich allein in dem unheimlich gewordenen Haus lebte und auf die Schlüsselübergabe zu meiner neuen Wohnung wartete. Ich stellte mir die Gesichter der Menschen vor, die dort oben in Verstrickungen gerieten, die nicht wiedergutzumachen waren. Ich sah Trude Seiler vor mir, hilflos ans Bett gefesselt, wie sie mit entsetzt aufgerissenen Augen nicht glauben kann, was sie sieht... sehe ihre eingefallenen Lippen beben. Und ich sah Mausi, bar aller Frechheit, ein verängstigtes Kind, das vor Schmerz brüllt und schließlich mit verheulten Augen Bedingungen stellt, wenn sie den Mund halten soll. Sah sie verstummen vor Überraschung, als Jost mit den Schätzen herausrückt, die er versteckt gehalten hatte, nicht ahnend, daß er sie brauchen würde, ein Schweigen zu erkaufen... Jost vermag ich mir am wenigsten vorzustellen. Sehen nicht alle Betrunkenen gleich aus? Sein stierer Blick aus glasigen Augen, gerötet das Gesicht, ganz aus den Fugen geraten... Dann Maggagonny, als schon nichts mehr zu retten ist, weil sie zu spät kommt. Immer sehe ich sie mit blutigen Händen stehen und auf das Geschehene niederblicken wie auf eine Landschaft, die Arme hängen kraftlos an ihr herab, und sie schüttelt nur den Kopf, weil sie es nicht fassen kann, und schweigt. Aber das Bild ist falsch. Es rührt nur daher, daß Maggagonny an diesem Abend irgendwo beim Schlachten geholfen hat, und gewiß ist sie mit sauberen Händen heimgekommen, und stumm geblieben ist sie wohl auch nicht. Es ist nur so, daß für mein Empfinden Maggagonny das eigentliche Opfer ist.

Jost und Mausi sind hinaufgegangen. Sie sind kaum in der Wohnung angelangt, als der Recorder wieder losdröhnt.

Jemand stampft mit dem Fuß den Rhythmus mit, meine Deckenlampe vibriert. Ich habe jeden Protest aufgegeben. Wieder höre ich Oma Trude sich einmischen. Doch auch sie klopft vergeblich an die Wand. Jost kümmert sich nicht darum, daß seine Großmutter Ruhe haben will. Einige Zeit darauf wird oben gesägt. Doch es klingt lahm, gleichsam lustlos. Tatsächlich scheint Jost heut keine Freude an der Arbeit zu haben. Das Sägen wird nach wenigen Minuten eingestellt. Ein Weilchen ist es still, auch der Recorder wird abgeschaltet. Ich höre Jost etwas rufen. Mausi lacht, als würde sie gekitzelt. Nun lacht auch Jost. Hüpfschritte durch den Raum – das wird Mausi sein. Danach ist längere Zeit eine Art Spiel im Gange, das ich so deutlich höre, weil Seilers keinen Teppich liegen haben. Über die nackten Holzdielen kollert in Abständen, jeweils zwischen zwei Haltepunkten hin und her, holpernd ein Gegenstand. Es hört sich an, als rolle eine Flasche. Ich stelle mir vor, Jost sitzt in einer Zimmerecke auf dem Fußboden, Mausi entfernt in einer anderen. Sie trudeln einander die Schnapsflasche zu wie einen Ball. Sobald die Flasche bei Jost anlangt, schraubt er sie auf, nimmt einen Schluck. Dann schraubt er sie wieder zu, rollt sie Mausi hin. Mausi trinkt nicht, nehme ich an, denn bei dieser Station wird der Gegenstand nur gebremst und so lange leicht gegen den Fußboden gestoßen, bis ein Zuruf von Jost ertönt. Dann trudelt ihm erneut die Flasche zu. Seine Stimme wird zunehmend lauter, geht in trunkenes Blöken über. Und die Trinkintervalle scheinen kürzer zu werden, die Flasche rollt und rollt. Schließlich hört das Gekollere ganz auf, Jost wird die Flasche in der Hand behalten. Einzelne seiner gegrölten Wörter kann ich verstehen. Ich wundere mich, daß Oma Trude, die im Nebenzimmer liegt, nicht gegen die Wand klopft. Plötzlich ändert sich Josts Sprechweise. Ich höre, daß er redet. Aber in seiner Stimme schwingt ein seltsames Drängen, ein Überredenwollen. Es ist, als wolle er Mausi zu einem gemeinsamen Streich anstiften. Und ich vermute, daß er etwas gegen die Großmutter im Schilde führt. Prompt kommt auch Mausis Weigerung. Ich höre ihr empörtes »Nein« zweimal. Einen Augenblick ist völlige Stille. Doch dieser Stille traue ich nicht, sie gleicht dem Atemanhalten, das ich nachmittags hinter Seilers Tür zu spüren glaubte. Etwas bereitet sich vor. Da sind auch schon einige schwere Taumelschritte. Jost, der sonst leichtfüßig geht, muß sich erhoben haben und durchs Zimmer wanken. Ein kurzes Lachen von Mausi, das sofort abbricht, als der dumpfe Knall ertönt. Wie eine zu Boden geschleuderte Flasche.

»Na los«, ruft Jost.

Jetzt läuft auch Mausi herum. Sie scheint ziellos durchs Zimmer zu rennen, auch Josts Schritte beschleunigen sich. Es hört sich wie ein Fangspiel an. Mausi kreischt: »Ich sag es Oma!«

Jetzt lacht Jost. Während die Jagd oben weitergeht, ein unentwirrbares Muster von Schritten hinterläßt, ruft Jost: »Kapelle! Musik!«

Der Recorder setzt in voller Lautstärke ein. Ein Lärmknäuel über meinem Kopf, daß ich Herzklopfen bekomme vor ohnmächtiger Wut.

»Weiße Rosen aus Athe-en...«

Das Stampfen der Füße, Mausi kreischt.

»Ruhe!« ruft Oma Trude über die Musik hinweg und klopft gegen die Wand. Wird es ihr endlich zu bunt, ich fühle mich erleichtert durch ihr Eingreifen. Doch die beiden denken nicht daran, sich zu mäßigen. Während der Schlager gellt und Oma Trude ruft: »Bist du wieder besoffen?«, wird eine Tür geschlagen. Jost antwortet der alten Frau sein heiseres »Schnauze!«. Und wilde Schritte springen aus dem Zimmer in den Korridor. Eher ahnungsweise höre ich Oma Trude ergeben jammern: »Ogottogottogott!«

Wie elend muß ihr sein bei all dem Durcheinander in der Wohnung, gegen das sie sich nicht wehren kann.

Jetzt rollt dieser Klumpen aus Krach und trunkener Wildheit ins Krankenzimmer zu Oma Trude hinein. Mausi ruft der Großmutter etwas zu, in höchster Angst, als wolle sie die alte Frau warnen vor dem Überfall. Doch ich verstehe kein Wort davon. Josts Kassette wechselt wahllos zu einem Evergreen, in schnöder Lautstärke ziehen Caprifischer aufs Meer hinaus... Doch bei der Balgerei dort oben muß jemand gestürzt sein. Ein langes Gerangel auf dem Boden, Füße strampeln, klopfen wie besessen, Mausi brüllt... voller Grauen stelle ich mir vor, daß Oma Trude es ist, die am Boden liegt. Hat Jost sie aus dem Bett gestoßen? Wäre er in seinem Zustand dazu fähig? Zu solcher Gemeinheit? Muß ich mich nicht sofort einmischen? Wenn nur der Recorder nicht eingeschaltet wär'. Es ist nicht auszumachen, wer von den drei Menschen dort oben...

Ich verlasse meine Wohnung, steige mit zitternden Knien die Treppen hinauf. Bevor ich den Klingelknopf drücke, lege ich mein Ohr an Seilers Wohnungstür. Ich höre nur Musik. Ich klingle mehrmals, anhaltend. In der Wohnung rührt sich nichts. Niemand kommt, um zu öffnen.

Ein Weilchen bleibe ich unschlüssig stehen. Dann gehe ich zögernd in meine Wohnung zurück. Im Zimmer fahnde ich nach Geräuschen von oben.

Dort hat sich etwas verändert. Grundlegend. Beklommen suche ich herauszubekommen, was es sein mag. Der Recorder. Endlich ist er abgeschaltet. Doch ist es das allein? Ich höre nur Mausi vor sich hin weinen. Jost sagt etwas zu ihr. Da weint sie heftiger. Wieder Jost. Seine Stimme klingt drohend. Einen Augenblick herrscht Schweigen. Dann sprudelt, heulend hervorgestoßen, ein Wortschwall aus Mausi heraus. Jost unterbricht sie ungeduldig.

»Ja!« schreit er. »Ja doch!«

Schritte. Dann schlittert etwas über den Fußboden.

»Da hast du!« ruft Jost und stöhnt plötzlich auf.

Mausi verstummt.

Ich warte vergeblich. Von Oma Trude höre ich nichts.

Nun bin ich es, die gegen die Wand klopft. Ich klopfe, bis mein Handballen schmerzt. Nichts. Kein Echo. Vorübergehend wird es oben so still, als fühle man sich ertappt. Die Vorstellung drängt sich mir auf, Jost und Mausi flüsterten miteinander. Kurz darauf geht das Leben oben weiter, als sei nichts geschehen. Schritte hin und her, mehrfach die Spülung des Wasserklosetts. Vom Korridor aus höre ich, daß jemand erbricht. In die Badewanne wird Wasser eingelassen.

Der plötzlich vorgetäuschte Alltag empört mich. Was haben die beiden mit Oma Trude gemacht? Ich steige nochmals zur Seiler-Wohnung hinauf, klingle. Es dauert geraume Zeit, bis jemand kommt. Nackte Füße patschen heran. Hinter der Tür wird die Sperrkette vorgelegt, die Tür einen Spalt breit geöffnet.

»Ja?«

Mausi, in ein Badetuch gewickelt, sieht mich mißtrauisch an. Ihre Augenlider sind geschwollen vom Weinen. Sie hat einen seltsamen Ausdruck im Gesicht, fremd, so habe ich sie noch nie gesehen. Als lauere sie darauf, ob ich etwas Außergewöhnliches tun werde.

»Jost ist schlecht geworden«, sagt sie unsicher.

»Was war los bei euch?«

Ihre Augen flackern ängstlich, sie sagt: »Nichts.«

»Lüge nicht. Ich hab doch den Krawall gehört. Habt ihr euch geprügelt?«

Sie scheint kurz zu überlegen, sagt dann: »Jost hat gesoffen.«

»Laß mich rein«, sage ich knapp, »ich muß deine Oma sprechen.«

In diesem Augenblick kommt Jost aus der Toilette. Er ist aschfahl im Gesicht, feuchte Haarsträhnen kleben in der Stirn und am verschwitzten Hals. Er stellt sich hinter Mausi. Ich sehe, wie sie sich versteift, als Jost ihr seine Hand in den Nacken legt.

»Oma schläft«, sagt er.

Fuseldunst schlägt mir entgegen. Ich sehe in seinem Blick, daß Jost mich nicht in die Wohnung lassen wird.

»Ich möchte Ihre Großmutter sprechen.«

Ein winziges Lächeln zuckt um seinen Mund.

»Oma schläft«, wiederholt er. »Stimmt's, Mausi?«

Der Blick, den er seiner Schwester gibt, kommt mir beschwörend vor. Ich glaube diesem Burschen kein Wort.

Mausi nickt.

»Geh baden«, sagt Jost mit plötzlicher Sanftheit.

Mausi wendet sich ab. Sie geht mit kleinen Schritten, eng in das Badetuch gewickelt. Und Jost macht mir ohne weiteres die Tür vor der Nase zu.

An diesem Abend höre ich nichts mehr aus der Seiler-Wohnung. Maggagonnys Heimkehr, die ich mir Wochen später so niederdrückend vorstelle, verpasse ich, weil ich bei Freunden eingeladen bin. Aber ich rechne damit, daß ich am nächsten Nachmittag mehr erfahren werde, wenn ich zu Oma Trudes Massage gehe.

Maggagonny klingelte am zeitigen Nachmittag, als sie von der Arbeit nach Hause kam. Es war ein kalter, windiger Tag, und im Treppenhaus zog es. Ich bat Maggagonny herein, doch sie lehnte ab. Obwohl sie vor Kälte zitterte, trat sie deutlich einen Schritt von der Tür zurück, nachdrücklich ihre Weigerung bekundend. Sie schien ziemlich durcheinander zu sein und verbarg ihre Wirrnis hinter forscher Sprechweise.

»Oma will nicht mehr«, sagte sie, ohne zu grüßen. »Die Massagen tun ihr zu weh.«

Ich kapierte nicht gleich.

»Sie soll'n heut nicht kommen«, sagte Maggagonny laut, »überhaupt nicht mehr.«

Das Holz des Treppengeländers knarrte. Wir drehten beide die Köpfe, guckten nach oben. Doch da war niemand, alles blieb still.

Ich wandte ein, daß die Massagen vom Arzt verordnet seien.

»Ich war schon beim Doktor. Der sagt, Oma braucht nicht mehr, wenn sie nicht will.«

Mir wurde kalt.

»Kommen Sie doch herein. Es zieht.«

Maggagonny wich bis zum Treppenabsatz zurück, legte eine Hand auf das Geländer. Auf den kurzen, abgearbeiteten Fingernägeln klebten Reste von rotem Nagellack.

Voller Erstaunen nahm ich wahr, daß Maggagonnys Gesicht ungeschminkt war.

»Ich muß hoch«, sagte sie knapp, »Mausi war heut nicht in der Schule. Grippe.«

»Grippe?«

Maggagonny reagierte unerwartet aggressiv.

»Was sonst? Ist die Jahreszeit dafür.«

Sie wollte schon los, hatte einen Fuß auf die Stufe gesetzt. Da hielt ich sie auf.

»Was war gestern abend bei Ihnen los? Da muß doch was passiert sein. Man ließ mich nicht hinein...«

Sie antwortete abwehrend: »Ich war nicht zu Hause.«

»Und der Krach? Das Gebrüll? Oma Trude hat...«

Maggagonny schüttelte panisch den Kopf, ihre heftige Verneinung wirkte fast lächerlich.

»Da war nichts. Überhaupt nichts.«

Ihr Blick wich mir aus, sie schluckte aufgeregt. Wieder knackte etwas oben im leeren Treppenhaus.

»Das ist schließlich unsre Sache, wenn... wenn der Jost mal einen trinkt«, sagte sie in jähem Trotz. »Oma Trude – da soll'n Sie nicht mehr kommen.«

Sie wendete sich ab, stieg die Stufen hinauf. Bevor sie bei ihrer Wohnung angelangt war, schnappte dort leise die Tür ins Schloß. Hatte also doch jemand gelauscht.

Jost? Warum lauerte er seiner Mutter auf?

In der folgenden Zeit schienen die Lebensabläufe in der Seiler-Wohnung merkwürdig gedämpft zu sein. Endlich hatte ich Ruhe. Ich wurde an den abendlichen Vorfall durch nichts erinnert, zumal ich niemanden von der Familie zu Gesicht bekam. Es war, als säßen sie alle schon im Nest, wenn ich nach Feierabend aus der Klinik heimkehrte. Das paßte zur Jahreszeit. Der November hatte naßgrau begonnen, es dunkelte zeitig. Und wenn ich auf unser aussterbendes Haus zuging, den Kopf fröstelnd zwischen die Schultern gezogen, schweifte mein Blick regelmäßig zu Seilers Fenstern hinauf. Zwischen den finsteren Fensteraugen schimmerte dort das einzige Licht in der gesamten Hausfassade. Vor der Ruine des Nachbargrundstückes stand, in den dunklen Himmel ragend wie ein klobiger Galgen, der Bagger.

Und doch wurde jene Verhaltenheit mir zunehmend unbehaglich. Sie verstärkte den Schauder, den das Treppenhaus in mir hervorrief. Wenn ich die knarrende Tür aufstieß und hastig nach dem Lichtknopf tastete, hatte ich immer wieder vergessen, daß es vergeblich war. Hier flammte keine Glühlampe mehr auf, wenn der Lichtknopf gedrückt wurde. Die Füße stießen in Papierballen; welkes Laub, das der Wind hereingetrieben hatte, raschelte unvermutet und erschreckte mich. Die Hand, die am Treppengeländer Halt und Richtung suchte, griff in klebrige Feuchtigkeit, als fasse eine fremde, kalte Hand nach ihr. Und immer wieder vergaß ich, eine Taschenlampe einzustecken. Einmal hatte ich Streichhölzer angerissen, um mir den Weg zu beleuchten. Da hatte ich am Zittern meiner Hand die Furcht abgelesen und es kein zweites Mal getan. Unheimlich muteten die aufgegebenen Wohnungen an, die feindselig verschlossen waren. Ich beeilte mich, an ihnen vorbeizukommen in der Dunkelheit. Blickte mich über die Schulter nach ihnen um, als könne etwas herauswischen und sich mir an die Fersen heften. Aufatmend lehnte ich mich mit dem Rücken gegen die Tür, sobald ich meine Wohnung erreicht hatte.

Es mochten zwei Wochen vergangen sein, seit Mausi mir ihre neue Wohnung gegenüber gezeigt hatte. Sonntags, als ich aus meinem Fenster schaute, beobachtete ich Maggagonny bei einer Art Teilumzug. Den ganzen Vormittag über trug sie Hausrat hinüber. Es sah ihr ähnlich, solche ungeschickte Buckelei auf sich zu nehmen. Sie trug nicht nur Geschirr und Bettzeug und Zimmerpflanzen hinüber. Sie plagte sich auch mit Stühlen, schleppte ein Wandregal. Und bei alldem hatte sie hochhackige Stiefel an, stakte unter ihren Lasten unsicher taumelnd. Die Fenster ihrer neuen Wohnung hatte sie vorerst mit Wolldecken verhängt, die lediglich ein Stück Oberlicht frei ließen.

Als Maggagonny von einem Gang zurückkam und mit leeren Händen die Straße überquerte, öffnete ich das Fenster und rief sie an. Sie blieb so abrupt stehen, als sei sie überfallen worden. Und dann schaute ein verhärmtes Gesicht zu mir empor. Den Ausdruck ihrer Augen vermochte ich nicht zu erkennen. Doch als ich sie fragte, ob ich ihr helfen könne, sicherte ihr Blick hastig zu ihren eigenen Fenstern hinauf. Als fürchte sie, von dort beobachtet zu werden. Seltsam auch die kurze Kopfwendung über die Schulter, als müsse sie sich vergewissern, die Fenster der neuen Wohnung ordentlich verhängt zu haben. Maggagonny sah wieder zu mir, und ihre Hand vollführte eine unkontrollierte Geste vor dem Gesicht. Halb, als wische sie etwas fort, halb, als lege sie einen Schweigefinger über die Lippen. Danach winkte sie mir ab, die Hand wie einen Scheibenwischer durch die Luft schwenkend. Und gleichzeitig schüttelte sie den Kopf. So viel Verneinung. So viel Angst. Wovor?

Am Abend dieses Tages ging es bei Seilers wieder einmal hoch her. Jost mußte unmäßig getrunken haben. Er brüllte herum. Seine Unflätigkeiten schienen der Mutter zu gelten. Irgendwann hielt Maggagonny es wohl nicht mehr aus. Sie brüllte zurück. Schließlich polterte es, Gegenstände flogen. Etwas zerbrach. Dann hörte ich Maggagonny laut und bitterlich weinen. Einen Augenblick lang überlegte ich, ob ich bei der Polizei anrufen solle. Ging sogar aus alter Gewohnheit zum Telefon. Und fühlte mich gleich darauf erleichtert, daß diese Entscheidung mir abgenommen war: Ich hatte ja mein Telefon schon abgemeldet.

Da klingelte es. Vor der Tür stand Mausi. Sie sah mir dreist ins Gesicht und sagte: »Ich will reinkommen.«

»Jetzt? Du mußt doch schlafen.«

Mausi blies die Backen auf.

»Wer soll denn bei dem Krach schlafen können! Jetzt spielt Mutti auch noch verrückt.«

Wir saßen ein Weilchen im Wohnzimmer auf der Couch nebeneinander. Ganz überraschend traten dem Kind Tränen in die Augen.

»Die hat mir das kaputtgemacht. Mit Absicht.«

»Wer denn, Mausi? Was ist kaputt?«

»Na, Mutti«, brachte sie hervor, »sie hat es hingeschmissen. Einfach mit Absicht hingeschmissen.«

Ich legte einen Arm um sie. Die Kleine schmiegte sich verstohlen an. Ganz wagte sie es nicht, der Körper blieb gespannt.

»Was hat Mutti kaputtgemacht?«

Mausis Blick, der auf meiner blauen Katze verweilt hatte, sprang zu einem anderen Gegenstand über. Durch ihren Körper ging ein Zucken. Sie richtete sich auf und rückte von mir ab.

»Ach, nichts.«

Ablenkend schnitt sie ein anderes Thema an, plapperte geschwind hinweg über das, worüber sie nicht reden wollte. »Ziehst du auch bald aus? Mutti will den Jost nicht mitnehmen, aber der kommt trotzdem mit.«

Sie biß sich auf die Lippe, als habe sie etwas Falsches erzählt.

»Meine Grippe ist wieder weg«, sagte sie rasch und schaute mich von der Seite an.

»Und Oma Trude?« fragte ich. »Sie wollte doch nicht umziehen? Wie geht es ihr denn jetzt? Ich höre sie gar nicht mehr.«

Mausi, mit den Fingern spielend und den Blick gesenkt, antwortete: »Die ist ja auch weg. Im Krankenhaus.«

»Ach! Seit wann denn?«

Mausi hob die Schultern.

»Weiß ich nicht. Eine Weile.«

Plötzlich hatte sie es eilig wegzukommen.

»Morgen komm ich bestimmt in Mathe dran.«

Mit dieser Begründung wutschte sie aus dem Zimmer und klappte die Wohnungstür hinter sich zu, ehe ich noch eine Frage stellen oder ihr in den Korridor folgen konnte.

Zwei Tage später betrat Maggagonny zum zweiten und zum letzten Mal meine Wohnung. Vermutlich hatte sie mich ins Haus kommen sehen nach meinem Arztbesuch. Von meinem dicken Halswickel jedoch nahm sie keinerlei Notiz.

Kaum hatte ich die Tür geöffnet, schlüpfte sie herein und drückte sich ins Zimmer. Sie sah elend aus, elend und ungepflegt. Ständig drehte sie den Kopf hin und her, als sei sie jeden Augenblick gewärtig, etwas Unerwartetes zu sehen. Sie trug eine große Sonnenbrille an diesem grauen Spätherbsttag. Ich sah trotzdem, daß unter ihrem linken Auge ein Bluterguß sich bis über den Backenknochen hinunterzog. Am Hals hatte sie eine Schramme oder einen Riß. Wie unter Zwang hob sie die schmutzige Hand immer wieder zu dieser Stelle und kratzte daran. Maggagonny schluckte mehrmals, ehe sie zu sprechen begann. Ihre Stimme kam tonlos, nahezu flüsternd.

»Nicht sagen«, murmelte sie, »daß ich hier war.«

»Was haben Sie denn, Frau Seiler?« fragte ich besorgt.

Sie schüttelte stumm den Kopf, wiederholte: »Nicht sagen« und schürfte mit den Fingernägeln über die Wunde am Hals.

Sie pirschte sich vorsichtig ans Fenster. Ich bemerkte die Unruhe, mit der sie die Fenster gegenüber musterte.

»Ihnen ist nicht gut«, sagte ich beschwichtigend, »kann ich Ihnen helfen?«

Sie drehte sich mit dem Rücken gegen mein Fenster, hob sogar die Schultern, als wolle sie mir die Aussicht verstellen.

»Ist alles gut«, sagte Maggagonny und nickte wild mit dem Kopf, sich selbst gleichsam verzweifelt zustimmend, »Mausi hatte Grippe. Oma Trude ist im Krankenhaus.«

Ihre Lippen zuckten, als kämpfe sie mit dem Weinen.

»Ich weiß«, sagte ich, »Mausi hat mir erzählt.«

Ihre Hände haschten nach meinem Arm.

»Was?« rief sie in jäher Erwartung, halb ängstlich, halb hoffnungsvoll. »Was hat Mausi...?«

»Daß Oma Trude im Krankenhaus ist.«

Sie ließ meinen Arm los.

»Jaja«, plapperte sie zerstreut, »jaja.«

Plötzlich trat sie dicht an das Telefon, tippte sogar mit dem Zeigefinger dagegen.

»Einer hat versucht, schon zweimal.«

Was meinte sie damit?

»Jemand. Zweimal. Anneniem.«

Ich rätselte. Schließlich fand sich der Sinn wie einst für Mahagoni. Bei mir habe jemand anrufen wollen. Anonym.

»Das geht nicht mehr. Mein Telefon ist abgemeldet.«

Sie guckte ungläubig den Apparat an.

»Steht doch da.«

Nein, sie glaubte mir nicht. Und als ich nun erriet, daß sie selbst jener »anonyme« Anrufer gewesen sei, ging sie einige Schritte zurück, als fürchte sie sich vor mir.

»Anneniem«, beharrte sie verängstigt, »ganz anneniem.«

»Frau Seiler. Bitte.«

Ich überwand mich und legte ihr einen Arm um die Schultern. Ich spürte, wie sie unter der Berührung erstarrte.

»Sagen Sie mir, was Sie auf dem Herzen haben. Ist es wegen Jost?«

Maggagonny streifte meinen Arm ab. Unbeherrscht laut rief sie: »Nein! Nein!«

Und ihre Hand ballte sich zu einer armseligen Faust, mit der sie sich vor die Brust schlug.

Gleich darauf klappte sie erschlafft in sich zusammen und ging zur Tür.

»Nicht sagen, daß ich hier war«, murmelte sie wieder.

Bevor sie die Klinke der Wohnungstür herabdrückte, nahm Maggagonny blitzschnell die Sonnenbrille ab, setzte sie sofort wieder auf. Sie tat das, als führe ihr ein Fremder

die Hand. Eine anonyme Geste. Doch ich hatte das zuge-
schwollene Auge gesehen, das blauviolette Hämatom, wie
vom Prankenhieb eines Tieres gesetzt. Ein solches Mal kann
nur eine Menschenfaust hinterlassen.

Maggagonny ließ mir keine Zeit zu einer Äußerung.
Schon stand sie im Treppenhaus, das Gesicht mit der Son-
nenbrille verbarrikadiert, sagte: »Von der Leiter gefallen.
Drüben. Als ich die Decken ans Fenster gehängt hab.«

Sie stieg die Stufen aufwärts. Ihr Kopf wippte bei jedem
Schritt der Brust zu, wie bei einem lastenziehenden Pferd.
Maggagonny ging unter einer Bürde, die zu schwer für sie
war. Die abzuwerfen sie nicht wagte.

»Wann ist denn der Umzug?« rief ich ihr nach.

Sie blieb stehen. Verzagt schaute sie in beide Richtungen:
hinauf zu ihrer Wohnungstür, zu mir herab. Als könne sie
sich nicht entscheiden, wohin sie sich wenden solle.

»Heute«, antwortete sie zu meiner Verwunderung. Es
klang so trostlos, so grau, als habe sie gesagt: Niemals.

Gegen Mittag sah ich Mausi aus der Schule kommen. Ich ertappte mich dabei, daß ich ständig am Fenster lungerte, auf
den Möbelwagen für Seilers wartete. Mir war beklommen
bei dem Gedanken, nun ganz allein im Haus zurückzublei-
ben. Ich mußte noch etwas auf den eigenen Umzug warten.
Einmal kam es mir so vor, als bewege sich drüben die vorge-
hängte Fensterdecke hinter der geschlossenen Scheibe. Da
ich mich getäuscht haben mußte, lachte ich mich selber aus.
Hatte wohl den Abriß-Koller.

Ein Wagen kam gar nicht. Es erschienen mehrere Männer
mit Tragegurten. Ihre schweren Schritte erfüllten das Treppenhaus vorübergehend mit einer Art Scheinleben. Sie tru-
gen Möbel und Kisten aus der Seiler-Wohnung über die
Straße in das andere Wohnhaus. Ihre sicheren Handgriffe,
die lauten Zurufe, mit denen sie einander dirigierten, beru-
higten mich. Doch es dauerte keine zwei Stunden, dann waren sie fertig. Ich sah den Trupp davonziehen.

Die Möbelträger waren noch nicht lange verschwunden, als aus der Haustür gegenüber Maggagonny und Jost auf die Straße traten. Unwillkürlich verbarg ich mich hinter der Gardine, als der sprungbereite Blick Josts am Haus hochwischte. Maggagonny schaute gewaltsam geradeaus. Es war ihr anzusehen, wie sie sich bezwingen mußte, nicht heraufzugucken. Sie trug einen Korb leerer Flaschen. Jost führte seine Mutter. Er hielt sie am Oberarm gepackt und schob sie einen halben Meter vor sich her. Ich sah ihnen nach, bis sie um die Ecke bogen und meinem Blick entschwanden. Nun muß sie Bier für ihn holen, dachte ich bitter, damit er Einzug feiern kann. Wieder einmal wird er sich betrinken und vielleicht Mutter oder Schwester verprügeln. Wo war Mausi überhaupt?

Aha. Es hätte mich auch gewundert, wenn sie sich nicht bemerkbar gemacht hätte. Zwar brannte in den gegenüberliegenden Fenstern kein Licht, doch jetzt erkannte ich es deutlich: Die Wolldecke hinter der Scheibe bewegte sich. Gleich würde Mausis freches Gesichtchen auftauchen und mir siegesgewiß zulachen: Hier wohne ich ab heute!

Spontan nahm ich die blaue Tonkatze in die Hand, um ihr damit zuzuwinken. Sollte sie ihren Wunsch erfüllt bekommen. Waren mir drei Katzen gestohlen worden, konnte ich wohl auch die vierte entbehren.

Aber dann sah ich die Hand. In der Abenddämmerung hatten die weißen Finger, die sich wie selbständig bewegten, etwas Gespenstisches. Sie griffen, offenbar nach dem Deckenrand tastend, immer wieder hilflos ins Leere. Das war keine Kinderhand. Gebannt, die blaue Katze an mich drückend, sah ich hin. Während die Finger haltsuchend nach der Decke hangelten, zuckte ich vor Überraschung zusammen. In der geräumten Wohnung über mir erklang Musik. Entsetzt lauschte ich der unverkennbaren Melodie. Sie klang seltsam verloren, als sei sie vergessen worden, eingesperrt in unwiederbringliche Zeit.

»Weiße Rosen aus Athe-en...«

Herzklopfen, daß es mir in den Ohren dröhnt. Jäh erwachte Erinnerungen. Ich höre Oma Trude über die Musik hinweg.

»Ruhe!« ruft sie gedämpft und klopft verhalten gegen die Wand. Und gleich darauf kommen ihre Worte, die ich voller Furcht erwarte, wie aus tiefer Vergangenheit.

»Bist du wieder besoffen?« Und Jost übertönt die Musik mit seinem heiseren Ruf: »Schnauze!« – den doch keiner mehr hören kann, keiner außer mir, und ich halte den Atem an, um das leise Jammern Oma Trudes hören zu können.

»Ogottogottogott!« spreche ich unwillkürlich leise mit und zittere vor Furcht. Und die ganze Zeit über halte ich die blaue Katze an mich gepreßt, als könne sie mich schützen vor einer Gewißheit. Mir ist, als beobachte mich jemand. Ich wende verstört den Kopf. Und als ich nun hinüberblicke, ist die Decke vom gegenüberliegenden Fenster verschwunden. Im abendlichen Dämmer erkenne ich jenseits der Straße das bleiche Gesicht Trude Seilers. Oma Trude hinter der Scheibe, wirr von grauen Haaren umgeben das ausgemergelte Altfrauengesicht. Sie bewegt die Lippen, und ich kann nichts hören, und sie winkt schwach, und sie nickt mit dem Kopf, und ich kann überhaupt nichts begreifen.

Es ist gar kein Mut. Es ist die Willfährigkeit der Angst, die mich zur Tür jagt, die mich Schritt um Schritt ins Treppenhaus und die Stufen hinaufstößt.

Die Tür der ehemaligen Seiler-Wohnung steht offen. Zögernd trete ich ein. In den leergeräumten Zimmern hallen die Klänge der Caprifischer von den Wänden wider. Die Wohnung ist dunkel bis auf einen schwachen, unruhig flackernden Schein, der unter der angelehnten Wohnzimmertür zuckt. Unwillkürlich schaue ich nach den Deckenleuchten. Alle Glühlampen sind ausgeschraubt, nichts zurückgelassen. Vorsichtig drücke ich die Tür auf, aus der Musik und Lichtschein kommen. Der Anblick, der sich mir bietet, läßt mich vor Überraschung auf der Schwelle stehenbleiben.

Der Recorder steht auf dem Fensterbrett. Unerklärlich,

warum die Gardinen noch an den Fenstern hängen. Sie sind zugezogen. Auf dem Fußboden, in leerem Flaschenhals befestigt, eine Kerze. Und im Schein dieser Kerze sitzt, beide Beine von sich gestreckt wie ein spielendes Kind im Sandkasten, Mausi. Sie ist so versunken in ihr Tun, daß sie mein Kommen nicht bemerkt. Das Gesicht des Kindes so entrückt, so hingegeben an den Ernst des Spiels, daß es mir den Atem nimmt.

Diese Mausi habe ich noch nie erblickt. Sie sieht aus wie etwas, das von innen leuchtet. Sagt Leises, redet zärtlich auf die blauen Katzen ein, die sie mit beiden Händen führt. Springen läßt, laufen läßt. Die sie nun, wie an einem Lagerfeuer, bei der Kerze ruhen und miteinander plaudern läßt. Zwei meiner blauen Katzen.

»Mausi.«

Sie guckt mich an, als komme sie aus dem Schlaf. Offener Mund, kindergroß die Augen. Ein Lidschlag, und ihr Blick verändert sich. Ich sehe, daß Erschrecken durch ihren Körper zuckt, als sie die Katze in meiner Hand wahrnimmt. In instinktiver Abwehr hebt sie die Hände.

»Nein«, flüstert sie, »ich will nicht.«

Und als ich einige Schritte auf sie zugehe, springt sie vom Boden auf, flieht vor mir ans Fenster. Dort klammert Mausi sich an der Gardine fest und ruft jammernd: »Oma! Oma!«

»Aber Mausi«, sage ich verdattert, »was hast du denn? Ich will sie dir schenken.«

Ich setze meine Katze ans Feuer zu den anderen. »Woher hast du sie?«

Mausi, noch immer in die Gardine gedrückt, flüstert ängstlich: »Jost hat mir drei gegeben. Aber Mutti hat eine kaputtgemacht. Absichtlich.«

»Es sind meine, Mausi.«

Urplötzlich schlägt Mausis Haltung um. Sie kämpft um ihren Besitz. Kniet hin bei der Kerze, breitet die Arme um die blauen Katzen, als mache sie ihnen ein Nest.

»Meine!« ruft sie empört. »Es sind meine! Jost hat mich

dafür ganz blutig gemacht, und das hat so weh getan! Oma hat es gesehen!«

Darum. Arme Kleine. Arme Maggagonny. Wieder tut mir am heftigsten die stumme, hilflose Mutter leid.

»Mausi«, sage ich sanft und versuche, mich dem Kind zu nähern, indem ich mich zu ihm niederhocke, »das ist schlimm. Habt ihr es keinem gesagt?«

»Bloß nicht«, platzt Mausi heraus, »darum haben sie Oma längst nach drüben gebracht. Daß sie nicht petzt. Und ich hab die Katzen. Sind meine!«

»Ja, Mausi. Es sind deine.«

Fassungslos trete ich ans Fenster, nehme die Gardine zur Seite. Gegenüber brennt jetzt Licht. Oma Trude ist vom Fenster verschwunden. Hinter mir trappelt Mausi herum. Als ich einen Blick über die Schulter werfe, sehe ich, daß sie packt. Der Recorder ist schon im Beutel, nun verstaut sie vorsichtig die blauen Katzen.

»Der Jost wird wieder ausziehn bei euch.«

Mausi hält inne, fragt: »Es sind doch meine Katzen?«

Ich nicke.

»Der will nicht weg«, sagt Mausi beruhigt und verfrachtet die letzte Katze im Beutel.

Kannst dich drauf verlassen, Maggagonny: Ich sorge dafür, daß Jost gehen muß.